数学教学中的适合与平衡

张海君　著

文匯出版社

序

为了落实立德树人的教育根本任务,《普通高中数学课程标准》明确要求,高中数学课程要面向全体学生,实现人人都能获得良好的数学教育,不同的人在数学上得到不同的发展。

教育与社会经济发展和谐统一,教育方式要与学生的发展阶段相适应,适合的教育才可能是最好的教育。显然,每个孩子对数学的需求是不同的,学科核心素养要求下的数学教学更应该是开放的、多元的,我们数学教师应该努力寻找适合学生的教学方式与方法。正是出于这种考虑,奉贤区卓越教师张海君工作室、工作坊一直把“适合的教育”作为行动指南。

抓好备课、上课、作业、辅导和评价教学五环节是提高教学时效性的根本保障,更是落实育人目标的主要途径。教学五环节中,张海君老师认为有六个关键要素,分别是教学目标、教学内容、教学方法、教学指导、作业训练以及教学评价,从这六个元素入手,进行适合数学教学平衡的课堂研究,是科学有效且合情合理的做法。

张海君老师及其团队在研究如何在数学课堂中落实“适合的教育”过程中,形成了如下成功做法与经验:

一、找到了学科核心素养视角下的数学教学的课堂路径。具体体现为:依托数学化的教学过程,改进教师“教”的行为;依托好的“真正的数学题”,促进学生“学”的行为;依托新的分层评分模式,改变教学评价观念;依托核心素养视角,尝试数学测评研究;依托用数学模型解决实际问题数学实际,发展数学建模素养;依托课题研究,改变学习方式,提升数学素养。

二、确定了适合核心素养视角下的数学教学的教师培训路径。具体做法是：通过市级名师讲座学习，实现三个转变，即从育分到育人，从甄别到展示的理念转变；突出学科核心素养、学科本质、学科思想方法的价值追求转变；课程、教学、评价的内容和方式等转变。围绕“六个适合平衡”教学研究开展工作室各项活动，把在基地学到的经验辐射全区；以青年教师骨干研修班为点，开展六个核心素养下数学专题教研活动为线，丰富基层教研组、备课组的活动。

三、明晰了适应学科核心素养视角下的数学教学教师专业发展路径。具体经验是：以点带面，有序推进，构成体系；严格遵循依据课程标准、教材、教学基本要求，编写适合奉贤普通高中四校学生实际情况的教学指南、复习教学指导系列方案，完成单元作业设计。

研讨教学实践智慧，提高教师学科理解能力、解决实际问题的能力，积累教学改进经验，都是区域教研重要任务。张海君老师很好地完成了这些任务，在他的带领下，奉贤区相关高中的数学教师专业素养进步显著，奉贤区普通高中四校学生进步明显，更好地实现了区域教育的均衡发展，多方面评估数据证明他坚持的“六个适合与平衡”策略是有效的。

每个教师必须不断改进教育教学方式，每个研训人员必须不断改进教师培训方式，这是时代对我们提出的基本要求，希望我们一起努力，树立科学的教育质量观，教好每名学生，为学生终身发展奠基，落实立德树人教育根本任务，办人民满意的教育。

赵军山

虹口教育学院副院长

数学教学中的适合与平衡的实践

——智慧引领，做数学教育的探索者

智慧大师老子说，幸福是“无为而治”，应顺其自然，强求不得；父母说，幸福是有子女陪伴在身旁，子女比他们过得好……而作为数学老师的我说，尽自己所能引领基层老师们共同探索智慧数学课堂之路，让学生感受到数学的魅力，从而喜欢数学、那就是幸福。

一、自发意识积累教学经验

（一）在农村初中教学中形成正确教学方法

1991年我进入奉贤县邬桥中学工作。1994年第一次任教首届初三毕业班2个班的数学，兼一个班的班主任。在三年的教学过程中，我始终秉持“让学生感受到数学的魅力”理念，慢慢地，学生们爱上了数学。令人意想不到的是，这样一个不起眼的农村镇级学校的当年数学中考平均分以全县第一，合格率100%的成绩震动了全县。有人问我有啥秘诀？我说没有，若有只有一条：我的数学课堂教学符合学生的“口味”，学生愿意上我的数学课。

（二）在普通高中教学中形成初步教学风格

1996年9月，根据组织安排，我被调入奉贤综合高中担任高中数学教学。面对高中教学零经验、初高中学生年龄不同、农村和县城教学理念反差等困难，我凭借掌握的初中生数学方法和熟悉初中教材的优势，努力摸索，做了大量的初高中教学衔接工作，尤其适时关注学法指导，把初中的教学经验有意识地融入普通高中的数学教学中去。在此基础上，我有幸参加了青浦经验的培训，在培训中我学到了“情意原理、序进原理、活动原理、反馈原理”四条经验。在此之后，我形成了“问题情景、先学后教、讨论交流”的“三步走”教学风格。在同事们的齐心合力下，1998 学年，首届高三班数学会考合格率 100%，当年高考本科率创学校历史纪录，教过的学生成为当年的县文科状元。于是，又有人问我：“张老师，你有啥先进的经验可以总结？”我反思了自己 9 年的高效从教的经历，发现我一直在关注学生的个体差异、主动去适应学生，适时调整自己适合的教学策略，特别重视学法指导适时介入的研究。

（三）在再次教学中不断丰富完善已有的教学方法

从 2000 年 7 月开始的近 6 年间，我从一名教师转身为教研员，身份的转变让我有了更多学习思考的机会，积累了大量的调研课堂教学案例，也在不断地思考琢磨中逐渐明白关注学生个体差异的重要性，更加坚信“为适合每个学生的发展而教”的教学理念是适合所有的学生。2006 年 7 月至 2009 年 6 月，我再次踏上了讲台，并有幸在市示范性高中上课，虽然市中心和郊区有很大的差异，但是，凭借丰富的教学经验和教研经历，三年高三教学工作使我很快了解了物理班、化学班，历史班等各类学生的特点，并根据他们的特点改变教学方法，因此，我教的班级每届高考本科升学率达 90%以上，学校的高考数学平均分连续三年超市重点平均，创学校历史新高，使得我的一线教学生涯再创佳绩。

从自己从教的 12 年教学经历，一直坚持以适合学生为前提，不断反思改善自己的教学方法，同时更加明白影响班级质量的首要因素是教师。

二、自觉探索数学教学之策

在一线教学生涯的在课堂教学中，我不仅注重与学生思想的交流，把自己个人在解决数学问题的想法与灵感获取的过程展现给学生，和学生一起探讨可行性与合理性，而且注重变式训练，通过变式教学，学生由做题转向学会编题，提升他们对数学问题的掌握理解，培养他们敢于思考，敢于联想，敢于质疑的能力。

（一）关注问题

在大量调研课上，我关注到数学课堂教学出现了明显的三失衡：高耗与有效中的教学失衡、情景创设的适合性与数学概念本质之间的教学失衡、课堂教学预设与生成之间的教学失衡。在实践中我不断反思，老师们（包括我自己）在给学生带来不错的教学成绩的同时，是不是把最适合的学习数学方法教给了学生，是否把真正的数学知识教给了学生。我也一直在思考，作为一名数学学科教师，我到底要教给学生什么，仅仅是数学专业学科知识？仅仅是为了考个高分，读个好学校？

（二）研究对策

为了进一步证实自己的观点：影响班级质量的首要因素是教师，为此，2008年起，我以区级百题项目为契机，开展《高中数学课堂教学中改善教师教学行为与教学有效性的研究》。该课题研究进行了5年多，从大量课堂案例调研中，提炼总结出了许多好的做法。比如，以适合的“问”启发学生思考，以适合的“变”诱导学生灵活善变，以适合的“梳”引导学生总结，以知识内容变式、题目结构变式、思维方法变式等基本途径，提高学生思维品质。创设适合问题情景，紧扣目标激发兴趣；重构适合学习内容，明确方向发展思维；提供适合探究时空，指点适时适当启发；给予适时数学交流，多元评价个性发展；注重学生个体差异，作业训练匹配适合；信息技术运用适合，学科育人价值适时。该研究成果获市中学数学论文二等奖。

（三）有效研究

服务基层学校、服务基层一线教师是教研员的首要职责。我在教研过程中，更加强烈地意识到教师团队的重要性，为此进行了区级课题研究（2013—2015）《开展高中数学学科基地建设的行动研究》。通过对课堂教学的大量观察和分析，我对教师课堂行为进行合理分解，总结了探索践行学科核心素养视角下的适合数学教学的课堂路径的六依托：依托数学化的教学过程，改进教师的教学行为；依托好的“真正的数学题”,促进学的行为;依托高考新的分层评分模式,改变教学评价观念;依托核心素养视角,尝试数学测评研究;依托用数学模型解决实际问题,发展数学建模素养;依托团队力量实践核心素养视角下的适合数学教学的培训路径,形成的论文《基于学科核心素养的高中合适数学教学的研究》获得2018市教研员论文评选二等奖。

在教师引领的学生本位学习理论的指导下,在长达28年的高效从教经历中,我一直坚持抓好教学五环节,从数学教学过程中六个元素入手:即教学目标定位适切三指标、教学内容重构适合三原则、教学方法选择适当三因素、学法指导介入适时三指导、作业训练匹配适量三层次、过程测试评价适宜的三探索,使得我对适合的中学数学课堂教学越来越成熟。这是我对自己数学教育生涯一直追求的理念,也是心灵对话碰撞的结晶,我将之称为我的“数学教学中的六个适合与平衡研究”。

三、自信引领铸就他山之路

明白之人使人明白,数学教学如此,数学教研亦是如此。在历经各种教学教研的艰难困苦之后,我明白了数学的逻辑与根本,明白了学生困惑与瓶颈,明白了教师的苦楚与迷惑。而后,身为教研员的我才能凭借我的经验、教训、建议与看法,为学习者、施教者提供明确的路径、有效的方法、可行的设计,从而帮助每一位在数学教学或学习中沉浮的同行者。

(一)专家的认可是我前进的动力,他们的指点使找到了方向

数学教育的风向总是“城头变幻大王旗,我方唱罢你登场”。不过教育的规律却是一个永恒不变的真理。在阅读了些许数学教学名家的著作、聆听了名家的报告与讲座、参加了名师基地班学习后,我时时思考自己的教学理念,也变得更加自信。教科院一位专家四维度的科研研究法,使我逐渐明晰。无论是从自己高效从教经历的反思总结、还是从教师行为与教学有效性的课题研究、从学科基地建设的研究,还是到《基于学科核心素养的高中合适数学教学的研究》,始终坚定

"为适合每个学生的发展而教"这个理念，进行适合的数学教学研究；培训策略定位在"磨课过程中关注教师的行动轨迹，寻找一个适合的呈现方式"——案例分析比较法实证研究得到市数学教研员刘达老师的高度认可，更加坚定了我对适与合的认识；上师大陆教授的"根据自己的专业特长，梳理你最适合研究的方向"使我茅塞顿开，我发现慢慢沉淀下的才是我自己的特色，"适合"这个词跃然纸上。

（二）与优秀的人共事鼓舞我变得跟他们一样优秀

"经过团队的多年努力，奉贤区高中数学教学上形成了整体优势，高中数学教师专业素养进步显著，区青年教师骨干高中数学研修班在2018年11月出版的《上海中学数学》杂志上被介绍；根据学校实际情况精心设计的教案和作业，开发普通高中数学学习指导方案系列丛书，为各个学校教研组活动与建设找到了平台。多方面评估数据证明这几年奉贤高中数学教育是富有成效有效的，尤其普通高中四校后进生的进步是明显的，很多同事在多项评比中脱颖而出，为教育均衡的发展是功不可没的，这既让我深受鼓舞，也让我不敢松懈，只有戒骄戒躁，与时俱进才能不辜负家长和组织对我们的期望。

一路耕耘一路花，生命之路还在，耕耘之犁不休！

张海君

2019年9月10日于奉贤教育学院

目　录

第一章

数学教学中的六个适合与平衡的构建

作为数学教师只以“知识”为目标，“考试成绩”优异为目的进行教学，教学活动变成了一种机械的“训练”，刻板的“操作”，数学教育的价值也就荡然无存了。

“照本宣科”式的教学就是学生做题，教师讲题没有问题情境的设置，也谈不上教法，按着事先安排好的顺序完成教学的任务生动的课堂被做题和讲题所替代，没有了问题带来的思维的悬念而丧失了思维交流的乐趣。

有的时候是教师认为学生数学的基础差，只能接受记忆型的知识，在这种错误的理念下，教师长期进行的教学活动是没有深度的思维活动，不断地重复“知道”“记住”及“练习”，由于学生不理解所学的知识的内涵，没有掌握研究问题思考问题的方法，靠记忆得到的知识终将遗忘，而得到的几乎为零这种形态下的教学毫无意义。

美国课程学家拉尔夫·泰勒曾说：“学生的学习取决于他自己做了什么，而不是教师做了什么。”

美国学者 1976 年在其发表的《学习的本质区别：结果和过程》首次阐述了深度学习与浅层学习概念。上海师范大学黎加厚教授团队在《促进学生深度学习》中首次提出了深度学习的概念深度学习(deeper learning)在理解的基础上，学习者能够批判地学习新思想和事实，并将它们融入原有的认知结构中，能够在众多思想间进行联系，并能够将已有的知识迁移到新的情境(situation)中，做出决策和解决问题的学习，属于深度学习。

每一个真正的教育工作者都清楚地认识到学生是有差异的，因为有差异，所以需要评价，因为有评价，所以有压力。

下面是深度学习、深度教学与核心素养三者之间的关系：

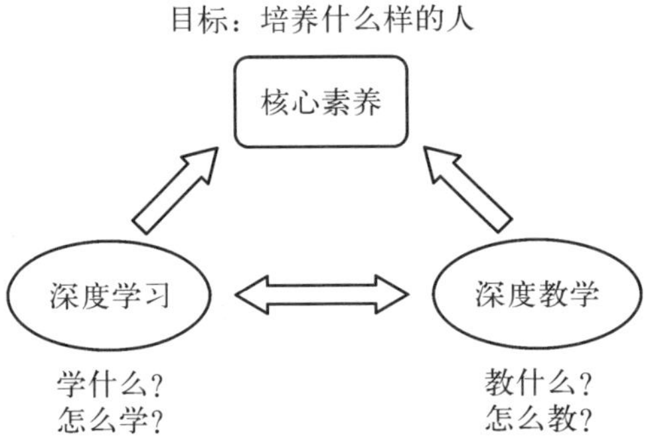

深度学习、深度教学与核心素养的培养

解决教师“怎样教”的深度教学和解决学生“怎样学”的深度学习才是核心素养这一教育目标的落地之路。

适学而教，即“适合学生的教学”，是我国“因材施教”教育思想的现代发展，中国教育学会会长顾明远教授所说：“最适合的教育就是最好的教育。”适合的教学是教育改革与发展的一个基本愿景。2010 年，原国家教委副主任柳斌曾指出，“适合学生的教育”是一个既有现实紧迫性、又将对未来教育发展产生深远影响的议题。

不同的孩子对数学的需求是不同的，数学核心素养要求下的教学更应该是开放的、多元的，与学生认知基础相契合的。教无定法、教学有法，适合学生的发展才是最适合的教学。

一、区域构建数学教学中的六个适合与平衡的必要性

《普通高中数学课程标准》2017 版课程基本理念中提出：高中数学课程要面向全体学生，适应学生的个性发展的需要，实现人人能接受良好的数学教育，不同的人在数学上有不同的发展。

古今中外很多教育家的办学实践和理论主张都体现出对“适性教育”的追求。孔子提出因材施教，道家教育倡导顺应人的天性，王守仁主张教育应顺导性情，法国教育家卢梭认为教育必须尊重儿童天性，美国教育家加德纳提出教育应重视学生的多元智力，苏联教育家苏霍姆林斯基提出教育应该追求个体的全面和谐发展等。无数成功的教

育实践证明，以适性教育为指导思想的教育经得起时间考验，符合教育教学规律，是教育自身发展的必然要求。

适合的教育就是要求教育与社会经济发展的和谐统一。个体自给自足的自然经济，有师徒、私塾教育与之适应，现代工业大规模生产，有传统的标准化的学校教育与之适应，而信息社会、知识经济时代，需要创新教育和个性化教育与之相适应，适合的教育就是当今教育要体现在学生现实的需要及有个性的发展。

多元智能理论是因材施教适合教育的理论支点。美国心理学教授加德纳的多元智能理论启迪我们不断去反思我们一直持之以恒的教育工作及观念，与传统教育相去甚远的新的智力观、人才观、学生观、课程观、评价观等正在逐渐形成。以"最近发展区"原理是分层分类的思路和依据，以多元智能理论是分层教学提供新的理论支点，分层是符合因材施教适合的教育思想。

本书所提的适合教育没有很深的哲学内涵，指的是合乎主客观条件的可行性初等数学教育。这里所谈的"适合"，是学生的能力、水平、素质和社会角色的适合。

（一）"适合"的概念

1. 适合的意思

"适性"一词来源于汉代古文，有称心，合意的意思。最早出现在《列仙传·安期先生》："寥寥安期，虚住质高期、清，乘光适性，保质延生。"

"适合"引证解释适宜。带有客观的意味，从别人那得到的，过去的经验未必适合当前的情况，往往说一种东西适合另一种东西。符合主观或客观的要求。

与"适"相关的词语有适应，适切，适当，适度，适量，适中，适时等；与适合意思接近的有合宜，适宜，恰宜，恰好，恰当，确切有分寸等。"适合"是指符合某个标准；与某指定的要求相合宜。

2. 教学中的适合

"适"即适应国情、校情和学生个体的实际情况。"合"即指合乎规律，合乎教育规律。让学生发现自己的不同、在自己的特长和兴趣上得到最好的发展。怎么发现差异是“适合教育”的核心问题。这个“适合”要靠尝试来实现。

上海市闸北二中以适合教育为抓手，积极探索学校教育自主化发展的道路。黄石有色一中吴益民指出适合的教育是普通高中切合实际的明智科学选择。这两所学校积极探索学校教育自主化发展的道路，对适合的教育内涵的解读是“‘合’即学校教育要合乎教育规律，一切从学生了解、探究知识角度出发，并在学习过程中帮助指导学生掌握探究自然、社会发展的方法，‘适’即我们的教育要适应学生成长发展的内部需求，适合学生的发展认知、理解、运用、综合的能力水平，满足学生兴趣、爱好特长培养和发展的需要，满足学生了解自我、塑造自我、完善自我的社会化过程的需要”。

3. 何为“适合的数学教育”?

我们这里所谈的“适合的数学教育”，指的是两方面：“合”即合情合理，“适”为适学而教。具体说来，在“适合数学教学”中，“合”是教育要符合数学学习认知规律，从学生探究数学知识的角度出发，在学习过程中指导学生掌握探究数学思维的方法；“适”是我们的教学要适应学生成长发展对数学知识掌握的内部需求，让学生发现自己的不同、在自己的特长和兴趣上得到最好的发展。

适合数学教学的理念、方法落实在教学的主体学生身上，遵循坚持学生为中心、突出学科本质为主体。不同的数学学习内容要适合学生的发展认知、理解、运用、综合的不同能力水平，满足学生兴趣、爱好特长培养和发展的需要，满足学生了解自我、塑造自我、完善自我、发展自我的数学化过程的需要。

(1) 合情合理。合情合理，即“符合数学的情理”。数学是思维的体操，本身就是作为人类认识事物的一种思想方式而存在和发展着的。数学家莱布尼兹说过“数学的本质不在于它的对象，而在于它的思想、方法”。不同的孩子对数学的需求是不同的，数学核心素养要求下的教学更应该是开放的、多元的，与学生认知基础相契合的。教无定法、教学有法，适合学生的发展才是最适合的教学。

《普通高中数学课程标准》2017 版，《上海市中小学数学课程标准》2004 版都明确指出："数学源于对现实世界的抽象，基于抽象结构，通过符号运算、形式推理、模型构建等，理解和表达现实世界中事物的本质、关系和规律。"

无论从数学发展历史上看，还是从人的心智发展角度看，学习数学应该是循序渐进的。先学习数数，然后是几何和算术运算，接下来才学其他更一般的数学科目，最后才会领悟，抽象的数学是描述客观世界变化规律的最好的方法，它和自然界紧密相关。数学教育应当提升学生的数学素养，引导学生会用数学眼光观察世界，会用数学思维思考世界，会用数学语言表达世界。

研究数学的人都具有不错的逻辑思维能力和抽象能力，但是每个人对直觉思维、类比思维和几何直观的依赖程度却不尽相同。数学家伯努瓦·曼德布罗特写道："当看到复杂的积分时，我就联想到它们的函数图像，并由此得到启发，解出这个积分。从平时的阅读和解题中，我认识了一大堆函数图像，并且清楚地记下了它们的性质和特征。"数学家戴维斯曾经花了很多时间思考"复变函数理论"中的一个问题，这个问题可以从几何的角度考虑，也可以从分析的角度考虑，还可以综合这两种方法一起考虑。他曾写道："当研究这个问题的时候，球体、曲面、示意图等曾经学习过的几何图形，就像是音乐旋律，在脑海中回旋。"

由此可见，数学往往并不局限于一种思维模式。在数学学习上，每个人都具有多种多样的认知风格。于是在课程的创新改革中，我们也应该鼓励学生经历不同思维类型的解题策略，教学生综合地采用直觉、逻辑、几何直观、语言表述、演绎推理和猜想，去发现数学问题，解决数学问题。

(2) 适学而教。美国最成功的数学教育改革诞生于波茨坦学院，波茨坦学院有一句格言："学生第一。"波茨坦学院的改革教育家克拉伦斯·史蒂芬斯的口头禅为："相信你的学生，每个人都能学好数学。”“了解你的学生——包括他们的姓名、知识储备、理想和忧虑。”“高标准并不等于制定一些不切合实际要求，那样只会增加学生的挫折感。”他和老师们交谈，提出的第一个问题往往是：“你的学生喜欢数学吗？”

《美国数学月刊》写道：“数学教育应该怎么做才能成功呢？首先教师们必须热爱教学，经常和学生交流，关心学生以及他们的个人发展。他们的教学进度必须合理，留下足够的时间让学生们思考、解决难题，而不仅仅是为了完成任务。教师们对学生们的成绩往往给予鼓励和奖赏，给他们提供机会学习更高层次的数学，而不是简单地把成绩当作筛选聪明的、反应快的学生的工具。波茨坦学院成功的秘诀其实非常简单：在开放、关爱的环境中培养学生们的自信和成就感。”

美国教育家内尔·诺丁曾写道：对孩子的“管制”要因人而异，不能太多，也不能太少，孩子所有真心的行为都应该得到尊重。我们也不能要求所有学生都“像一个数学界一样思考”。正如她所说，最好让他们用数学解决他们想解决的问题。

教师应该以生为本，因材施教，对学生全身心的投入，适学而教。

(3) 适合数学教育的原则。在数学教学中，创设适合的数学教育应遵循一个基本原则：尊重学科特点的差异，尊重学生的认知差异性是客观存在的，只有承认学生认知差异是呈梯度的，尊重学生认知差异，才能找到不同的教学方法、活动方式去适合学生的发展认知基础，让学生在不同的基础上呈梯度形式向前发展。

适合的数学教学是以学生对数学认知发展为目的，符合数学学科特点和教学目标为归宿。教师要想办法让相应学段相应的知识内容特点与学生特征相适应，达到最佳的契合度，最大限度地满足不同学生对不同数学的需求。

新高考的综合改革对高中数学的课堂教学提出了新的要求，教师需要重视提升高中数学的教学质量。而教学质量的提升需要教师花费时间和精力去进行教学方法的改善和提高，不能一味模仿传统的教学方式，所以突破和创新是必要的，探索适合的数学教学的教学研究策略迫在眉睫，是数学教育教学发展的客观需要，它涉及数学教育者的观念问题，也体现教育针对性的实践问题。

（二）数学课堂教学的平衡

1. 生态平衡的含义

平衡是哲学名词，指矛盾暂时的、相对的统一。生态平衡是指在一定时间内生态系统中的生物和环境之间、生物各个种群之间，通过能量流动、物质循环和信息传递，使它们相互之间达到高度适应、协调和统一的状态。也就是说当生态系统处于平衡状态时，系统内各组成成分之间保持一定的比例关系，能量、物质的输入与输出在较长时间内趋于相等，结构和功能处于相对稳定状态，在受到外来干扰时，能通过自我调节恢复到初始的稳定状态。在生态系统内部，生产者、消费者、分解者和非生物环境之间，在一定时间内保持能量与物质输入、输出动态的相对稳定状态。

2. 数学课堂教学平衡

数学课堂教学平衡是指影响数学课堂教学中的诸多因素（教师，学生，教材，教学环境），各因素之间的相对关系构成了数学课堂的教学生态因子，当学生在课堂中获取知识，信息交流时，这些因子维持一种动态的、持续的、发展的状态，有利于教师学生和谐发展，那可以说是平衡状态。当教学生态因子受到干扰超过自身调节的范围，那么课堂教学的平衡会被打破，就会失衡。

（1）高耗与有效中的教学失衡。教师，教材，学生之间有很多的不平衡，主要表现在以下三方面：教师对教材解读定位的不到位，把文本知识当作静态，忽视教学过程的生成性、情境性和不可预测性；教师给学生知识的传授是单向的传输，是把一个容器中储存的知识倒入另一个可接受知识的容器，没有关注以人为本的教学理念，忽略了学生作为学习主体的情感因素；学生对教材是不阅读的，做题时不思索，是不良学习习惯，以为上课认真听课后多刷题就是科学的学习方式。这些现状导致课堂的教学出现了不平衡，出现了教学生态系统结构和功能的紊乱,例如学生花了大量时间在做数学作业,教师耗了大量精力在辅导后进生,但效果不是很显著,从高耗与有效两个相反的教学行为破坏了教学的平衡。从是否平衡、是否和谐角度去认识、解析和评价数学课堂教学中的现象,围绕课堂教学生态因子之间的关系,探讨数学课堂教学中的失衡现象以及在实践教学中构建平衡。

(2) 情景创设的适合性与数学概念本质之间教学失衡。在课改理念"数学教学要紧密联系学生的生活实际,从学生的生活经验和已有知识出发创设生动有趣的情境"的召唤下,情境教学一时成了许多一线教师追求的"时尚"。在教学实践中,出现了有些教师因一味追求教学内容的"生活化",仅仅是为了激发兴趣、增强应用而牵强附会的建立联系,则必然导致所创设的情境脱离问题属性,无法直接为数学新知识的学习提供有力支持,不能为学生对特定内容的理解提供有效帮助,这样的情境就成为教学中的"累赘"影响了数学概念本质的教学。

数学学习始终应立足学科特点,凸显学科本质,在教学中以数学问题为载体、以思维发展为主线,在知识掌握和能力培养的过程中,促进学生数学核心素养的提升。即使有时创设数学教学情境,也首先应考虑情境的数学认知价值以及与教学目标的关联性,谨防出现剑走偏锋、片面联系实际的现象发生,这就需要在情景创设的适合性与数学概念本质之间寻找平衡。

(3) 预设与生成之间教学失衡。教师教学的预设性是根据课标、教材和教师心中认为的学生当前认知水平,应该来说是适合的,但实际教学中有新的问题会产生,新的问题生成,一节课按照一定的教学目标来进行设计,教学过程受教学时间有限性的制约,尤其课堂生成的时间更加少,假如过分关注生成,那么教学过程远离原先预设的目标和教学任务就会落空,知识的系统性必将遭到严重破坏。这需要教师的教学智慧,需要一个适合的处理方法,需要在预设与生成之间寻找平衡,才能达到适合的教育要求。

（三）区域四校教学的不足

通过调研奉贤区四所普通中学数学教研组在学科队伍建设存在较大的困难，教学质量相对比较落后，教学质量不够稳定，原因是多方面的：

1. 队伍薄弱结构不尽合理

奉贤区普通高中四校数学师资队伍很不合理（数据如下表）。大致状况可描述如下：奉贤区奉城高级中学因种种原因，35 岁以下教师很少，队伍平均年龄偏大，队伍整体明显不合理；上海师范大学第四附属中学队伍很年轻；民办帕丁顿双语学校师资队伍很不稳定；奉贤区景秀高级中学等则是缺少教师，超负荷工作，多位老师带 3 个班。

	四所薄弱学校教师队伍状况					总数	班级数
	高级	中级	初级	4—10 年以下青年教师	0—3 年新教师		
奉城高中	2	11	1	1	1	14	21
景秀高中	3	3	6	5	3	12	18
四附中	0	1	7	4	4	8	12
帕丁顿	0	1	5	4	2	6	6

2. 学科建设缺少适合载体

四所普通学校没有区名教师，只有两个区优秀骨干教师，缺少有影响力的学科领军人物和一支精英骨干教师队伍，教研组长和备课组长教学经验较浅，教学研讨活动很难有效组织起来，活动形式单一，教学研究缺少方向。尤其在适度的教学把握很难突破，然而教学活动所能达到的知识程度与能力深度直接关系到整个教学的最终效果。

3. 训练体系匹配适量不准

由于四校师资队伍和生源等许多主客观因素，仅仅使用教材是没法适应现实高考选拔的需求。面对铺天盖地的教辅教材，很多教师无从下手，复习杂乱无章，普遍存在教学难度选材把握不当、题量过多、甚至偏离重点，课堂效率大打折扣。

四校因师资力量相对薄弱，自主开发的导学案随意性大，缺少系统性，课堂教学容量低，实效性较低。

4. 教学介入时机把握失控

在适当的时机与必要的环节加入技术手段，以此来辅助教师的教学能力相对欠缺，师生关系很难达到和谐愉悦地学习，教师找不到适合的平衡点。

5. 教学技术运用欠妥滞后

许多数学教师运用多媒体的目的并不明确，有为运用多媒体而运用多媒体，既不考虑教学内容适合与否，也不去致力于改变学生的数学学习方式，课堂教学设计层次偏低，只重视数学知识的传授，教学活动也由原来的“人灌”变成了“机灌”。太过于依赖技术会使教学过程低效，教学方向偏离。

二、区域数学教学中的六个适合与平衡的构建

（一）区域六适调查分析报告

通过大量的调研，发现教研培训工作中也存在一些突出的问题：针对性不够，不能满足教师的个性需求；教师主体性发挥不够，以听为主，相互交流、碰撞少，深入地思考更少；教师自身资源被忽略；教研以单次为主，缺乏持续跟进，老师们认可的理念也难以转化成有效的教学行为。

教师对“培训是什么”的认知直接影响他们的培训积极性，加上繁重的日常教学，很大程度上决定了教师对待学习的态度，进而影响其培训的效果。

教师对培训的理解是“听报告”，而对教育界不断发展的新教学理论与教学方法缺乏了解，教师认为培训对自己将来的发展方向毫无帮助。

教师的培训如何开发适合的培训方法和手段融入教师培训？适合的教师培训能否改变教师的教学观？张海君名师工作坊、工作室在

追求适合数学教学平衡的实践中，围绕六适研究进行教师培训问卷调查(奉贤阳光外国语学校孔英平老师一起负责)。

本次问卷调研，以网络问卷的形式，采取分区、分层抽样方法，对从幼儿园到高中的不同对象开展培训需求调研。调研的问题围绕现代教学的核心素养，探讨培训目标定位适切，培训过程指导适时，培训作业匹配适量，培训过程指导适时，培训评价过程适宜这五类问题；发放调研问卷604份，回收有效问卷604份，其中：高中125份、初中324份、小学137份、幼儿园18份，在提交问卷的604名培训对象中，教龄在15年以上的有384人，这些人基本上都参加过我区各类骨干教师培训，高研班学习等，对教育工作的沿革发展有着深刻的认识和理解，他们的态度和建议有利于对培训工作的全面审视和规划。城区学校教师348名，乡镇学校教师256名，校级以上骨干教师327名，普通教师277名，两种不同地区、不同身份的培训对象人数基本持平，中层以上干部、校长61人，普通教师543人，他们的意见应该具有一定的代表性和普适性。

附录1. 教师培训问卷调查和数据分析

1. 培训需求目标适合

△ 培训需求原因

(1) 行政业务部门指定

(2) 教师自身实际需要

△ 培训需求度

(1) 不需要

(2) 有点需要

(3) 比较需要

(4) 迫切需要

△ 不同教学反思教师的专业发展各维度需求

(1) 专业理念与道德

(2) 专业知识

(3) 专业能力

2. 培训目标定位适切

△ 教师培训的三维目标

(1) 知识与能力

(2) 过程与方法

(3) 情感与态度

△ 培训内容设计选择的依据

(1) 根据培训目的选择培训目标及内容

(2) 根据教师专业发展规律设定培训内容模块

(3) 根据教师培训需要确定个性化培训内容

△ 专业发展引领能力出发

(1) 专业理念与道德

(2) 专业知识

(3) 专业能力

△ 培训着力点指向教学引领、诊断与评价

(1) 教学设计能力

(2) 教学实践能力

(3) 教学评价能力

(4) 教学反思能力

(5) 学科学习中等生的研究

(6) 学科学习学困生的研究

△ 你认为受培训者所需发展的关键技能

(1) 学科专业知识解读

(2) 项目课程设计开发

(3) 课题研究能力提升

(4) 现代信息技术使用

3. 培训过程指导适时

△ 哪种听课、评课方式对教师帮助最大

(1) 与自己水平相当的教师相互听课讨论

(2) 专家和优秀教师听自己的课并点评

(3) 听优秀教师的课并听专家点评

(4) 专家、优秀教师和自己合作备课，听课、评课，研究改进

(5) 听优秀教师的课，并结合自己的教学实际参加讨论

△ 怎样的专业指导对教师的帮助最大

(1) 未结合课例的纯理论指导

(2) 与同事共同阅读理论材料并相互交流

(3) 课改专家与经验丰富的教师共同指导课堂教学

(4) 经验丰富的同事在教材教法方面的指导

(5) 同事之间对教学实际问题相互切磋交流

4. 培训方式选择适合

△ 培训的平台

(1) 培训策划能力

(2) 培训资源的开发

(3) 发展需求共同体构建能力

△ 教师培训的方法体系

(1) 活动开始的方法

(2) 活动展开的方法

(3) 活动结束的方法

5. 培训作业匹配适量

△ 培训模式与策略方式

(1) 是否有"主题"核心

(2) 是否以反思为支撑

(3) 是否以参与互动为方式

(4) 是否以跟进追踪为策略

6. 培训过程评价适宜

△ 以往参加过培训的体会评价

(1) 是否有规划和设计有效的教学和培训资料

(2) 利用各种类型的活动

(3) 真正的日常教学需求

调查数据分析

1. 培训需求原因

有201人选择行政部门指定，占33.28%。403人选择教师自身发展需求，占66.72%。这说明，部分教师在培训的积极性上还是比较低的，由于平时的教学任务比较繁重，这部分教师在课余时间缺少余力去研究教学，往往只是行政部门强制性的培训。多数教师对自身的发展还是有一定的需求，比如我区的名教师工作室，在招生的时候采取了自主报名、个别面试的形式，场面热闹，教师参与积极性高，这部分教师在自身成长提高上需求比较迫切，在正式开展工作室活动后教师的积极性也很高。

2. 培训需求度

不需要的36人，占5.96%；有点需要的203人，占33.61%；比较需要的270人，占44.7%；迫切需要的95人，占15.73%。

可以看出大部分教师都是觉得需要接受培训，但是意愿并不是很强烈，回答中性的较多。由此可见，以往传统的培训方式已不能有效地吸引教师，我们的教师究竟是为什么在这方面没有强烈的需求，而作为工作室主持人，去了解原因、创建机会、追求"适合"的培训。

3. 以往参加过培训的体会

(1) 是否有规划和设计有效的教学和培训资料，有386人；(2) 利用各种类型的活动，有427人；(3) 真正的日常教学需求，有384人。这三种选择的人数差不多，说明以上三种培训的体会还是很常见的。工作室将追求适合的数学课堂教学平衡作为整个工作室三年的研究主题，并设计了六个维度作为研究的内容。

4. 你认为受培训者所需发展的关键技能

(1) 学科专业知识解读，534人；(2) 项目课程设计开发，343人；(3) 课题研究能力提升，398人；(4) 现代信息技术使用，378人。无论哪种培训，本学科的专业知识总是排在第一位的，比如工作室以初中数学教师为主，教师们在活动中经常在一起研究业务知识，特别是高中数学内容这一块许多教师不熟悉，每次工作室都会介绍一些与初中内容相通的高中的内容。当然很多教师更需要学习是教科研方面的内容，如何研究课题，怎样进行项目设计。现代教育技术的发展是日新月异的，这就需要教师在培训中终生学习，以免落后于时代。

5. 培训的目标定位以专业发展引领能力

(1) 专业理念与道德，399 人；(2) 专业知识，504 人；(3) 专业能力，527 人。优秀的理念和崇高道德是所有教师首先要具备的能力，大部分教师认为自身的师德和教育理念是没有问题的，选择该选项的教师较少。而选择专业知识和专业能力人数基本持平，由此可见，老师们对那些与课堂教学直接关联的，对教学实践具有指导意义的，操作性相对较强的培训目标较为感兴趣，同时，对开展的“育人”专题仍抱有一定的期待。

6. 哪种听课、评课方式对教师帮助较大

(1) 与自己水平相当的教师相互听课讨论，227 人；(2) 专家和优秀教师听自己的课并点评，404 人；(3) 听优秀教师的课并听专家点评，451 人；(4) 专家、优秀教师和自己合作备课，听课、评课，研究改进，446 人；(5) 听优秀教师的课，并结合自己的教学实际参加讨论，417 人。从数据中可以看出听课评课方式越有渐进性、延续性，越受老师的喜欢，听课不局限于听一下，专家点评一下，老师们更希望接收到改进的建议，改进的方法。并且听其他优秀教师的课也是一样，不单单要听，更需要听过以后自己要有思考，联系自身的情况，加以吸收，融会贯通。

7. 怎样的专业指导对教师的帮助最大

(1) 未结合课例的纯理论指导，88 人；(2) 与同事共同阅读理论材料并相互交流，300 人；(3) 课改专家与经验丰富的教师共同指导课堂教学，471 人；(4) 经验丰富的同事在教材教法方面的指导，479 人；(5) 同事之间对教学实际问题相互切磋交流，406 人。以工作室为例，以上五种方式我们都有采用，最传统的相互评课交流虽然开展起来较为方便，但仅仅是这种口头上的表达往往不能很好的提高教师的教学能力，故这种低效的方式选择较少。

8. 培训着力点指向教学引领、诊断与评价

(1) 教学设计能力，499 人；(2) 教学实践能力，511 人；(3) 教学评价能力，398 人；(4) 教学反思能力，426 人；(5) 学科学习中等生的研究，247 人；(6) 学科学习学困生的研究，301 人。从数据中可以看出，更多的教师希望培训的着力点放在教学的主要环节上，其中教学的设计能力和教学的实践能力最多。基于此情况，工作室在开展培训活动中也将主要精力放在如何指导学员们，设计好一堂课，将一节数学课在备课环节力争做好。同时也经常安排学员们上随堂课、研讨课，在实践中总结不足，发现问题。每节课后由上课老师自己评价自己上课的情况，自我反思，工作室的其他学员也发表自己的评价与建议，并主持人作总结。虽然选择中等生和学困生的教师略少，但数据上仍有一定的需求，且此类培训开展的较少，也可以适当多开展些，毕竟学困生的提高是教师教学中无法避免也不可忽视的一环。

9. 你期望怎样的培训平台？

(1) 培训策划能力，313 人；(2) 培训资源的开发，407 人；(3) 发展需求共同体构建能力，473 人。期望较多的平台是侧重资源开发和构建需求共同体的，也就是说，通过一次次的培训给教师们留下些实际可用的资源，让老师可以一直受用。这点，工作室从一开始就着手给每个学员布置任务，积累素材，大家共享。比如学员共同编写的《1997—2018 上海市中考试卷题型汇总与分析》一书在张海君导师的帮助下已成功出版，并分发给了全区的数学教师，让工作室学员们的资源与全区所有数学教师共享。

10. 培训模式与策略方式

(1) 是否有“主题”核心，458 人；(2) 是否以反思为支撑，388 人；(3) 是否以参与互动为方式，435 人；(4) 是否以跟进追踪为策略，334 人。在培训模式上，认为效果最好的培训模式选项中，“是否有主题核心”以微弱优势排在首位。大家对不同培训模式认识的分化，说明目前尚无一种模式能够得到大家的一致认可，各种模式的优点和不足同

样是突出的。从排在前三位的情况来看，反思、互动、跟进追踪相结合可能大家认为更有利于各种模式的扬长避短，因而大家更乐于接受。工作室就以“探究合与适的数学课堂教学”为三年培训总的主题，结合每次活动的反思，学员与专家间的互动，活动后的作业追踪，最后以通讯稿的形式呈现。

11. 教师培训的三维目标

(1) 知识与能力，559 人；(2) 过程与方法，570 人；(3) 情感与态度，532 人。三个选项选择的教师人数接近，这和教师平时教育学生的三维目标是相似的，每一项都有它存在的意义，并且都是必须且重要的。

12. 培训内容设计选择的依据

(1) 根据培训目的选择培训目标及内容，437 人；(2) 根据教师专业发展规律设定培训内容模块，502 人；(3) 根据教师培训需要确定个性化培训内容，465 人。选择以教师专业发展规律设定内容模块的人数最多，可见教师对于培训的内容是否对个人专业发展有帮助看的还是很重的，也希望培训中多一些这方面的内容。同时适当加入一些适合每位教师个人个性化的内容，满足个体的不同需求。工作室为所有学员制定的培训内容都是基于数学教师个人发展的规律，以追求合与适的数学课堂教学为主线，为每个学员量身定做了一个研究的方向。

13. 教师培训的方法体系

(1) 活动开始的方法，449 人；(2) 活动展开的方法，560 人；(3) 活动结束的方法，399 人；较多的教师选择了活动时怎样展开的。每次活动的开始是通过听一两位教师学员的公开课，继续展开的方法选取将学员们分成几个小组，各自有明确的分工，有的观察记录课堂上教师的表现，有的记录学生的反应，答题等情况，还有的分析这节课的优势与不足之处，课后展开评价，也有的给整个活动过程拍照、录像、写总结，将培训过程完整地记录下来。

14. 教学是否反思行为与频度？

(1) 经常，388 人；(2) 一般，205 人；(3) 很少，11 人。可见培训的

反思是多数教师经常在做的一件事，它出现的频度也需要较高，这样每一次培训才能在教师学习之后有所启发，有所感悟。

15. 不同教学反思教师的专业发展各维度需求

(1) 专业理念与道德，466 人；(2) 专业知识，508 人；(3) 专业能力，504 人。选择 2、3 两个选项的人数略多，教师们反思的主要方面还是如何提高课堂的教学能力，如何提高教学上的专业知识，这些在平时的教学中也是最有用、最常用的方面。选择理念和道德的略少，这也是不可忽视的方面，有了好的理念，崇高的道德才是教师教学的基石。

通过这次网络调研，为工作室在平时的活动中探寻一种适合奉贤区教师，特别是数学教师的培训方法提供了第一手重要信息，得到以下结论：

在培训内容上，老师们对那些与课堂教学直接关联的，对教学实践具有指导意义的，操作性相对较强的培训内容较为感兴趣，同时，对开展学科育人专题仍抱有一定的期待。

在培训方式上，大家认为最有效的是名师带教。无独有偶，培训方式与培训内容相似，相对集中在实践性、指导性、可操作性较强的几种方式上，老师们需要更多的是面对面的直接指导和借鉴。

在培训时间安排上，数据说明老师们一方面工作负担和家庭负担较重，仅有的休息时间(尤其是双休日)需要休息调整或用来处理个人的一些事务，另一方面也反映出老师们的自我权利意识增强，国家法定的节假日，他们希望能够得到充分享受。

在最需要的培训内容方面，老师们还是迫切希望得到“教育实践、教学技能”等课堂教学实践、操作能力方面的培训，对“专业发展与教科研能力”“教育理论与学科新知识”等涉及个人专业发展的理论、知识和能力也有一定的需求。

在最希望的培训教师方面，老师们希望得到既有丰富教学实践经验又能将实践上升到一定理论高度的“名师、专家和骨干教师”的培训引领。

在培训考核方式上，大家在接受“过程性考核和终结性考核相结合”这个大的考评原则的同时，对注重实践的“实测评价”方式也较为认可，通过提交“作业练习”的方式进行考评部分也能接受。

存在突出的四类问题：

一是认识的问题。这里既有领导重视的问题，也有教师认识上的问题。领导重视不够，对培训工作缺乏强有力的管理措施和激励机制，造成教师参训主动性不够。教师认识不到位，形成了对培训应付了事的现象。

二是内容的问题。过去培训内容的确定，主要是自上而下确定的，教师们主要是被动接受。培训尽管增加了调研和问题反馈环节，但是重理论轻实践的成分还是很大，培训的内容往往与教师的需求还是两张皮，培训的针对性还不强，对实践的指导还不够。

三是方式的问题。过去的培训主要是集中培训、校本培训、远程培训。集中培训主要以专题报告的形式组织开展，一人讲，数百人(甚至上千人)听，方式单一，受训者被动接受，效果不好。校本培训由于缺乏有效的互助和真正的专业引领，没有落到实处，往往变成了枯燥的读书和填写报告册，校本流于形式，成为教师的负担。远程培训由于缺乏有效的监控，以及在农村学校还受到条件制约等因素的影响，实际效果也大打折扣。

四是成果转化的问题。各种培训的训后跟进不到位，形成了培训结束，就画上了“圆满”句号的现象，使得有限的培训成果失去了及时转化为自己或指导他人实践的最佳时机，训了就“训了”。

通过调研，梳理了过去教师培训工作中存在的问题，了解了教师对培训的期望和需求，探讨了培训中需要完善和改进的重点。要真正从教师的现实需要出发，设计培训内容。培训实施过程中，老师们最喜欢向培训者提的一个要求就是“请你告诉我该怎么做?”，其实老师们的需求很具体，但我们在培训的时候关注了过多的“是什么”“为什么”的问题，而到了关键的“怎么办”时，又轻描淡写，一笔带过，教师们当然不满意。

当前，课程改革正进入深水区，课堂教学正在向追求“有效”“高效”

的方向发展，教师如何转变自己的角色，引导、指导学生自主学习，成为广泛关注的焦点，也是广大一线教师最普遍、最迫切的需求。

工作室培训围绕“追求适合的数学课堂教学”这个核心设计内容，无疑是对路的，实施过程中一定要突出“做”字来做文章，强调在“做中学”，只有老师们行动了，才可能有改进、有转变、有提高，才能改变过去培训中的“听了激动，回去不动”的现象，培训才有实效。

（二）数学教学适合的研究现状

教学有法，教无定法。对同一个知识点的教学，不同的教学方法会有不同的效果。适合的教育，即创造适合学生学教育，尊重学生的差异性存在着客观事实，尊重学生在获取数学知识、获取数学核心素养时的情感体验，释放学生的潜能，使学生在课堂教学中自主参与，抛弃被动灌输式的接受。在实际的教学中如何根据教学内容和学生的学习特点选择适合的教学方法，适合的才是最好的。

目前，关于适合的数学教育研究探讨很多，国内主要从如下几个方面进行研究的：

1. 寻找适合学生发展的教学设计

教师认识学生的发展潜能和个性差异，创造适合学生发展的数学教育，寻找适合学生的发展教学设计，使学生获得最优的发展。

葛建华与陈华的《新课程背景下的数学课堂教学设计的实践与再认识——寻找适合学生发展的教学设计》提出设计必须遵循一定的数学教育理论。陶朝祥《浅谈适合学生发展的高中数学教育》通过对数学图形的研究，进行分析和研究适合学生发展的高中数学教育。

2. 选取适合的教学资料

一份好的适合的资料可以让数学课堂事半功倍。

姚娟妹《如何选择适合的素材发展初中生数学学科发现问题的能力》指出从教师课堂“传授”角度选择适合的素材，从学生课堂“探究”角度选择适合的素材。朱哲《适性教育下的数学教学——从日本“一次函数应用”教学案例》得到的启示：（1）从学生经验出发，精心组织教学，通过情景导入吸引学生注意；(2) 兼顾每位学生的学习发展，注重因材施教的教学思想；(3) 以问题解决贯穿整个课堂教学始终。让学生通过问题解决的过程学习数学，通过具有实际意义的问题解决帮助学生充分认识数学的应用价值和树立正确的数学观；(4) 在教师的组织下，学生充分发表自己的见解，并且与学生进行探讨，最终获得对问题的一致性认识。

3. 选取适合的多样化教学手段

丁鹏堂的《适合的才是有效的——对初中数学课堂教学现状的反思》一文指出创设问题情境要恰当，小组合作学习看需要，运用媒体教学重实效，自主探索学习需适当。

卢刚的《适合高中数学教学的多媒体种类及特点分析》通过两个初中的简单案例"旋转""黄金分割"得出数学是有其自身的特点、系统和规律的自然科学，适合高中数学进行多媒体教学的课件主要分为PowerPoint、Z+Z、几何画板。

乔希民、顾光辉的《设计适合学生的发展高效率数学教学方法》指出结构式讨论法能够让学生在数学学习中更加主动，课堂上给予了一定时间的自主学习，让学生给教师提出他们自己的问题。刘兵的《高中数学课堂教学方法的选择与分析》重视自主辅导，合理利用现代化信息技术，做好课堂教学内容讲解工作，让学生更好掌握每个知识点。

4. 选用适合的解题策略

数学的教学离不开对学生解题的培养，如何让学生更容易解决数学问题，张克玉的《定位解题教学价值　设计适合教学方案》通过"2014 年南宁中考第 26 题二次函数"和"2015 年武汉中考第 23 题相似三角形"给出四种不同的解法得到了：合理定位解题教学的价值和如何设计适合的解题教学方案。

5. 选择适合的作业探索

作业是学生学习知识，开发智力，培养能力的系统学习过程。如何执行作业行为，以达到形成技能之目的；什么阶段训练什么内容，采用什么方法，形成哪些技能，达到适合的目的等，都必须周密计划，才能保证作业有的放矢，有条不紊地进行，保证作业质量，完成作业任务达到适性作业的设计目标。

李巧《高中数学适性作业设计探究》谈到了作业的计划性原则、层次性原则和典型性原则，普适作业注重基础性，典型性，提升作业以变式为基础，注重拓展性，差异性。钱小军的《数学教学有三适——适时、适量、适度》教学设计中采取“把握适时原则，加入技术手段辅助；把握适量原则，精炼设计课后习题；把握适度原则，有效开放数学思维”，让学科特点与学生特征相适应，达到最佳的契合角度。

6. 重视个性化差异教育

吴军的《探讨适性教育在初中数学教学中的应用》以“实数”的教学为例，得出适性化教育是一种教育方法，须善用各种教学方法，采用多元适性评价，已达成适性学习与发展。蔡青的《如何在中学数学中进行因材施教》遵循学生基础知识和兴趣爱好，因材施教，发展学生的个性。

张世相的《初中数学教学设计中应用差异教育的研究》将差异教育理念融入教学设计中，阶梯化设计教学目标，教学过程的整体性，分层式布置作业，评价机制的互补性。

(三) 适合数学教学六元素的认识

我国教育在前苏联教育家凯洛夫教学五环节(组织教学、复习旧知、讲解新课、小结、布置作业)的基础上形成了适合自己国情的备课、上课、作业批改、辅导与评价的教学五环节。在教师引领的学生本位学习理论的指导下，在长达28年的高效从教经历中，我一直在关注学生的个体差异、认识到个体差异的重要性，主动去适应学生，更加坚信“为适合每个学生的发展而教”的教学理念是适合所有的学生。

无论是从自己高效从教经历的反思总结、还是从教师行为与教学有效性的课题研究、从学科基地建设的研究，到《基于学科核心素养的高中合适数学教学的研究》，始终坚定“为适合每个学生的发展而教”

这个理念，进行适合的数学教学研究；培训策略定位在“磨课过程中关注教师的行动轨迹，寻找一个适合的呈现方式”——案例分析比较法实证研究得到市数学教研员刘达老师的高度认可，更加坚定了我对适与合的认识。抓好教学五环节，从数学教学过程中六个元素入手：即教学目标定位适切三指标、教学内容重构适合三原则、教学方法选择适当三因素、学法指导介入适时三指导、作业训练匹配适量三层次、过程测试评价适宜的三探索，使得我对适合的中学数学课堂教学越来越成熟。这是我对自己数学教育生涯一直追求的理念，也是心灵对话碰撞的结晶，我将之称为我的“数学教学中的六个适合与平衡研究”，是合情且合理的。本节末是六个适合相关描述词与具体表现特征的汇总。

在数学教学中，要强调一个原则：尊重不同单元内容的差异，理解学生的认知差异是客观存在的，才能找到不同的教学方法、活动方式去适合学生的发展认知基础，让学生在不同的基础上呈梯度形式向前发展。

1. 教学目标定位适切

课堂教学不仅需要定位适切的显性知识目标，更应该为学生的可持续发展考虑，多一些数学思想方法的渗透，多一些思维的培养。在近期目标与中长期目标之间寻求平衡，兼顾一些渗透性目标或隐性目标，重视数学活动经验的获得，并在探究过程的经历中，学习情感的交流与关爱。

2. 教学内容重构适合

一节课的教学内容可以分为很多知识点，一个数学概念也会涉及几个相关的知识点，这些知识点并不是孤立的，而是相互联系，更有主次之分的，数学概念三层次“认识—理解—应用”的学习目标也是有轻重主次之分。教师在重点与全面寻找适合的平衡点，引导学生学习时必须把重点放在“理解”层面上，把握问题的关键，抓中间，促两端，从根本上促进学生认识的提升。

以“问题情境——建立模型——解释与应用”的基本模式为教学

结构框架，充分发挥教师自身的创造力，充分体现让课堂充满生命活力、让学生成为学习的主人的教育思想。

案例：单元性学习的课型之一——类比、推广研究

课题《和函数与积函数单调性的研究》

学生学习函数的单调性后，自主研究两个增函数的和与两个增函数的积的单调性，学生通过自主活动，学到了研究数学问题的方法。大致研究过程如下：

问题 1：判断函数 $f(x)=x+2^x$ 的单调性；

通过特殊函数的研究联想到一般函数是否有类似的结论，得到

问题 2：已知函数 $f(x)$，$g(x)$ 在区间 D 上都是增函数，能否判断 $H(x)=f(x)+g(x)$ 在区间 D 上是单调递增的？并给予说理论证。

根据学习过函数的两类运算，将问题进一步深入研究：

问题 3：已知函数 $f(x)$，$g(x)$ 在区间 D 上都是增函数，能否判断 $F(x)=f(x)\cdot g(x)$ 在区间 D 上是单调性如何？对此问题学生很自然地联想到研究函数 $f(x)=x\cdot 2^x$ 的单调性。

学生容易探索到：当 $x\in[0,+\infty)$ 时，$f(x)=x\cdot 2^x$ 是增函数，并在教师的引导下，借助 TI 图形计算器当 $x\in(-1.44,+\infty)$ 时，$f(x)=x\cdot 2^x$ 是增函数。（当然如何从理论探索和证明有待到大学里通过高等数学知识去解决）

课后思考作业：(1) 问题 2 和问题 3 中的"增函数"改成"减函数"，相应的结论会发生怎样的变化？

通过观摩学习，受此课例影响，许多教师积极实践：携手开发从推广类比的角度去研究的课例，根据通过问卷调查，此类课深受学生欢迎。

广大教师积累研究的课题有许多，限于篇幅关系，只能列举几个课题的标题：

(1) 由 $y=x+\frac{2}{x}$ 的研究方法推广研究 $y=ax+\frac{b}{x}(ab\neq 0)$ 的性质

(2)《和函数与积函数奇偶性的研究》

(3) 构造一个函数,使 $y=f(x)$ 与 $y=f^{-1}(x)$ 是同一函数

(4) 类比指数函数的方法研究对数函数

(5) 类比正弦函数的性质研究余弦函数的性质

(6) 由等差数列的性质类比研究与等比数列的性质

(7) 由椭圆的性质类比研究双曲线的性质

……

以上教学案例启示我们教师应该尽量将其引入数学根据课程新标准要求来重构适合的问题素材,选择适当的教学方法和教学手段,把数学知识的应用渗透在新知识发生、发展的全过程。培养学生的数学兴趣,启发引导他们掌握"能用"的数学。

3. 教学方法选择适当

教学活动的组织是建立在利于学生有序地进行知识的内化与建构上的,把握适合的时机是关键。新课导入处设疑,能促使学生的注意力集中,激活思维,有利于学生自主探究学习;教学重点处设疑,能让学生抓住学习的重点,帮助他们掌握重点知识;学生知识模糊处设疑强调学生的主体地位,课堂中又出现了"放羊式"的现象,这也充分说明教与学之间需要找到"平衡点"。

案例:《椭圆与标准方程》的片段:根据椭圆定义去推导椭圆标准方程

教学过程:先让学生在练习纸上通过自己建立坐标系,推导相应的椭圆方程,教师参与到学生中去,对有困难的或者方向没有的同学给予适当的点拨或启发,体现教师是课堂教学的参与者、指导者、协作者,对一些建系不是最合理的同学鼓励他们做下去,一方面让学生真

正体验前一阶段学习过求曲线方程的步骤中提到过的建立适当的坐标系对“适当”两字的理解，使其真正感受。

上述课例体现了：教案设计不但体现出教师的教，更重要的是体现学生经历学习的过程。精心设计问题情景，积极引导、启发学生进行概念剖析，借助现代化手段进行教学，以概念讲解为载体，以展示思维过程为主线、探索为途径，突出能力培养和思想教育，并注意发展学生个性品质，培养学生用数学语言进行交流的能力，以达到提高全体学生素质的根本目的。

4. 学法指导介入适时

教师既要通过传授式灌输式的教学方法学生被动接受新知识的学习；又要适时启发学生做一些头脑中的“预演”，把握适度的数学课堂。

“扶”要扶得精准，“放”要放得合理。引领学生表达、反思、追问、完善，将高中生融入其中，引导和组织高中生参与其中，当“点评员”“评论员”，结合自己的所思所探，综合与其他学生深入探讨的结果，进行相互之间的评判和点评活动，在丰富评判讲解方式的多样性的同时，又为高中生深入讨论、深入交流提供了条件，加快推动高中生互动沟通的进程。学生在被动接受与合作交流讨论这二者之间寻求平衡，从而使数学课堂走上理性的回归之路。

5. 作业训练匹配适量

作业的合理设计能让学生的智慧在练习活动中得到生成与发展，所以教师要把握适量原则，精炼设计课后习题。“量”的减少并不意味着“质”的下降，在训练内容中要不断地追求精致、精炼、经典，以此促使学生参与过程中效率的优化，促使学生学习行为的减负高效，在量与质之间寻找平衡。

6. 过程教学评价适宜

教学评价是课堂教学中教师的常用手段，有效的评价应当是指向学生发展的，尤其是学生遇到学习困惑时，非判断性评价（即不给予好坏对错的评价，而是给予促进学生认知发展的评价）才是更加适宜的。

学与教效果怎么样，不仅是靠教师的单边评判，更应该融学生主体于其中，开展师生互评、生生点评等多样性评判活动，保证评判的双向性、科学性和全面性。

教学过程中采取教师评价、自我评价和他人评价相结合的多元化评价模式，将评价融于学习过程本身，解决问题的过程本身就是对学习效果的评价和奖励，这种源于学习过程本身的评价有利于激发内部动机，又能使教师在教学中及时了解学生的进步，促进学生的自我监督、调节和提高。课堂教学中采用"积极评价"的思想，运用鼓励措施提高教学效益，课堂上运用三种鼓励——期待性鼓励、及时性鼓励、总结性鼓励。

重视学生差异的处理，充分考虑学生的差异，分层制标、分层施教以及分层评价。教师善抓关键"点"，以点带面，使个体的思考为整体服务，使分散的个体形成合力。每个学生都能够选择适合自己的学习方式，同时又可以丰富和精彩教师的探究过程，强化全体学生的认知，在个体与整体之间寻求平衡。

案例：课题《人口预测问题》的教学实例（注：此课例区级第十届教学节现场会展示课，受市里许多专家高度赞许。）

高中阶段的指数函数，对教材中的世界人口和中国人口走势图进行深化，请学生预测 2010 年的中国人口总数。本题的关键是让学生观察教材中的曲线接近于哪个函数解析式，鼓励学生用不止一种的方法进行预测，即用多种函数解析式：如直线、抛物线、指数函数等。学习目的并不在于哪个学生预测的如何精确，如何接近于真实（这也没办法判断），而是注重整个过程，让学生学会这种方法。同时我们还可以让学生观察走势图及自己计算出的 2010 年的预测人口数，来回答类似如下的几个问题：① 为什么 1949 年之前的人口曲线较平缓，1949 年之后的曲线相当陡？② 你认为影响一个国家的人口数的因素有哪些？③ 预测人口数的意义何在？④ 为了使人口的预测数更精确，可以作哪些改进？等等。

点评：在这个案例中，强调了这样几点：① 让学生学会看图，注意了数形结合的数学思想方法；② 注意了学生中的分层教学，学生可根据自己的实际情况选择不同的函数解析式来解决问题；③ 未得出预测结果就结束，而是注意了其后续性、发展性；④ 注意了数学问题本身与社会的联系，其社会价值的体现，进行德育渗透。此案例：不在于预测的如何精确，如何接近于真实，而是注重整个过程，让学生学会这种方法。

坚持以学生为中心的原则，教学设计从学生实际学情出发，教学过程从学生自主探究着力，教学评价目标立足于学生长远发展，结合数学教学中适合的六元素平衡认识，确立了数学教学中的“目标定位适切、内容重构适合、方法选择适当、指导介入适时、训练匹配适量、过程测试评价适宜”六个适合。

同样道理，每一个数学教师都有自己的专业个性化发展过程，有适合自己的成长路径。为此在教研培训活动中也相应地进行六个适合的接轨研究：培训目标定位适切、培训需求选择适合、培训方式选择适当、培训过程指导适时、培训作业匹配适量、培训过程评价适宜。

六适	描述词	依　据	具体表现特征
教学目标	定位适切	课标 教材	从知识维度、认知过程维度、核心素养维度关注学情，准确探明学生的认知发展水平和已有经验基础，面向全体学生，注重启发式和因材施教。 1. 技能、认知和情感，基础知识和基本技能的落实 2. 学科本质，明确具体要求 3. 要求适合学生最近发展
教学内容	重构适合	教材 习题册 考试题	突出基础性，重视现实性，体现先进性，加强教育性。把握本质，从概念的核心意义出发，提供适宜适合的学习素材，教学内容是学生经过一定努力可以接受的；经历概念的建构过程，深化概念的本质内涵，体悟概念的价值意蕴。 1. 选择与目的要求相适应 2. 突出重点、适量、难度且恰好具弹性 3. 知识建构方式与难点、关键的处理

（续表）

六适	描述词	依　据	具体表现特征
教学方法	选择适当	创设情景媒体技术	教学方法应该是学生可以接受的，多媒体的使用应该根据实际需要来使用，把握适时原则，加入技术手段辅助，但应当认识到，它们对于数学教学的价值只是辅助，而非教学的主体。 根据实际只有真正需要合作的时候才合作，健全的小组，有效的指导，能发挥群体的优势，改变提高学生的学习效率。 教学活动的组织是否有利于学生有序地进行知识的内化与建构，新课导入处设疑教学重点处设疑学生知识模糊处设疑。 1. 学习情境的设置，引导体验探究 2. 适当的教具、演示或多媒体的运用 3. 小组合作式的学习合理
学法指导	介入适时	解题策略指导	自主探索学习需适当，自主探索学习要结合数学知识本身的特点，灵活地选用。 学习方式、内容个性化；教学策略的个性化，“扶”要扶得精准，“放”要放得合理。 1. 启发的时机，学生练习时机 2. 老师的行为，正确地处理好教师主导作用和学生主体地位之间的关系 3. 教师的阶段性小结
作业训练	匹配适量	思想方法认知反馈	充分考虑学生的差异，分层制标，分层施教，把握难度与适量原则，精炼设计课后习题。“量”的减少并不意味着“质”的下降，在训练内容中要不断地追求精致、精炼、经典，以此促使学生参与过程中效率的优化，促使学生学习行为的减负高效。 1. 例题与当堂练习，训练的有层次安排 2. 预习作业与例题教学 3. 作业分层与配套跟进纠错
激励评价	过程适宜	育人价值多维度评价	学生愿意说，能够说，有效说的，多种解法，激发思维并完善优化，寻找最优化的。 教师不给予好坏对错的评价，而是给予促进学生认知发展的评价，评判的双向性、科学性和全面性，将自我评价、学生互评、教师评价等评价结合起来，让学生拥有更多的评议权，要分层评价。 1. 广开言路，提出见解关注学科育人 2. 遇到学习困惑时，非判断性评价 3. 评价形式，关注结果，更注重数学思维过程

三、区域数学教学中的六个适合与平衡构建的历程

近几年，在大量教学调研学习以及考察中发现，国内一些省、市、区示范性学校的数学组在学科建设有一定成效，青年教师业务迅速成长，教研组在创特色、求实效上取得了良好的成绩。其中一条经验就是发现这些学校遵循教育理论，为学生量身定做学程，其中“以学程模块设计为抓手、自主开发校本导学案和学生学习手册”这一做法得到广大数学教师的一致认可。

具体地说就是开发以学程为模块的学习校本素材，精心组织学习内容，为学生提供适宜的学习素材支点，着力组织学生探究，为学生提供智慧的创生支点。并对知识重新建构，以序列化的学习内容和思维链，选择适当的教学方法，为学生参与问题探究提供适合的支点。

区级骨干教师的培训需求有着鲜明的个性特点，针对教学实际情况开展多样化教学研究与实践，基于教学实践提高教师的独立思考、研究的意识和能力，成了教师培训的主要需求。

作为从事教研中的我，一直在思考：作为区域学科教研，如何构建发挥教研功能的引领平台？如何构建整合教研专长的学习型团队？如何构建可持续有特色的示范功能呢？

卓越教师的成长如何培训，什么样的模式是适合的，什么样的培训目标定位是适当的，什么样的策略是合理的，这需要探索，需要创新。为此工作室建立同思学研行的共同体，是一种教师专业发展模式，是“研训一体”教师培训的具体体现。

为了寻找适合有效的教研方式，尽快摸索一套经验，工作室确立了三年研究的核心主题，追求适合数学教学平衡的实践研究。确立了六适教学研究的方向。从以下六个角度开展工作：第一，组织教研团队，聚焦研修主题；第二，选择研究课题，集体研讨优化；第三，明确教研任务，制定研修方案；第四，课堂教学实践，深度讨论改进；第五，基于学科本质，研究学习讨论；第六，总结梳理交流，多维反思改进。

在这个过程中，因为教师们的接收能力不同，个别教师思想转变

缓慢。所以，一开始在课堂教学上的效果并不明显，还是不能将适合数学教学平衡的学习的理念与实际教学有机融合。为了使我区的适合数学教学平衡实践尽快步入正轨，区教研员下了很大的功夫，据区域实际现状，转变角色，整合资源，使用“以研促教，同思同研同学”的方法，以区卓越教师工作室和工作坊研修班为平台，建立学习合作共同体。开展以适合为话题的系列主题教研活动，数学教师们经历了茫然迷惑、模仿尝试、新旧结合、自主创新、快速成长等阶段，在这些阶段中，有效地整体推进了适合的数学教学课堂平衡的开展，有效促进了教师的发展和课改的推进。

（一）构建适合的课堂教学途径

围绕二期课改，我和教师们不断寻找适合的教研方式，使课改得到有效的推进，使教师和学生在课改中真正受益。在这个过程中，我区的高中数学教师们经历了迷茫、模仿、探索、成长等阶段，在这些阶段中，以“同思同研同学”的方法有效促进了教师的发展和课改的推进。

“同思同研同学”集体备课：就是所有的教研活动都以一个研修班（10—15 人）的数学教师为一个整体来开展，集体备课贯穿整个活动过程，集体备课分四个环节：初备、上课、再备、展示。

初备环节：要求在一周内全体学员教师和上课教师同步备同一节课，利用互联网上传供上课教师参考，通过微信、QQ 等互动研讨，使执教者能形成完整的、最优的教学思路，观察重点看是否每个教师都有可行性建议，适合的教学思想是否围绕数学主题学习。

上课环节：指定教师上课，其他学员观课，关注学生参与度、教学目标达成度，关注教师教学目标定位与课程标准吻合度，教学内容与目标匹配度，教学技术与策略合理度，教学情境设置与数学内容学习关联度，教师教学介入与干预及时度，有时可能出现失败告终。

再备环节：若出现失败告终的现象，及时反思，重新梳理调整，侧重学员的自我评价和互相评价是否合理，是否有好的改进建议。

展示环节：注重课堂教学效果的提升和学生学习积极性的提高程度。

捆绑式的“同思同研同学”集体备课的方式，不但有效促进了适合与平衡的数学主题学习的整体发展，还把教师凝到了一起，形成教师间团结互助、积极向上的良好氛围。良好的团队教研风气形成了，接下来就是教师自觉地把学来的新思想、新的教学模式融入自己的课堂教学之中。这就要求教师把功夫用在备课上，把课堂真正还给学生。刚开始，教师们还是不舍得把课堂时间完全交给学生，总是不放心，忍不住要做无谓的指导，我们就请各路同行专家进课堂指导，有针对性地指导教师转变教学模式。专家们一次次的进校指导，从各学段的课型到每个课型的具体上法，从概念新课的指导到复习拓展课的引领，教师们都积极参与每一次培训。慢慢地，教师们能够放得开了，学生们开始真正找到适合自己的学习方式，形成了适合的数学学习习惯。教师们懂得了在备课中最重要的是让学生学什么、怎样学、达成怎样的学习效果，体会到集体备课的过程就是老教师的沉稳和年轻教师的创新、骨干教师的引领与青年教师的激情相互交融碰撞的过程，尤其是在激烈争论中碰撞出的火花更是展现了集体备课的精彩。教师们终于明白：学生已经懂的教师检查一下就可以了，学生自己可以学懂的让学生自我检测。教材中的基础练习题，学生自学，不懂的可以组织让小组讨论，讨论后还是不懂的由教师适时地介入进行指导。就这样，教师们慢慢地学会了把学习的权利真正交给学生，数学课堂也随之发生了质的变化。

(二) 开发适当的数学题提升教师学科素养

数学解题是数学学习中一个不可或缺的核心内容，一个不可替代的实质活动，数学解题的思维实质是发生数学，解题活动的核心价值是掌握数学。同时，数学解题能力是数学教师的专业制高点。

说题是教师在解题基础上以教育教学理论为指导，在精心备课的基础上，面对同行、专家，以数学语言为主要表述工具，配以有关的辅助手段，系统而概括地解说自己对具体“试题”（例题或练习题或考试题）的理解，阐述自己的教学观点，表述自己具体执教某一“试题”的教学设想、方法、策略以及组织教学的理论依据等，把审题、分析、解答和回顾的思维过程按一定规律一定顺序说出来。要求学习者暴露面对问题的思维过程，即说解题思维。然后大家进行评说，以达到相互交流、共同提高的一种教研目的。

例如奉贤区青年教师高中数学高级研修班开展了一次说题教研活动（附录1）。青年教师在紧张繁忙的教学工作中，利用中秋、国庆长假充分准备，积极备课，选择素材，精心制作课件。说题内容丰富充实，涵盖了高中数学知识点的各个角落，得到学员们的一致认可，也得到外区专家的肯定。

例如帕丁顿（原奉浦）学校丁老师针对最薄弱学校学生的特点，《数列极限解题中的“拆分”转化教学》分享了她对于教与学的活动中自己独到的见解：教学就要教会学生怎样做？为什么这样做？为什么这样做而不是那样做？什么时候适合这样做？还可以怎样做？还可以做什么？视角独到，引发思考。

（三）组织实施适合教师需求的教研

青年教师的迅速成长，除了需要自己对理论知识、业务技术的不断学习，更需要名师的优质课展示。学员们迫切地希望通过与名师零距离地接触，更快地提高自己的备课能力、课堂把握能力，提升自己的教学有效性。

从大量调研分析中得到不同发展阶段的教师需求是不同的，分层设计并组织实施适合教师需求的教研活动是我开展适合教研的体现，也解决了一直困惑我的“指导什么”和“怎样指导”两个问题，着手基于“适合”的理念开发四校校本学习指导素材。

2015年6月区高二质量调研分析会上，薄弱的普通高中四校的老师在大家会上一致的呼吁：开发适合的区本复习训练体系，由区教研中心教研员牵头，四校老师一起参与，严格遵循课标、教材、教学基本要求与考试手册说明，编写以高考为终极目标的，适合普通高中四校学生实际情况的区本素材教学指南、复习教学指导系列方案、适合的单元作业设计，考试训练体系等。

为了让四校数学教师充分理解课程标准要求、考试手册说明，理清教材知识体系，分析从2000年以来的上海高考学业水平考的难度与要求，清楚教学任务和目标。2015年整整一个暑假，四所学校的几位核心骨干教师自发组织开展研讨座谈会，作为高中数学教研员，我根据自己多年高三毕业班教学实践经验，尽可能让更多的老师明确高考的具体要求，2015年7月暑假期间，我与基层老师一起研究课标、研究考试手册、对标十年高考真题，并进一步研究高考数学题目和命题的数学特征。

在编制过程中，面临内容多、时间紧的多重困难，编写组成员一起反复讨论，群策群力。根据四校实际的情况，教案编写过程中梳理了高中阶段首轮复习的要点和重点，制定区普高四校导学案编写选题原则，每个题选用都符合5个标准：是否适合我们的学生、是否属于考试重点热点、是否属于通过适当训练后容易掌握的、是否属于解法中的通性通法、是否符合课程标准和考试大纲。编写组成员教师们精心筛选题目，突出核心知识，注重双基并梳理细化每一个知识考点。分析每一个知识点的具体要求，力求发挥每一个题的复习价值；在作业的设计环节，充分考虑下节课作业讲评的教学时间保证，剔除繁、难、陈、偏题，可选可不选的一律不选。

基于学校实际，基于课程标准，基于喜欢做的事，基于用心做的事，教师们一起讨论确定了每节教案的序列板块、题目数量与难度，使得教案更具系统性和科学性。2015年8月初，终于合作完成了《普通高中高三数学上学习指导方案》的编写，四校老师经过集体智慧碰撞，既有区学科专家的指导，又根据四校学生实际，该复习方案的质量出乎意料得好。在实际使用的过程中，由于难度适中，适合的才是好的得到了充分的验证，学生易懂并且容易掌握，作业练习反馈效果好，受到了学生、老师和家长等各方面的好评。在当年期末区调研测试(四校老师没有参与命题)中证明是这次区域联盟编写资料是有实效的，效果显著的。四校均分差距缩小，与其他区示范性学校的差距缩小也更加明显。

正是初次的收获与喜悦，点燃了大家的热情，除了四校高三老师外，其他三个示范性学校高三备课组长自发加入，从体现学科系统性、针对性、有效性、科学性、循序性、实用性等角度出发，再次共同开发高三数学第二、三轮复习的 32 个数学思想专题和 30 个单元专题，从而整体提升区域数学的教、学、研的品质。

普高四校高三数学老师团队的积极表现，得到了学生家长认可，得到组内其他老师的认可，得到各方领导的肯定，鲶鱼效应十分明显，进一步推动四校其他年级组老师积极参与编写区本指导方案的积极性。

通过调研座谈，大家认为利用新生暑假报到，做好初高中衔接很有必要，为此在 2016 年 3 月组织四校老师(三所区示范性学校少部分老师积极性高，自发参与帮忙)编写《普通高中初高中数学衔接暑假读本》(附录 2)，6 月印刷出版。经过 2016 年 7、8 月使用，得到学生和家长的充分肯定，这方面已在区域各学科领先，也走在区示范性学校之前。开发高中数学区本教材，使薄弱学校教研组在教研方式、教研内容上有了载体，教师间的凝聚力得到加强，并加强了教师学科队伍的建设，学生学习效益得到提升。通过多年的努力，已经开发从衔接到高三二模的系列学习指导方案，并不断完善调整优化，更加适应新高考综改的需求。

(四) 引领推动区域学科团队适合地发展

引领教师一起开发区本教材，是提高教师业务素质的一个载体，但这是远远不够的，必须提高教师教学设计能力和执行能力。开展“学情分析——教学设计——课堂观察——反馈改进”四环节的教研活动，重点抓集体备课，促进教学效果的整体优化合作式教学(确定课题，先各自备课，网上交流，执教者备课，试教，集体听课，再评课研讨，最后通过反思再修改教案）。同时活动有明确的主题，例如把学习探究的主动权交给学生；让学生自己完成对所学知识的系统建构；在合作交流中共享学习的成果等。

例如：为了让全区数学教师充分理解“课程标准要求，理清教材知识体系，清楚教学任务和目标，教师的教学设计是否适合教学实际情况”，我区开展“教学设计——课堂观察——反馈改进”三环节的教研活动，重点抓教师集体备课，促进教学效果的整体优化合作式教学。

只有教师心里有一本明白的高考知识体系账，课堂中才能高效地引领学生复习和掌握数学知识。例如，在调研听课中发现，高三二轮复习的专题看不出二轮的味道，缺少必要的深入研究分析，也就是专题不专，与第一轮复习无明显的差异特征。针对这一现象，结合典型课例，及时组织教师一起参与研讨，进行培训。

以专题“集合与不等式”作为案例，分析以解不等式为载体的高考考核情景有哪些？怎么考法？横向、纵向之间有哪些考核点，典型的高考试题有哪些？学生易错误的知识点在哪里？还有哪些知识点具有考核的潜力？这些都需要作一一分析，课堂配套例题、训练作业、测试检查链形成重要体系。培训之后四校一位老师自己设计上了一节解析几何复习课，供大家继续学习研讨（详见附录3）。

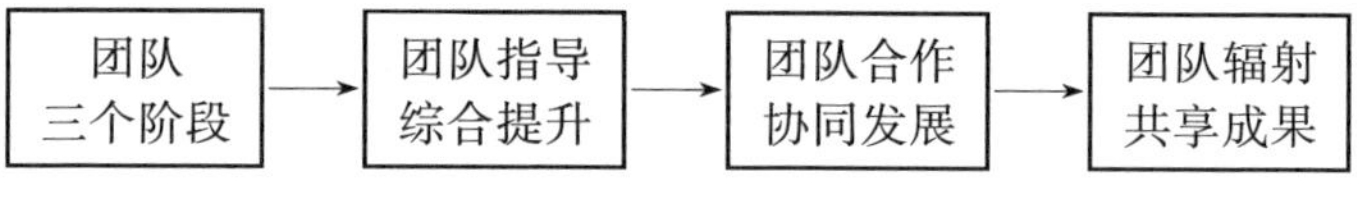

我作为区名师和学科带头人，有义务把在基地学到的经验辐射全区。以青年教师骨干研修班为点，一些数学专题教研活动为线，拓展丰富基层教研组备课组的活动。至今为止四期青年教师骨干研修班汇编区域成果集6册（附录2是其中一册目录）。

下图是奉贤区青年教师骨干高中数学研修班在上海中学数学杂志上的版面介绍。

上海市奉贤区青年教师骨干高中数学研修班简介

研修班概况

上海市奉贤区青年教师骨干高中数学研修班由奉贤区教育学院资深高中数学教研员、国家级种子教师、上海市第三期名师、奉贤区第五届政协委员(2017-2022)、奉贤区首席教师、人大附中国培客座教授张海君担任班主任导师。研修班自2016年组建以来,借助全新教育教学理念,力争突破传统,走出了一条全新的教育培训道路。每位学员和班主任导师都达成了一种共识:我们是一个集体,是一种团队合作,是基于伙伴关系的共同成长。

研修班开展了一系列活动,实现了由"知识传播者"向"知识生产者"转变,由"传承经验式"向"创新实践式"转变,由"补充短缺型"向"挖掘潜力型"转变;同时取得了"规划先行、措施到位","走近专家、理论提升","跨区联动、寻找差距","总结反思、实践提升"四条宝贵经验。

奉贤区教育学院资深高中数学教研员、青年教师骨干高中数学研修班导师 张海君

导师为学员精心授课

导师与学员讨论交流

张海君老师在数学研讨会上发言

导师风采

张海君老师1991年毕业于上海师范大学数学教育本科专业,从事数学教学和教育工作。他教学与研究功底扎实,在不同层次学校中积累了丰富的实践经验,"教学-教研-教学-教研"是他成长的历程,以问题情境启发学习为特征、以探究活动变式训练为基点的教学模式是他提倡的教学理念。

张海君老师积极创新,有效推动区域高中数学学科的建设发展,在团队建设、基地建设、研修资源建设和指导能力建设等方面取得了突破性发展,解决了教研中"指导什么"和"怎样指导"的问题,提升了区域学科教学质量。近几年,奉贤区数学高考成绩突飞猛进,10多篇相关教研论文分别获得了市级一、二等奖,并在多种省、市级刊物上发表。 (下转封三)

导师个别指导学员

研修班成果颇丰

全神贯注:
聆听青年教师授课

硕果累累:
区普通高中教与学指导方案系列

奉贤区青年教师骨干高中数学研修班迎来专家讲学

国内发行代号:4-369
国外发行代号:BM5400
国际标准连续出版物号:ISSN 1672-7495
国内统一连续出版物号:CN 31-1572/G4
定价:9.00元

引导教师进行数学教学的六个适合与平衡实践,真正发挥教研工作"生命线"的作用。发挥名优团队智慧,通过深入细化研究数学课程标准,对中学各年级数学教材进行了深入的分析与解读,教师构建"内容——素养"双向细目表并研发基于核心素养的单元教学设计、评价

样例，及其相应评价标准。设计适合的学法，考查学生学习成效及教师教学效果，通过多途径的诊断，改进学生学的方式、教师教的行为，提升专业研究力（附录 4 是工作室初中学员的研究成果）。

附录 1：说题活动成果集目录

三角形面积公式的向量形式 ——奉贤中学 张益明
说一道课本三角改编题 ——景秀高级中学 沈 健
从一道数列题说起 ——奉城高级中学 施海红
数形结合——一题多变，多题归一 ——曙光中学 王建玲
对一道数列题的剖析 ——奉贤中学 陆玉兰
说近年高考应用题 ——致远高级中学 顾 静
一个高考题引出的函数复习 ——上师大四附中 陈玉坤
数列极限解题中的“拆分”转化教学 ——奉浦学校 丁 梅
转换角度，变换方法，开拓思维
——一道函数题的启发/致远高级中学 阮 琦
通项公式与前 n 项和的关系 ——奉贤中学 蔡 悦
一道练习题的一题多解 ——曙光中学 李 红
从一道圆锥曲线题谈起 ——奉城高级中学 刘 涛

附录 2：区域校本课程《普通高中初高中数学衔接暑假读本》

初中毕业学生在接受了九年义务教育之后，即将升入高一级学校学习，初、高中数学教学的衔接（包括教学内容以及教学的模式），历来是中学数学教学的一个重要课题。我区普通高中四校由于种种原因，高一新生几乎没有适合的暑假读本或类似的衔接教材。

为此，我们尝试编写了这一册普通高中《初高中数学暑期衔接读本》，本读本以高中数学学习所具备的基本数学知识，基本思想为原则，以数学课程标准为指导，参阅了多种不同版本的教材，尽力从学习内容上作好初、高中数学教学的衔接，并试图以渗透数学思想方法为主线，从学习能力上为学生适应升入高中以后的探究性学习模式作

准备。

读本中主要选用了以下内容：

(1) 初中阶段重点内容的延伸、拓展：包括与高中内容联系密切，或按照课程标准，初中教材中已经删减，而现行高中教材未作相应改变的内容；

(2) 高中阶段难点内容的铺垫、渗透：在初中相关内容的背景下，借助开放性、探索性问题和课题学习等形式初步接触相关概念；

(3) 引导学生进行探究性学习，问题的提出和例题、习题的设计，有利于启发学生联想与应用数学思想方法、培养学生自主探索的习惯与能力。

读本立足初中内容，但不重复；渗透高中知识，但并非简单的提前教学，内容安排层次明显，起点低，并逐步拓展、深入，具有较强的探索性，适应不同学生需要，读本以数学思想方法的渗透为主线，以提高学生能力为主旨选择、编排内容，各章节内容相对独立，不同学校的不同学生根据实际需要加以选用或重新组合、教程中设置的例题，少部分习题也有较大的层次性，可供使用者选用。

初高中衔接高一新生暑假读本目录

第一单元、式的运算

第二单元、一元二次方程根的判别式

第三单元、一元一次不等式组、二元一次不等式组

第四单元、一元二次方程根与系数的关系

第五单元、二次函数的最值

第六单元、绝对值与绝对值函数

第七单元、代数式求和

第八单元、配方法

第九单元、直线与直线的位置关系

第十单元、直线与曲线的交点

第十一单元、无理方程的求解

第十二单元、待定系数法求函数解析式

第十三单元、多项式恒等变形

第十四单元、两个代数式的和运算

第十五单元、函数的定义域

第十六单元、图像法解一元一次不等式和一元二次不等式

第十七单元、不等式的性质

第十八单元、作差法比较大小

附录3：从解题总结出方法、从过程提炼出思想——从复习课《直线与椭圆的位置关系》谈高三复习

高三第一轮复习的进程中，以基础知识复习到位的原则进行导学，重点在于知识的理解与掌握，基本思想方法的巩固与提炼，应重视"从解题总结出方法、从过程提炼出思想"。

一、教学过程实录

1.1　课前小练、知识回顾

课练1：设 F_1、F_2 两点的距离为 $2\sqrt{5}$，点 P 到 F_1，F_2 距离之和为 m，求点 P 的轨迹方程。

数学思想：适当建系；碰到参数，分类讨论。

课练2：直线 $y=kx+1-k$ 与椭圆 $x^2+y^2=4$ 的位置关系是(　　)

A. 相交　　B. 相切　　C. 相离　　D. 不确定

课练3：定点 $A(2,0)$，点 P 是椭圆 $\frac{x^2}{9}+\frac{y^2}{4}=1$ 上的点，求 $|PA|$ 的最大值和最小值。

点评：此题是为了解决定点与椭圆上点距离的最值问题，起初求最短距离、最长距离学生往往是通过图像直观法得到，但此时恰恰出错了，老师利用函数的思想，严格求证了距离的最值，推翻了学生的猜测，让学生体会数学的科学性与严谨性。

数学思想：函数的思想。

1.2　典例剖析、突破重点

例 1：直线 $y=x+b$ 与椭圆 C：$\frac{x^2}{4}+y^2=1$，

(1) 当 $b=1$ 时，求直线与椭圆 C 截得的弦长 $|AB|$；

(2) 当截得的弦 AB 的中点为 $\left(1,-\frac{1}{4}\right)$，求 b。

设计意图：本题意在考查利用基本法解决弦长、弦中点问题，分为定参数和不定参数两种类型。

分析：第一问属于定参问题，直线和曲线方程都是定量，考查的是弦长公式。

例 2：已知椭圆 C：$\frac{x^2}{4}+y^2=1$ 和直线 L，

(1) 若 $P\left(\frac{1}{2},\frac{1}{2}\right)$ 是直线 L 与椭圆 C 所截线段 MN 的中点，求直线 L 的方程；

(2) 过(1，0)的直线 L 与椭圆 C 相交于 AB 两点，若 $\overrightarrow{OA}\perp\overrightarrow{OB}$，求直线 L 的方程。

设计意图：

(1) 对于中点弦问题，需掌握通性通法，同时介绍"点差法"，并注意直线斜率问题；

(2) 主要考查直线与椭圆曲线的综合应用能力，着重考查利用方程的思想和化归思想解决相关问题。

点评：基本法思路熟悉，适用于大多数题，是解决解析几何的通性通法，但计算量偏大，尤其碰到三项多项式平方，而且往往会忽略斜率不存在的时候，以及△的范围；点差法运算简单快捷，但并不是适用于所有题，只是碰到某些中点弦问题会比较适用，适用范围比较狭小。

总之，涉及弦长，用弦长公式和韦达定理来解决；涉及弦的中点、中点弦问题用点差法比较便捷。

1.3 思维风暴、能力提升

思考 1：过(1，0)的直线 L 与椭圆 C 相交于 AB 两点，求 $\overrightarrow{OA}\cdot\overrightarrow{OB}$

的取值范围?

思考 2:$\triangle OAB$ 什么时候面积最大?

点评:思考 1 是在第二问的基础上追加的思考,思考 2 是追加的一个变式,向量及面积问题在解析几何也是高频出现的考查重点,这追加的 2 个思考是为了充分发挥判别式和韦达定理在解题中的作用。灵活应用数形结合、函数思想、等价转化思想、分类讨论思想解题。

二、教学改进与措施

根据课后同行老师的评价,对这节课给予了肯定但同时也指出了不足及需改进之处。执教教师细细斟酌,也的确如此。

首先,课堂容量太大,时间上把握不到位,例题选择具有重复性。例 1 和例 2 虽然是牵涉到直线与椭圆不同问题,但是其方法都是相通的,为了课堂效率的最大化,应该把这两个例题稍加整合,或者把例题 1 删除,只讲例题 2,因为例 2 也涉及了中点弦的问题,这样容量上比较符合 40 分钟的课堂。

其次,高三复习讲究课堂效率最大值,要做到会做一道题,就会做一类题;会一种方法,就要渗透一种思想。某些题可以在作业做一些类比引申,为整个解析几何的复习奠定良好铺垫。

比如课前小练第 2 问,原题是判断直线与椭圆的位置关系,在作业中可以类比到圆、双曲线、抛物线中直线与曲线的位置关系,让学生课堂所学学以致用,并引发思考,为后面课堂教学奠定扎实的数学知识与思想方法。

附录 4:《1997 年至 2018 年上海中考试卷分析》

中考如何有效复习是大家一直探索的课题。作业的设计也要有长期意识和通盘考虑,与基本知识与技能的学习同步推进。

2018 年 12 月起,为了让工作室的数学教师充分理解课程标准要求、考试手册说明、理清教材知识体系,从 20 个模块分析从 1997 年以来上海中考难度与要求,清楚教学任务和目标是什么,大家一起研究课标、研究考试手册、研究教材，对照上海二十多年数学中考真题，研究中考数学题目，研究命题数学特征，实现资源共享。每个题选用都有一个是否适合的标准，其中第一个标准就是是否适合我们的学生，是否属于考试重点热点反复考的，是否属于通过适当训练后能容易掌握的，是否属于解法中的通性通法，是否符合课程标准和考试大纲等，精心筛选题目，突出核心知识，注重双基，整理目录，梳理细化每一个知识考点，分析每一个知识点的具体要求。为教师自身的专业能力提升打下坚实的系统知识基础。

目　录

奉贤区卓越教师培养工程
中学数学张海君名师工作室
探索"合"与"适"的平衡教学实践研究成果(一)
1997-2018上海中考数学真题分析
上海市奉贤区教育学院
二〇一九年三月

第二章

数学教学中的六个适合与平衡的实践

一、教学目标定位适切

根据《普通高中数学课程标准》2017 版的要求，对课堂教学目标设置应当做到两个方面：一是正确体现课程目标、单元目标和课堂教学目标的层次性；二是教学目标的定位应当指向学生的学习结果。课程标准、教材内容是确定教学目标的重要依据，教学目标是教学的目的，教学过程设计以及教法设计是实现教学目标的措施，目标要与适合的教学内容紧密结合，避免抽象、空洞；目标与措施是否一致，措施是否落实体现，就要看在教学过程中有没有具体活动方式来体现原定的目标，就要看教学重点的确定与课程标准、教材内容是否相脱离。

从知识、认知过程、核心素养三个维度去观察“教学目标定位是否适切”。教育家 David Merrill 将内容的事实，概念，技能，原理，问题解决和目标的记忆，理解，应用，分析，评价和创造结合起来形成一个二维的模型。

这个模型是非常有意义的，我们可以看到，对于事实的东西，我们只用停留在识记就可以了，对于概念，我们除了要记忆，并且还要理解，那么对于技能，我们就需要记忆，理解还得会应用。那么我们可以看到，这 5 个步骤是循序渐进的，下面一步是上面一步的基础，要一步一步来，而不能遗漏和跳过，否则就会为后面的学习带来困扰。

这个模型是提高教学效果，优化教学课程的关键一步，从两个维

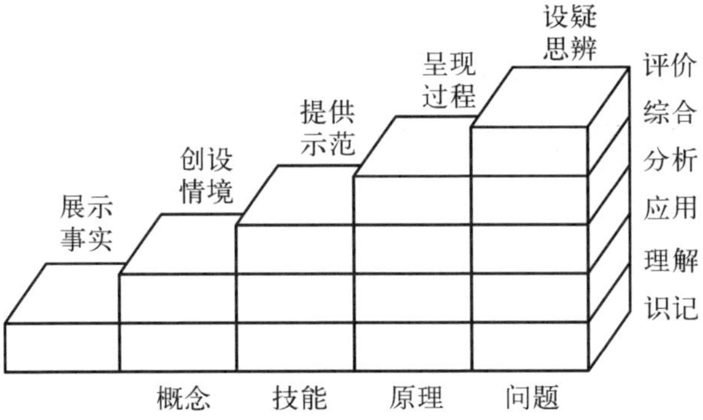

内容目标媒体三维选择模型

度考虑，目标明确具体并且层次分明，循序渐进，同时强调学习的内在联系，强调认知学习迁移效果，符合认知规律。同时具有拓展性，可以随时调整。

（一）教学目标定位适切的意义

美国著名心理学家、教育家布鲁姆说：“有效的教学，始于期望达到的目标。”由此可以看出设计教学目标的重要性。目标是教学活动的起点，是归宿，更是灵魂。教学目标对教师的教学具有指导意义，课堂教学始于教学目标的制定而终于目标的落实，明确具体的教学目标，是实施课堂教学的前提和基础，课堂教学只有设计好教学目标，才能把握住教学的起点，才能体现教学的针对性，才能设计好课堂教学的各个环节。教学目标为学生的学习提供了方向，明确详细的教学目标表明了学生学习之后要达到的“目的地”，当学生对本节课的学习任务及学习目标有了清晰的了解，才能自觉地以目标指导自己的学习。当师生共同围绕目标进行教与学的活动时，才能真正提高课堂教学效率。教学目标是教学的出发点和归宿，是教师预期的教学结果，是师生双方据此展开各种教学活动的依据，也是评定教学活动效果的依据。教师在课堂教学中要有强烈的目标意识。对每堂课的教学目标要有清醒的认识，教学始终要围绕教学目标展开。这也是衡量一堂课成功与否的重要因素之一。教学倘若离开了目标，尽管教师课上得如何精彩，也是不成功的课。

（二）教学目标定位适切的三指标

学生实际的情况是确保数学教学扎实有效的前提条件，调研发现教师在教学之初设计的理论目标与学生实际之间的关系，会发现两者之间存在着理论的应然与实际的实然之间的矛盾。按理说，理论目标的确立应当以学生的实际为基础，可学生的实际并不容易把握，尤其是在班级授课制的情形下，大班额人数的班级使得教师对每一个学生个体的学习情况的把握会出现困难。在这种情况下，很多时候数学教师在确定教学目标时的依据都不是学生实际，而是课标或教参，说得更通俗一点，教师关注的往往不是学生能不能达到教学目标，而是某知识的教学就应当是什么目标。从实际教学的情形来看，这一思路实际上是无法保证数学教学的有效性的。

如何准确理解和把握教学内容的要求已经成为教师在确定教学目标的一个非常重要的任务，隐藏在“课时严重不够”“学生负担加重”等表象后面的重要原因就是教师在确定教学内容任务与目标的严重偏差。因此，教学目标要具有适切性。

1. 教学目标适合课程标准

教学是一种有目的、有计划的活动，教学目标是指通过有计划的教师教的过程与学生学的活动所要实现的教学成果，它是促进有效课堂教学的关键。国家课程标准体现国家对不同阶段的学生在知识与技能、过程与方法、情感态度与价值观等方面的基本要求。课程标准规定的是国家对国民在某方面或某领域的基本素质要求，是国家管理和评价课程的基础。对教学和评价具有重要指导意义，是教学和评价的出发点与归宿。教学目标也具有导向作用和调控作用，为教学设计提供依据，同时为教学的评价提供标准，换句话说，也就是最后来检查是否完成了这个目标。教学目标要切合各学科课程标准要求，不“超标”也不低于课程标准的“底线”。

2. 教学目标适合学生实际

要研究并理解学生，关注每一个具体的学生，研究学生的经验、需要、智能、个性与学习风格。尊重学生的差异，尊重不同的观点，允许学生有不同的发展偏好，获得不同层次的发展。将教学建立在学生已有的经验基础上，在确保最低标准时，给予学生一定的选择权。只有关注学生的实际，才能让数学教学之“行”有一个坚实的基础。需要强调的是，在数学教学的实际过程中，学生的生成往往是学生实际学习情况的真实写照，因此对于课堂上生成的把握，往往是理论教学目标能否实现的关键之一。

任何班级的学生都存在学习的个别需求，个性化需求的满足是体现和谐课堂教学有效性的基础。要满足学生个别化需求，一是要把学生组织成合作伙伴，开展生生交流；二是教师要设计课内分层推进和个别辅导，这当然要在教师整合教学内容、压缩课堂讲授时间的前提下才能实现。确立适切的教学目标，就要在适切学生和适切课程标准之间寻找平衡点。要充分了解学生对教学内容兴趣程度和接受程度，根据班级学生所存在的学习能力差异，确定教学目标。

3. 整合把握适合拓展内容

在实际教学过程中，教师的实际目标能否达成，关键在于课前对学生的研究，以及教学过程中对学生学情尤其是教学生成的把握。布鲁姆等人把教育目标分类分为认知领域，情感领域和动作领域三大方面，我们着重关注的是认知领域内的六个层次：记忆，理解，应用，分析，综合，评价。对于知识的分类，知识可以分为以命题形式出现的陈述性知识和以任务形式出现的程序性知识，那么对于陈述性知识的学习，我们可以使用记忆这个层次来解决，而对于程序性知识的话，使用记忆就不太适合了。记忆的上一个层次是理解，这里的理解指的是把握知识材料意义的能力，主要体现在三方面，转换、解释和推断，这是最低水平的理解，第三个层次是应用，这里指的是代表把知识应用于新的情景，在一定程度上可以算是一种知识的迁移能力，属于较高水平的理解。即使这样，我们也把下三层的能力称为低阶技能。而分析、评价和创造都属于高阶技能，这样的分类就为我们清晰地描述教学目标给予了一定的帮助。

另外，克拉斯沃尔在情感态度领域内分了五层进行描述，从低层次到高层次分别是：接受或注意，反应，评价，组织，价值与价值体系的性格化。接受或注意这个层次，是最低级的价值内化水平，也就像学生在课堂中听讲，但是这只是学生接受或注意了，如果这个学生和你有语言、眼神等交流，那么说明这个学生有了反应，是在主动参与这些事情，有可能这个学生对老师所讲的有兴趣。小组讨论时，当一个学习者能够说，我欣赏另一个学习者的时候，出现了这样的评价就到了第三层次评价，有些时候学习者的态度也是一种评价，之后就是组织，当学习者接收到各种不同的，错综复杂的价值观时，学习者会将所有的价值观组织在一起，然后进行比较，确定关系和重要性，然后形成自己的价值体系，最后经过不断的发展，形成学习者自己的性格，这个时候，我们就可以预测学习者的行为。

从上面的分析我们可以看到，情感态度方面的教学是一个价值标准不断变化的内化过程，这种内化不是说是一种灌输，换句话说，书本上所列举出的东西，只有学习者在课堂中经过接受，反应，评价，组织到最后的价值化后，才能转化为自己奉行的价值标准。

（三）案例分享

案例：知其然，知所以然，知其必然——向量的数量积最值

《朱子语类》卷九《论知行》篇中说："须求其所以然，事要知其所以然。"几何图形运动中，存在一类目标函数最值从 0 到有（大于 0 或小于 0）再到 0，猜想变量的中间位置和两个极端位置来确定目标函数的最值，是出奇制胜的方法，但这样的运动型数学最值问题很多。现在从合与适角度分析下面这个例题的教学目标的设计与处理。

引例：2017 上海春季高考第 16 题：正八边形 $A_1A_2A_3A_4A_5A_6A_7A_8$ 的边长为 2，若 P 为该正八边形边上的动点，则 $\overrightarrow{A_1A_3}\cdot\overrightarrow{A_1P}$ 的取值范

围为(　　)

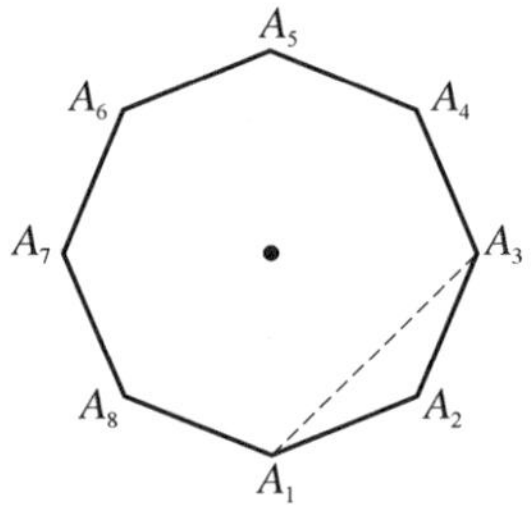

A. $[0, 8+6\sqrt{2}]$

B. $[-2\sqrt{2}, 8+6\sqrt{2}]$

C. $[-8-6\sqrt{2}, 2\sqrt{2}]$

D. $[-8-6\sqrt{2}, 8+6\sqrt{2}]$

研究方便起见,设正八边形外接圆的半径是 R,可以知道边长 $a=\sqrt{2-\sqrt{2}}R=2$。

向量既是代数研究对象,也是几何研究对象,是沟通几何与代数的桥梁。根据课程标准,向量这个知识点依据《普通高中数学课程标准》2017 版的总体目标是如下要求的:向量是描述直线、曲线、平面、曲面以及高维空间数学问题的基本工具,是进一步学习和研究其他数学领域问题的基础,在解决实际问题中发挥重要作用。本单元的学习,可以帮助学生理解平面向量的几何意义和代数意义;掌握平面向量的概念、运算、向量基本定理以及向量的应用;用向量语言、方法表述和解决现实生活、数学和物理中的问题。

向量的数量积的教学与学习具体目标如下:

1. 理解并掌握向量的数量积的意义,向量数量积的坐标表示,会进行平面向量数量积的运算;

2. 理解向量投影的数学意义,会用向量法推导点到直线的距离公式,会用向量求解空间的角与距离;

3. 运用向量方法解决简单的数学问题和实际问题,体会向量是研究几何问题的有效工具;

4. 建立坐标系,通过用向量方法解决问题的过程,发展学生的数学运算能力、数学建模能力和解决实际问题的能力。

从教学目标策略一分析:考虑特殊位置,培养直觉思维,知其然是适合的

此题由于是选择题,可以通过考察点 P 的特殊位置关系,分类讨论去分析。首先考虑 P 在最特殊位置 A_7 时,$\overrightarrow{A_1A_3}\cdot\overrightarrow{A_1A_7}=0$;然后

考虑 P 在边 $A_1 \to A_2 \to A_3 \to A_4 \to A_5 \to A_6 \to A_7$ 上运动时，$\overrightarrow{A_1A_3} \cdot \overrightarrow{A_1P} \geqslant 0$；最后考虑 P 在边 $A_7 \to A_8 \to A_1$ 上运动时，$\overrightarrow{A_1A_3} \cdot \overrightarrow{A_1P} \leqslant 0$。

根据图形的对称性，数学的直觉和做题经验 $A_7 \to A_8 \to A_1$ 这个运动过程中猜想最小值在 A_8 处，验证 $\overrightarrow{A_1A_3} \cdot \overrightarrow{A_1A_8} = -2\sqrt{2}$，所以选择 B。

从教学目标策略二分析：完善解答过程，落实逻辑推理核心素养，知其所以然，是适合的

四个选择题中提供的最大值 $8+6\sqrt{2}$ 的这个信息是在哪个位置达到的？是不是在 $|\overrightarrow{A_1P}|$ 最长的 A_5 处取到呢？假如这是一个填空题，那么最大值很有可能犯经验主义的错误，虽然 $|\overrightarrow{A_1P}|$ 最长但 $\cos\alpha$ 在变小，所以不能保证 A_5 处取到最大。经验证发现：$\overrightarrow{A_1A_3} \cdot \overrightarrow{A_1A_5} = 2R^2$，计算 $2R^2 = 8+4\sqrt{2}$ 并不是 $8+6\sqrt{2}$，那么最大值究竟在哪取到？这是教学生成的需要，也是培养学生数学思维的严谨性的重要载体，是学科育人的时时渗透，数学运算能力和逻辑推理两个核心素养得到有效落实。

我们发现 P 在边 $A_1 \to A_2 \to A_3 \to A_4 \to A_5 \to A_6 \to A_7$ 上运动时，观察函数值 $f(A_1) = 0 \to f(P_i) > 0 \to f(P_j)_{\max} \to f(P_t) > 0 \to f(A_7) = 0$，$P_i$，$P_j$，$P_t$ 是运动过程的三个位置，P_i，P_t 是随机的，函数值从 0 到有(大于 0)再到 0，目标函数值的图像大致如下。由此猜 A_1，A_7 的中间位置 A_4，经验证发现：$\overrightarrow{A_1A_3} \cdot \overrightarrow{A_1A_4} = (1+\sqrt{2})R^2 = 8+6\sqrt{2}$。

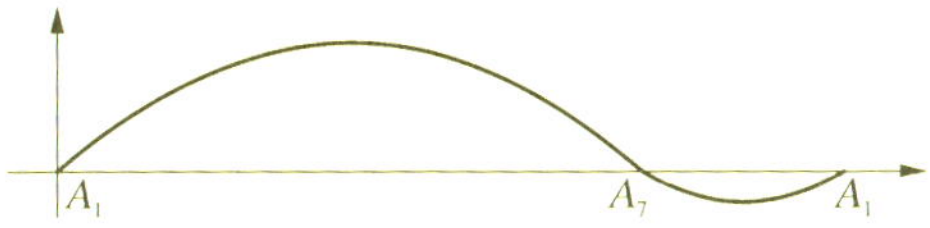

从教学目标策略三分析：从不同角度分析论证，培养学生的发散性，是适合的

角度 1：坐标法

根据向量数量积的定义，将目标函数 $f(P) = \overrightarrow{A_1A_3} \cdot \overrightarrow{A_1P}$ 可转化

$|\overrightarrow{A_1A_3}|\cdot|\overrightarrow{A_1P}|\cos\alpha$，$\alpha$ 为$\overrightarrow{A_1A_3}$与$\overrightarrow{A_1P}$的夹角，在运动过程中我们发现，由于是双变量因素，所以很难计算出最值。

$|\overrightarrow{A_1P}|$ 从 0 开始慢慢变大，一直到最大 $2R$，再慢慢变小到 0，规律如下：

$$0(A_1)\rightarrow\sqrt{2-\sqrt{2}}R(A_2)\rightarrow\sqrt{2}R(A_3)\rightarrow\sqrt{2+\sqrt{2}}R(A_4)\rightarrow$$
$$2R(A_5)\rightarrow\sqrt{2+\sqrt{2}}R(A_6)\rightarrow\sqrt{2-\sqrt{2}}R(A_7)\rightarrow 0(A_8)$$

而夹角 α 变化规律如下：

$$22.5^\circ(A_1A_2)\rightarrow 0^\circ(A_2A_3)\rightarrow 22.5^\circ(A_3A_4)\rightarrow 45^\circ(A_4A_5)\rightarrow$$
$$67.5^\circ(A_5A_6)\rightarrow 90^\circ(A_6A_7)\rightarrow 112.5^\circ(A_7A_8)$$

由于向量数量积还可以用坐标法计算，所以我们还是从点的坐标去分析，设点 $P(x, y)$，建立目标函数的分段函数(8 段)，并由此可以知道最大值是运动到 A_4 达到。

$$f(x_p)=\begin{cases}\sqrt{2}Rx,(P\in A_1A_2),x\in\left[0,\dfrac{\sqrt{2}}{2}R\right],f\in[0,R^2]\\(2+\sqrt{2})Rx,(P\in A_2A_3),x\in\left[\dfrac{\sqrt{2}}{2}R,R\right],f\in[R^2,2R^2]\\-\sqrt{2}Rx+(2+\sqrt{2})R^2,(P\in A_3A_4),x\in\left[\dfrac{\sqrt{2}}{2}R,R\right],f\in[2R^2,(1+\sqrt{2})R^2]\\(2-\sqrt{2})Rx+2R^2,(P\in A_4A_5),x\in\left[0,\dfrac{\sqrt{2}}{2}R\right],f\in[2R^2,(1+\sqrt{2})R^2]\\\sqrt{2}Rx+2R^2,(P\in A_5A_6),x\in\left[-\dfrac{\sqrt{2}}{2}R,0\right],f\in[R^2,2R^2]\\(2+\sqrt{2})Rx+(2+\sqrt{2})R^2,(P\in A_6A_7),x\in\left[-R,\dfrac{\sqrt{2}}{2}R\right],f\in[0,R^2]\\-\sqrt{2}Rx-\sqrt{2}R^2,(P\in A_7A_8),x\in\left[-R,-\dfrac{\sqrt{2}}{2}R\right],f\in[(1-\sqrt{2})R^2,0]\\(2-\sqrt{2})Rx,(P\in A_8A_1),x\in\left[-\dfrac{\sqrt{2}}{2},0\right],f\in[(1-\sqrt{2})R^2,0]\end{cases}$$

到此为止，这个问题得到解决，但又似乎复杂了点，显然还需优化解法。

角度 2：几何意义投影法

所求目标函数 $f(P)=\overrightarrow{A_1A_3}\cdot\overrightarrow{A_1P}=|\overrightarrow{A_1A_3}|\cdot|\overrightarrow{A_1P}|\cos\alpha$

$|\overrightarrow{A_1P}|\cos\alpha$ 的意义就是，$\overrightarrow{A_1P}$ 在向量 $\overrightarrow{A_1A_3}$ 方向上的投影，如图，画出经过点 A_1、A_3 的直线，则结合图形易判断知：当动点 P 与定点 A_8 重合时，向量 $\overrightarrow{A_1P}$ 在向量 $\overrightarrow{A_1A_3}$ 方向上的投影取得最小，$f(P)=\overrightarrow{A_1A_3}\cdot\overrightarrow{A_1P}$ 取得最小，当动点 P 与定点 A_4 重合时，向量 $\overrightarrow{A_1P}$ 在向量 $\overrightarrow{A_1A_3}$ 方向上的投影取得最大，$f(P)=\overrightarrow{A_1A_3}\cdot\overrightarrow{A_1P}$ 取得最大。

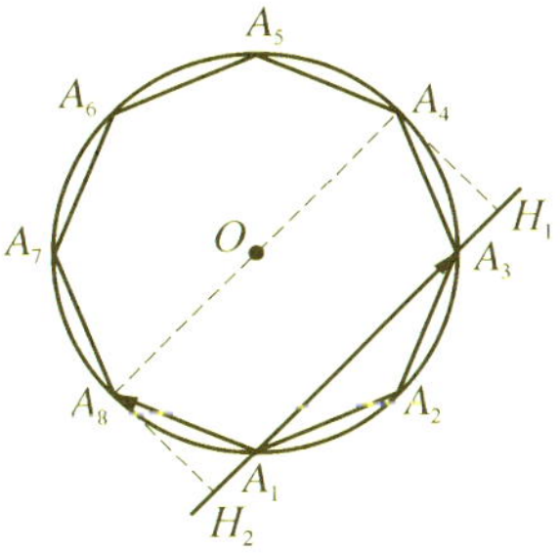

从教学目标策略四分析：站在运动变化，极限变化的思想，感受两者之间的统一，让学生体会数学魅力是适合的

把圆变小，那么正八边形也变小，不断变小，边长与弧长接近，$P(x,\ y)$ 近似地看成在圆弧上运动，

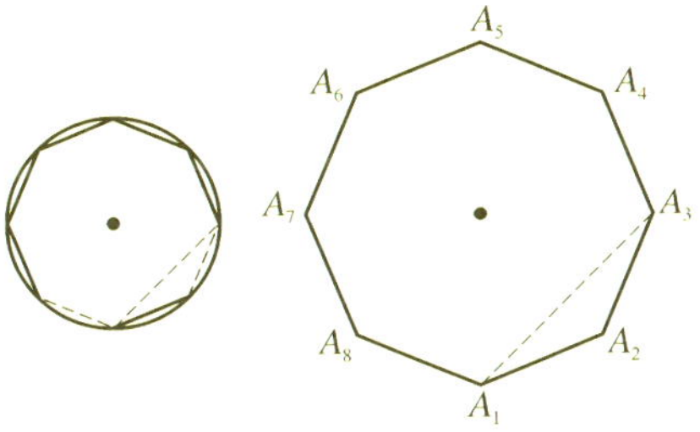

$x=R\cos\theta$，$y=R\sin\theta$，

$\angle POA_3=\theta$

$\overrightarrow{A_1P}=(R\cos\theta,\ R\sin\theta+R)$，

$$\overrightarrow{A_1A_3}\cdot\overrightarrow{A_1P}=R^2\cos\theta+R^2\sin\theta+R^2$$

$$=\sqrt{2}R^2\sin\left(\theta+\frac{\pi}{4}\right)+R^2。$$

所以 $\theta=\frac{\pi}{4}$，A_4 最大，$\theta=\frac{5\pi}{4}$，A_7 最小。

换个角度思考，两者之间结论竟然一致，用上面的观点很好解释：当动点 P 与定点 A_4 重合时，向量 $\overrightarrow{A_1P}$ 在向量 $\overrightarrow{A_1A_3}$ 方向上的投影取得最大，而投影点 H_1 与 A_4 所在的直线 A_4H_1 恰好是与正多边形的外接圆所在的半径 OA_4 相切于点 A_4。

当动点 P 与定点 A_8 重合时，向量 $\overrightarrow{A_1P}$ 在向量 $\overrightarrow{A_1A_3}$ 方向上的投影取得最小，而投影点 H_2 与 A_8 所在的直线 A_8H_2 恰好是与正多边形的外接圆所在的半径 OA_8 相切于点 A_8。

1. 从高效课堂目标分析：对问题进行变式思考，知其必然，是适合的

坐标法在分析目标函数的大致趋势显现动态过程，培养学生的直觉思维和抽象能力是适合的，但一段段解析式求解需要大量的时间，在课堂上全部计算是不适合的，需要寻找平衡，例如采取分工，分八个小组，每个小组各计算段解析式，一方面保证每个同学都参与进来，另一方面又达到问题解决的完整性。

几何意义投影法是抓住数学问题本质，是数学高阶思维的体现，是深度教学的落实，也是课程标准真正落实的有效途径。

2. 多思维角度的比较分析，是教师教学适时地指导体现，也是学生提升的最佳契机

第一个变：改 A_3 为 A_4，其他条件不变，如何快速求出 $\overrightarrow{A_1A_4}\cdot\overrightarrow{A_1P}$ 的取值范围？

方法 1 投影法：可以得到 $P\in A_4A_5$ 是一个定值，是最大值，用投影方法马上可以得到 $P\in A_8A_1$ 是一个定值，是最小值。

方法 2 观察猜想法：分析大致目标函数的趋势，猜想 $f(A_4)=f(A_5)=f(x)_{\max}$。

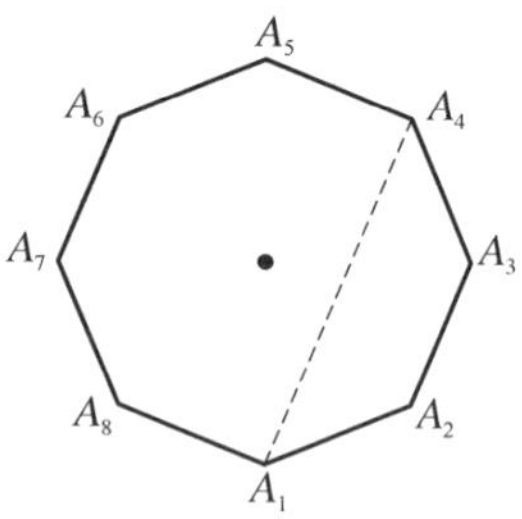

进一步计算,发现 $f(x_p)$, $P\in A_4A_5$ 是一个定值,
推导如下

$$P(x,(\sqrt{2}-2)x+R),\ \overrightarrow{A_1P}=(x,(\sqrt{2}-2)x+2R),$$

$$\overrightarrow{A_1A_4}=\left(\frac{\sqrt{2}}{2}R,\frac{\sqrt{2}+1}{2}R\right)$$

$$\overrightarrow{A_1A_4}\cdot\overrightarrow{A_1P}=\frac{\sqrt{2}}{2}Rx+(\sqrt{2}-2)\cdot\frac{\sqrt{2}+1}{2}Rx+\frac{\sqrt{2}+1}{2}\cdot 2R^2$$

$$=(\sqrt{2}+1)R^2。$$

所以目标函数的纠正如下:

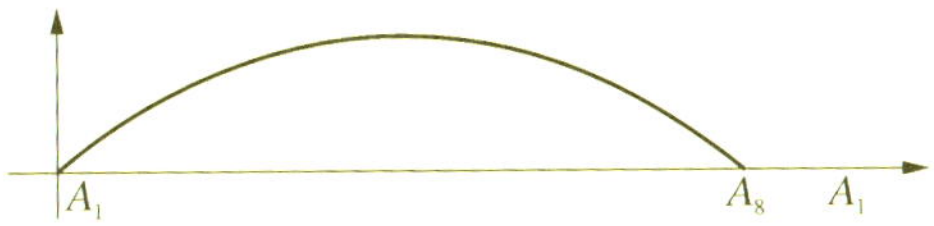

第二个变:八边形改成十二边形 $A_1A_2A_3A_4A_5A_6A_7A_8A_9A_{10}A_{11}A_{12}$ 的边长为 2,若 P 为该正十二边形边上的动点,如何求出 $\overrightarrow{A_1A_4}\cdot\overrightarrow{A_1P}$ 的取值范围?

类比上述,可以描述出目标函数的图像大致如下,

$P\in A_4A_5$ 最大,是 $\frac{3+\sqrt{3}}{2}R^2$,$P\in A_{11}A_{12}$ 最小,是 $\frac{1-\sqrt{3}}{2}R^2$。

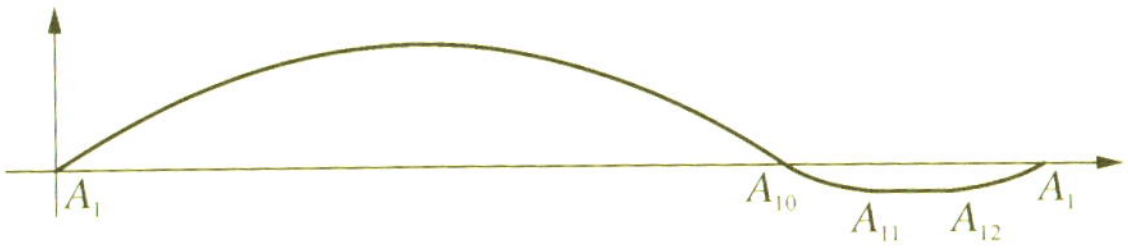

第三个变:八边形改成一个存在外接圆的任意多边形,外接圆半径为 R,若 P 为边上多形的动点,如何求出 $\overrightarrow{A_1A_3}\cdot\overrightarrow{A_1P}$ 的取值范围?用哪个方法比较适合?

第四个变:如何求出 $\overrightarrow{A_1P}\cdot\overrightarrow{A_3P}$ 的取值范围?

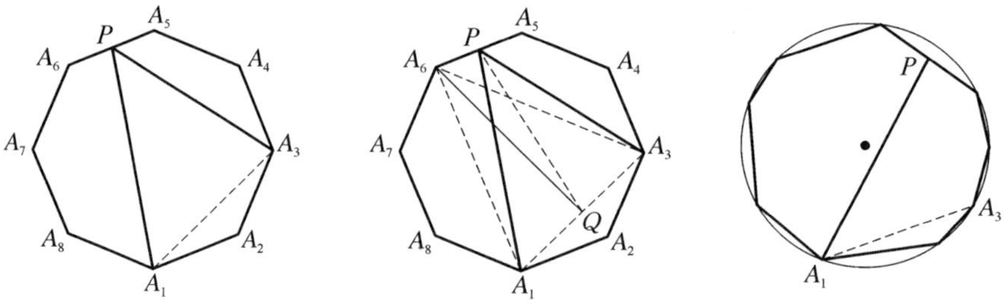

用观察趋势法可以猜想到答案，用射影有点困难，这里介绍另一个方法：

利用 $\vec{a}\cdot\vec{b}=\left(\frac{\vec{a}+\vec{b}}{2}\right)^2-\left(\frac{\vec{a}-\vec{b}}{2}\right)^2$，

$\overrightarrow{A_1P}\cdot\overrightarrow{A_3P}=\left(\frac{\overrightarrow{A_1P}+\overrightarrow{A_3P}}{2}\right)^2-\left(\frac{\overrightarrow{A_1P}-\overrightarrow{A_3P}}{2}\right)^2=|\overrightarrow{PQ}|^2-\frac{(\overrightarrow{A_1A_3})^2}{4}$，$Q$ 是$\overrightarrow{A_1A_3}$中点。

问题转化为正八边形上的动点到 $\overrightarrow{A_1A_3}$ 中点 Q 的最大和最小，得到 A_6 是最大位置，A_1、A_3 是最小位置。

3. 与数学学习学科特点要求适配

从学习目标掌握与巩固分析：对本节课所涉及的思想方法在其他问题解决处理上进行延伸是适合的，也是与数学学习学科特点要求适配的。

(1) 立体几何翻折应用

例 1. 两个边长为 1 的等边三角形 $\triangle ADB$ 和 $\triangle DBC$ 组成的菱形，$\triangle ADB$ 绕 DB 翻折到 A' 得到三棱锥 A'-CDB，求棱锥 A'-CDB 的体积最大值是多少？

在翻折过程中，一开始图形是平面图形，然后是一个立体图形，最后又是一个平面图形，体积从 0 到有（大于 0）再到 0，设平面 ADB 绕 DB 的翻转角为 α，则翻转角 α 变化范围是 $0^\circ\to 90^\circ\to 180^\circ$，显然当设翻转角 $\alpha=90^\circ$ 时，棱锥 A'-CDB 体积最大 $\frac{1}{3}\times\frac{\sqrt{3}}{4}\times 1^2\times\frac{\sqrt{3}}{2}=\frac{1}{8}$。

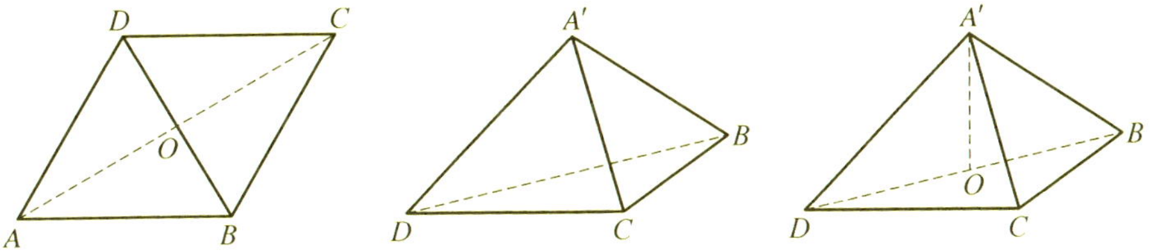

（2）扇形圆弧边上运动

方法 1. 用坐标法可以解决类似最值问题

例 2. 如图，已知扇形 AOB 的半径为 1，中心角为 $\frac{\pi}{3}$，四边形 $\frac{QR}{OR}=\tan 60^{\circ}=\sqrt{3}$ 是扇形的内接矩形，P 为 $\overset{\frown}{AB}$ 上一动点，问：点 P 在怎样的位置时，矩形 $PQRS$ 的面积最大？并求出这个最大值。

分析：P 为 $\overset{\frown}{AB}$ 上一动点，面积从无到有再到无，取中间值的平衡点，猜测 P 在 $\overset{\frown}{AB}$ 中点时 $PQRS$ 面积最大。

如图：建立平面直角坐标系，在 $\mathrm{Rt}\triangle OPS$ 中，设 $\angle POS=\alpha$，则 $OS=\cos\alpha$，$PS=\sin\alpha$。

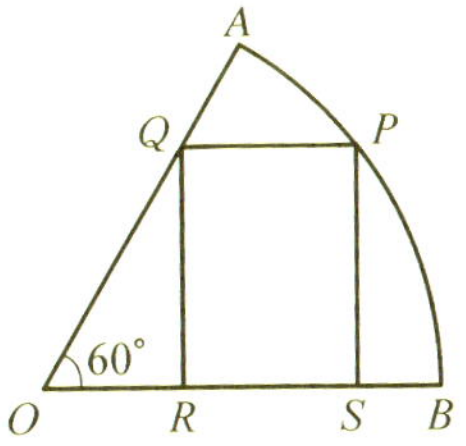

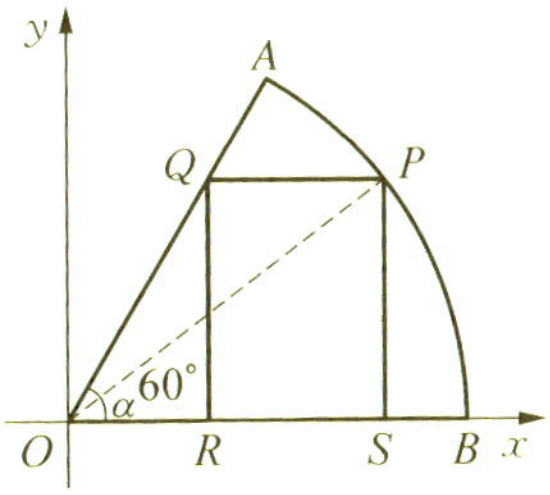

在 $\mathrm{Rt}\triangle ORQ$ 中 $\frac{QR}{OR}=\tan 60^{\circ}=\sqrt{3}$，

所以 $OR=\frac{\sqrt{3}}{3}QR=\frac{\sqrt{3}}{3}\sin\alpha$。

$\therefore RS=OS-OR=\cos\alpha-\frac{\sqrt{3}}{3}\sin\alpha$。

设矩形 $PQRS$ 的面积为 S，

则 $S=RQ\cdot RS=\left(\cos\alpha-\dfrac{\sqrt{3}}{3}\sin\alpha\right)\sin\alpha$

$$=\sin\alpha\cos\alpha-\frac{\sqrt{3}}{3}\sin^2\alpha$$

$$=\frac{1}{2}\sin 2\alpha+\frac{\sqrt{3}}{6}\cos 2\alpha-\frac{\sqrt{3}}{6}$$

$$=\frac{\sqrt{3}}{3}\sin\left(2\alpha+\frac{\pi}{6}\right)-\frac{\sqrt{3}}{6}$$

由于 $0<\alpha<\dfrac{\pi}{3}$，所以当 $2\alpha+\dfrac{\pi}{6}=\dfrac{\pi}{2}$，即 $\alpha=\dfrac{\pi}{6}$ 时，$S_{最大}=\dfrac{\sqrt{3}}{6}$。

因此，当 $\alpha=\dfrac{\pi}{6}$ 时，矩形 $PQRS$ 的面积最大，最大面积为 $\dfrac{\sqrt{3}}{6}$。

例 3. 给定 2 个长度为 1 的平面向量 $\overrightarrow{OA}$ 和 $\overrightarrow{OB}$，它们的夹角为 120°，如图所示，点 C 在以 O 为圆心，A、B 为端点的弧上变动，若 $\overrightarrow{OC}=x\overrightarrow{OA}+y\overrightarrow{OB}$，其中 x、$y\in\mathbf{R}$，求 $x+y$ 的最大值？

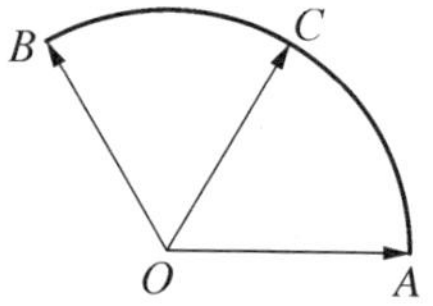

建立如图所示的坐标系，则 $A(1,0)$，$B(\cos 120°,\sin 120°)$，即 $B\left(-\dfrac{1}{2},\dfrac{\sqrt{3}}{2}\right)$。

设 $\angle AOC=\alpha$，则 $\overrightarrow{OC}=(\cos\alpha,\sin\alpha)$。

$$\overrightarrow{OC}=x\overrightarrow{OA}+y\overrightarrow{OB}=(x,0)+\left(-\frac{y}{2},\frac{\sqrt{3}}{2}y\right)=(\cos\alpha,\sin\alpha)$$

则 $\begin{cases}x-\dfrac{y}{2}=\cos\alpha\\ \dfrac{\sqrt{3}}{2}y=\sin\alpha\end{cases}$，解得 $\begin{cases}x=\dfrac{\sin\alpha}{\sqrt{3}}+\cos\alpha\\ y=\dfrac{2\sin\alpha}{\sqrt{3}}\end{cases}$，

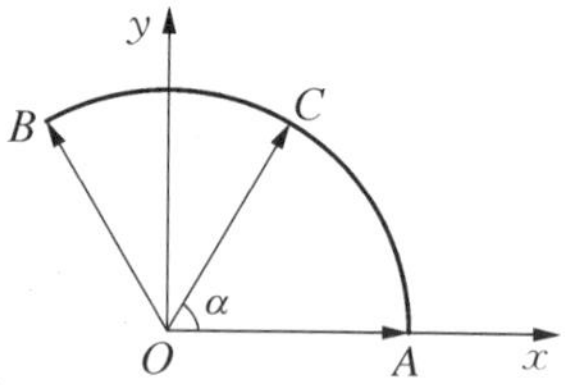

$\therefore x+y=\sqrt{3}\sin\alpha+\cos\alpha=2\sin(\alpha+30°)$。

$\because 0°\leqslant\alpha\leqslant 120°\quad\therefore 30°\leqslant\alpha+30°\leqslant 150°$。

$\therefore x+y$ 有最大值 2，当 $\alpha=60°$ 时取最大值 2。易得 C 为弧的中点。

方法 2. 用向量三点共线法可以解决向量最值问题

分析：过点 C 作 OA、OB 的平行线 CM、CN 分别交 OB、OA 或其延长线于点 M、N。因向量 $\overrightarrow{OA}$ 和 $\overrightarrow{OB}$ 为单位向量，则 $ON=x$，$OM=y$。猜想 C 为弧的中点时 $x+y$ 的值最大为 2。

解答如下：

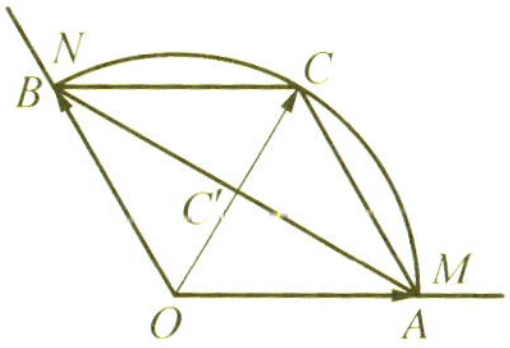

$\overrightarrow{OC'}=m\overrightarrow{OA}+n\overrightarrow{OB}$　$\therefore m+n=1$，$\overrightarrow{OC}=\lambda\overrightarrow{OC'}$

$\therefore x\overrightarrow{OA}+y\overrightarrow{OB}=\lambda(m\overrightarrow{OA}+n\overrightarrow{OB})$

$x\overrightarrow{OA}+y\overrightarrow{OB}=\lambda m\overrightarrow{OA}+\lambda n\overrightarrow{OB}$　$\therefore\begin{cases}x=\lambda m\\y=\lambda n\end{cases}$

$\therefore x+y=\lambda m+\lambda n=\lambda$，

$\therefore \lambda_{max}=(x+y)_{max}$

$\lambda=\dfrac{|\overrightarrow{OC}|}{|\overrightarrow{OC'}|}=\dfrac{1}{|\overrightarrow{OC'}|}$，$\therefore |\overrightarrow{OC'}|$ 最小，且 C' 在 AB 上。

$\because \triangle ABC$ 是等腰三角形，$\therefore OC'$ 是 $\triangle AOB$ 在 AB 边上的中垂线段时最短，且 $OC'=\dfrac{1}{2}OC$，$\therefore(x+y)_{max}=\lambda_{max}=2$。

（3）多边形内部与边界上运动

正八边形 $A_1A_2A_3A_4A_5A_6A_7A_8$ 的边长为 2，若 P 为四边形内含边界的动点，若 $\overrightarrow{OP}=x\overrightarrow{OA_1}+y\overrightarrow{OA_4}$，其中 x、$y\in\mathbf{R}$，求 $x+y$ 的取值范围？（$x+y\in[1,\sqrt{2}+1]$）

类似方法，联 $\overrightarrow{A_1A_4}$，过 O 作线段 A_1A_4 的垂线交多边形边的交点即为最大值，最小值恰好 A_4，A_1 两点。

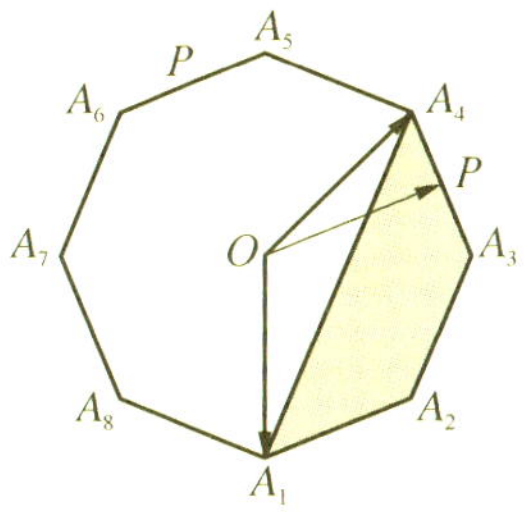

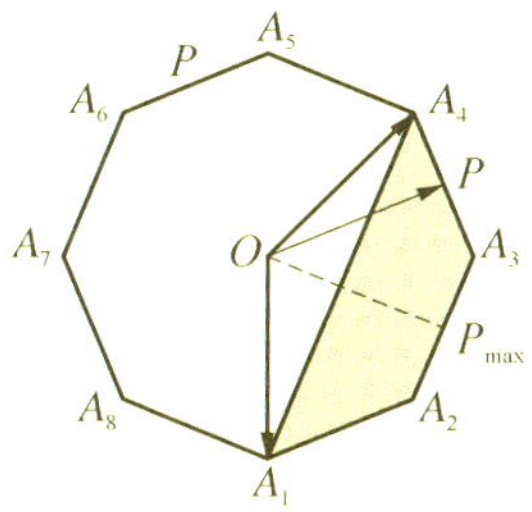

二、教学内容重构适合

数学教学内容应帮助学生掌握现代生活和进一步学习所必需的数学知识、技能、思想和方法；提升学生的数学素养，引导学生会用数学眼光观察世界，会用数学思维思考世界，会用数学语言表达世界；促进学生思维能力、实践能力和创新意识的发展，探寻事物变化规律，增强社会责任感；在学生形成正确人生观、价值观、世界观等方面发挥独特作用。

（一）教学内容重构适合的意义

"取材"往往被文学创作所重视，其实数学教学同样离不开适当的"取材"，它能够帮助学生更深入地掌握知识，取得良好的教学效果。

数学学习的材料要从学生的现实生活中提取，材料要与本单元、本节课的教学目标和教学内容相联系，材料的组合要有逻辑联系：或对比，或延伸，或迁移，或补充。

实践证明，将数学开放题作为数学研究性学习的一种载体是十分适合的。用于研究性学习的开放题尽量能有利于解题者充分利用自己已有的数学知识和能力解决问题。如何编制能够用于研究性学习的开放题，这是值得研究的。开放题的编制不仅是教师的任务，它的编制本身也可以成为学生研究性学习的一项内容。

以实际问题为背景，编制出设计类型的开放题，用于研究性学习，可以培养学生创新精神和实践能力。第 19 届国际数学教育心理会议的公开课问题："在一块矩形地块上，欲辟出一部分作为花坛，要使花坛的面积为矩形面积的一半，请给出你的设计。"是一道公认的开放题，花圃的图案形状没有规定性的要求，解题者可以进行丰富的想象，充分展示几何图形的应用，这种以实际问题为背景编制的开放题往往有趣而富有吸引力。

将数学开放题作为数学研究性学习的一种载体，首先必须有适合的问题，如何编制能够用于研究性学习的开放题，这是值得研究的。

在研究性学习的教学实践中，有充满活力和创造力的学生的参与，必将促进对这一问题认识的深化和提高。

1. 运用教材、教师提供给学生可研究的问题

立足教材选择问题或创造问题。教材中的许多例题、习题表面看似一般但内涵却十分丰富，具有一定的可探索性，可作多方面的发展研究。高一数学第二学期 P4 反映我国人口的增长状况的曲线图的数据是以结论的形式直接给出，其发现的过程被完全掩盖了，从质疑角度提出问题将其改变为研究性问题，让学生从多角度去研究。再如：平面几何与立体几何中的同真命题的研究，由正三角形的性质去类比研究正四面体的相应性质。向量与实数的类比与转化的研究。根据等差数列的性质去类比研究等比数列相应的性质。

2. 从数学角度指导学生去研究生活中的数学

发动学生到实际生活、生产中挖掘数学问题，让学生上网寻找现实生活中的数学背景材料，并提出问题、解决问题。如今成本、利润、投入、产出、储蓄、贷款、增长率、保险、市场预测、分期付款、投资风险、股票和债券已日益成为人们频繁使用的词汇，存款与保险的投资、股票与债券的买与卖等需要你作出决策。例如数列在分期付款中的应用，股票已成为经济生活中重要的一部分，可让学生观察"股市走势图"，大致地了解、估算股市的走向，由图得到信息，并提出有价值的问题，深入展开研究。

3. 利用数学知识进行跨学科的研究

作为工具性学科的数学知识在其他学科中多角度应用的研究。如(1) 向量在物理学中的应用，物理学中的最值问题、力学运动学等都体现数学思想方法与数学知识的应用；(2) 排列、组合知识的应用——求多种原子组成分子的问题，数学与晶体的研究：利用多面体、对称、二面角、几何、投影等数学知识来分析晶体的结构，并通过对晶体结构的分析，研究晶体的各项物理性质和用途；(3) 生物学中的遗传概率的计算，生物链中能量的传递等的研究。

（二）数学内容重构适合的三原则

1. 重构适合数学课程标准

（1）依据中学数学课程理念，实现“人人都能获得良好的数学教育，不同的人在数学上得到不同的发展”，促进学生数学学科核心素养的形成和发展。

（2）依据数学课程标准，体现其基础性、选择性和发展性，为全体学生提供共同基础，为满足学生的不同志趣和发展提供适合的数学教学内容。

（3）依据数学学科特点，关注数学逻辑体系、内容主线、知识之间的关联，重视数学实践和数学文化。

2. 选取适合课本教学内容

通过学习数学内容，学生应要获得进一步学习以及未来发展所必需的数学基础知识、基本技能、基本思想、基本活动经验；提高从数学角度发现和提出问题的能力、分析和解决问题的能力。在学习数学和应用数学的过程中，学生应发展数学抽象、逻辑推理、数学建模、直观想象、数学运算、数据分析等数学学科核心素养。因此，选择适合的教学内容至关重要。

教材内容的选取满足四个性。第一，突出基础性，按照“需要与可行相结合”和“加强主干、精中求简”的原则，精选终身学习必备的、具有广泛基础性和应用性而且是学生可能接受的数学基本知识和技能，作为教材的基本知识内容。第二，重视现实性，教材内容要与现实生活密切联系，以多样化的方式呈现数学抽象、推理和应用的完整过程。应强调增强应用，从生活实际和学生知识背景以及其他学科提出问题来引入数学知识和发展数学概念；在数学问题解决、课题研究以及实践活动中发展数学能力。第三，体现先进性，教材内容要有时代气息，反映社会进步和科技发展对数学课程内容的要求，体现经济、文化比较发达地区的特点。通过对数学基础知识的重新审视，精简传统数学内容，渗透近现代数学的基本内容和观点，积极推进数学教材现代化；通过对数学发展情况、工农业生产和科学技术新成果的介绍，以及现代信息技术的应用等，展示数学教材的时代特征。教材应结合具体内容安排应用计算机（计算器）技术的基本训练，指导学生利用计算机（计算器）软件及技术进一步探索研究有关数学问题。第四，加强教育性，教材内容要注意思想性和教育性。根据数学学科的特点，结合具体内容，编选一些通俗的数学史和人文性材料，采用隐性与显性相结合的方式，切实加强学科的德育功能。

3. 整体把握适合拓展内容

数学学科核心素养的发展具有连续性和阶段性。教师要以数学学科核心素养为导向，抓住函数、几何与代数、概率与统计、数学建模活动与数学探究活动等内容主线，明晰数学学科核心素养在内容体系形成中表现出的连续性和阶段性，引导学生从整体上把握课程，实现学生数学学科核心素养的形成和发展。

数学文化应融入数学教学活动。在教学活动中，教师应有意识地结合相应的教学内容，将数学文化渗透在日常教学中，引导学生了解数学的发展历程，认识数学在科学技术、社会发展中的作用，感悟数学的价值，提升学生的科学精神、应用意识和人文素养；将数学文化融入教学，还有利于激发学生的数学学习兴趣，有利于学生进一步理解数学，有利于开阔学生视野、提升数学学科核心素养。

（三）案例分享

在每一个数学概念、定理和公式的背后，都有其独特的历史，因为几乎每一个数学概念的引入都伴随着一个动人的故事。如讲解析几何时可向学生介绍笛卡尔；讲二项式定理时，可向学生介绍杨辉三角；不同时空的数学家们都曾为之做出过卓越的贡献，他们的执着与勤奋、成功或失败，无不折射出人文精神的光芒。将数学史融入数学课堂，有利于彰显数学学科的德育价值，对于学生优秀品格的养成，具有重要意义。

探求数学真理便成了数学的基本精神，以往有关数学史和文化史的研究中，人们更多注意到的是数学与自然科学之间的关系，却很少谈到数学史与思想史之间的联系。事实上，数学的发展与人类思想的发展有着密切的相关性。除了帮助人类完成逻辑进程，唤醒人类的理性精神，数学还参与到促进人类思想解放的过程当中。数学史不但向我们展示了数学的发展进程，还向我们展示了人类探索真理、奋斗求真的艰辛过往。通过学习数学史，我们看到人类对真理的追求、对超越自身的向往、对智力极限的挑战。

一直以来，说到人的文化素质，人们大多以为文化素质主要是指人们在社会科学方面的知识修养，而很少提及在自然科学特别是数学方面的修养。我们认为，数学素养是人的文化素质最为重要的构成要素之一。数学素养是人们在学习数学的过程中养成的基本素质，这种素质在现实的生活中主要体现为逻辑思考的能力与习惯，体现为理性的生活态度，体现为对真理的热爱，还体现为良好的个人品格。就每一个社会成员而言，他们也许没有足够的能力解决那些高深的数学问题，在他们的生活和工作中，也可能不需要很强的数学计算能力，但是对于大多数人来说，只要他能够理解数学探求真理、尊重真理的客观性的基本精神，对各种问题能以“数学方式”理性思考，善于对现实世界中的现象和过程进行合理的简化和量化，他在事实上便已经获得了对于人生相当宝贵的东西。也就是说，在日常的社会生活中，良好的思维方式与生活态度、习惯，远比数学技能更为重要。在这一意义上说，数学文化教育的重要性是不言而喻的。

案例 1：活跃在高考试题中的阿波罗尼斯圆

翻一翻历年全国各地高考数学真题，以阿波罗尼斯圆为背景的高考数学试题近 20 道，通过梳理分析，入选考试素材主要有三个充分的依据：(1) 源远流长的数学文化，渗透学科育人价值；(2) 检查坐标法的适合载体；(3) 灵活广泛的应用性、适用性。

阿波罗尼斯是古希腊数学家，他对圆锥曲线有深刻的研究，其主要研究成果集中在他的代表作《圆锥曲线》一书，阿波罗尼斯圆是其研究成果之一。

数学上把平面内到两定点的距离之比为正常数 $\lambda(\lambda \neq 1)$ 的点的轨迹称为阿波罗尼斯圆。

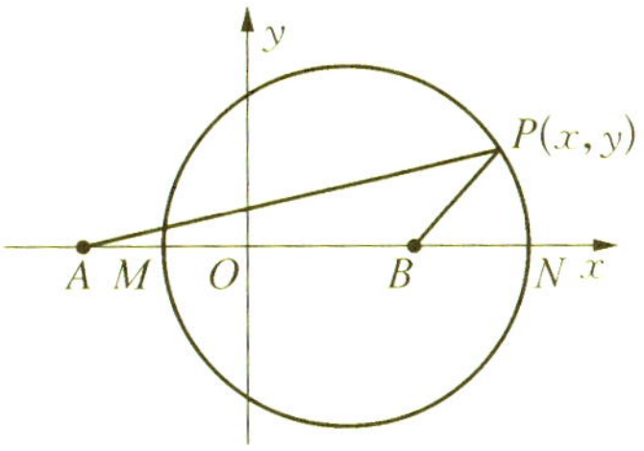

设两定点为 A、B，以 AB 所在的直线为 x 轴，线段 AB 的中点为原点 O，过点 O 作线段 AB 的垂线为 y 轴，建立点平面直角坐标系，如图所示：

设 $A(-a, 0)$，$B(a, 0)$，

动点 $P(x, y)$ 根据 $|PA| = \lambda |PB|$

得 $\sqrt{(x+a)^2+y^2} = \lambda\sqrt{(x-a)^2+y^2}$

整理得到轨迹是一个圆 $\left(x-\frac{\lambda^2+1}{\lambda^2-1}a\right)^2+y^2=\left(\frac{2\lambda a}{\lambda^2-1}\right)^2$

(1) 用代数方法研究几何问题，是数学思想方法再现的适合载体

例 1. 已知直角坐标平面上点 $Q(2, 0)$ 和圆 C：$x^2+y^2=1$，动点 M 到圆 C 的切线长与 $|MQ|$ 的比等于常数 $\lambda(\lambda>0)$。求动点 M 的轨迹方程，说明它表示什么曲线。(1994 年全国文(24))

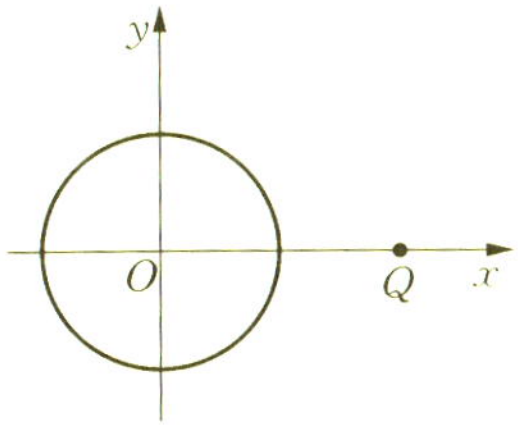

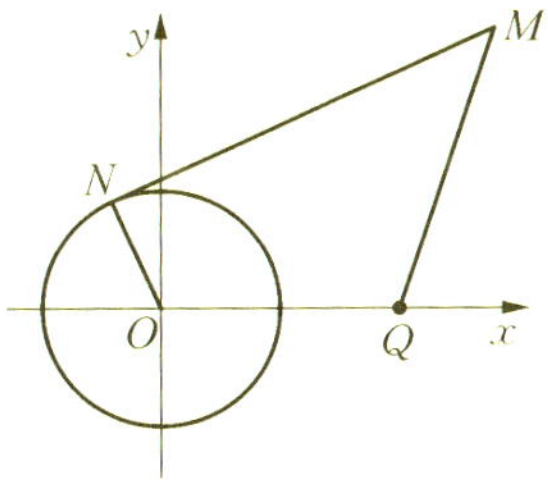

分析： 设切点 N，则 $|MN| = \lambda |MQ|$，本质上还是属于阿波罗尼斯圆，

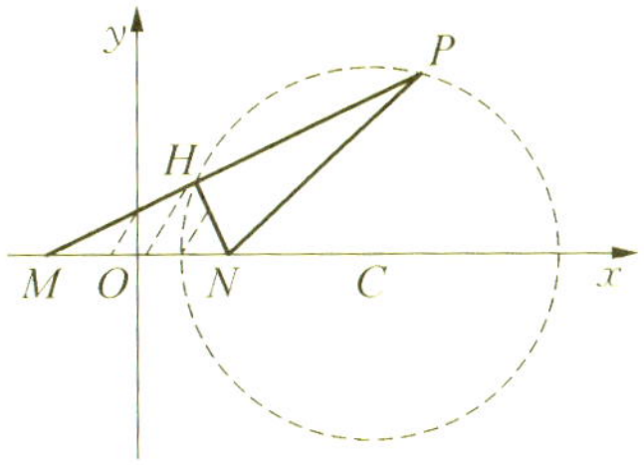

$|MN| = \sqrt{MO^2-R^2}$，列式可得

$\sqrt{x^2+y^2-1} = \lambda\sqrt{(x-2)^2+y^2}$

整理 $(\lambda^2-1)(x^2+y^2)-4\lambda^2 x+(1+4\lambda^2)=0$

所以 $\lambda=1$，轨迹是直线 $x=\frac{5}{4}$；

所以 $\lambda \neq 1$，轨迹是 $\left(x-\frac{2\lambda^2}{\lambda^2-1}\right)^2+y^2=\frac{1+3\lambda^2}{(\lambda^2-1)^2}$。

例 2. 已知点 P 到两定点 $M(-1,\ 0)$，$N(1,\ 0)$ 的距离比为 $\sqrt{2}$，点 N 到直线 PM 的距离为 1，求直线 PN 的方程。(2002 年全国高考文科)

解析： 条件 $\sqrt{2}=\frac{|PM|}{|PN|}$ 的点 P 的轨迹为阿波罗尼斯圆，即图中的圆 C，设 $P(a,\ b)$，则 PM 的方程为 $y=\frac{b}{a+1}(x+1)$，

即 $bx-(a+1)y+b=0$，

于是 $1=|NH|=\frac{|2b|}{\sqrt{b^2+(a+1)^2}}\Rightarrow a+1=\pm\sqrt{3}b$ ①

又 $\sqrt{2}=\frac{|PM|}{|PN|}=\frac{\sqrt{(a+1)^2+b^2}}{\sqrt{(a-1)^2+b^2}}\Rightarrow(a-3)^2+b^2=8$ ②

解得 $a=2\pm\sqrt{3}$，$b=\pm(\sqrt{3}\pm1)$. 于是 $k_{PN}=\frac{b}{a-1}=\pm1$.

因此直线 PN 的方程为 $y=\pm(x-1)$。

例 3. 已知两定点 $AB=4$，如果动点 P 满足条件 $|PA|=2|PB|$，则点 P 的轨迹所包围的图形的面积等于________。(2006 四川)

分析： 要知道面积，首先知道图形的形状。由已知条件中的数量关系，建立坐标系用坐标法的思想去求出动点的轨迹，判断出图形。

设 $A(-2,\ 0)$，$B(2,\ 0)$，$P(x,\ y)$，列出关系式 $\sqrt{(x+2)^2+y^2}=\lambda\sqrt{(x-2)^2+y^2}$ 并化简整理 $(x-2)^2+y^2=4$，所以点的轨迹是以 $(2,\ 0)$ 为圆心，2 为半径的圆，所求点 P 的轨迹所包围的图形的面积等于 4π。

(2) 阿波罗尼斯圆有广泛的适用性

阿波罗尼斯圆在高考题除了以显性的形式考查外，更多地是以隐含的形式出现，需要挖掘，灵活应用。

例 4. 求满足条件 $AB=2$，$AC=2BC$ 的 $\triangle ABC$ 的面积最大值。

本题是一道解三角形试题，一般的思路是利用余弦定理，再利用面积公式，最后转化成求最值问题，此题有多种解法，但多种解法比较发现利用轨迹法是最简洁的方法，也是解释最值最适合的方法。

利用 $AC=2BC$ 这个信息，从阿波罗尼斯圆的定义我们发现本题中的 C 点轨迹是个圆。

考虑到线段 AB 的长度是个定值，所以要求三角形 $\triangle ABC$ 的面积最大值，也就是求 C 点的轨迹圆上的点到直线 AB 的距离的最大值。

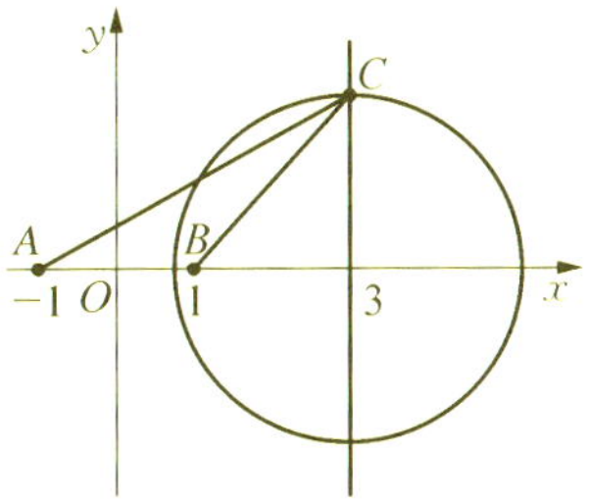

以 A 为原点、AB 所在的直线为 x 轴建立直角坐标系，

则 $A(0, 0)$，$B(2, 0)$。设 $C(x, y)$，由 $AC=2BC$ 整理得

$(x-4)^2+y^2=8$。易见 C 点到直线 AB 的距离的最大值为 $2\sqrt{2}$，从而得最大值 $\frac{1}{2}\times 2\times 2\sqrt{2}=2\sqrt{2}$。

例 5. 在平面直角坐标系 xOy 中，点 $A(0, 3)$，直线 L：$y=2x-4$，设圆 C 的半径为 1，圆心在 L 上。若圆 C 上存在点 M，使 $|MA|=2|MO|$，求圆心 C 的横坐标的取值范围。（2013 年江苏高考第 17 题）

解析： 根据条件就知道点 M 在一个圆上，进一步分析其他条件可以转化为一个圆上有一个点在另一个圆上，转化为两个圆有公共点。

设点 $M(x, y)$，由 $|MA|=2|MO|$，化简得：$x^2+(y+1)^2=4$，

$\therefore$ 点 M 的轨迹为以 $(0, -1)$ 为圆心，2 为半径的圆，可记为圆 D。

又 $\because$ 点 M 在圆 C 上，$\therefore$ 圆 C 与圆 D 的关系为相交或相切，

$\therefore 1\leqslant|CD|\leqslant 33$，其中 $|CD|=\sqrt{a^2+(2a-3)^2}$，解得：$0\leqslant a\leqslant\frac{12}{5}$。

例 6. 设抛物线 C：$y^2=8x$ 的焦点为 F，准线与 x 轴相交于点 E，点 A 在曲线 C 上，$|AE|=\sqrt{2}|AF|$，求 $\triangle AEF$ 的面积。

分析： $E(-2,0)$，$F(2,0)$ 利用 $|AE|=\sqrt{2}|AF|$ 这个信息，从阿波罗尼斯圆的定义我们发现本题中的 A 点轨迹是个圆 $x^2+y^2+12x-4=0$。

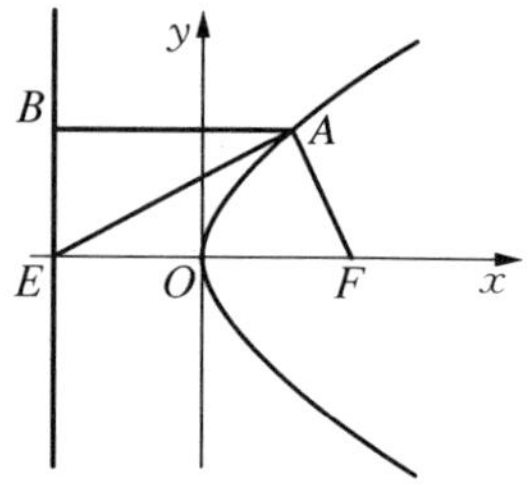

联立抛物线得到交点 $A(2,\pm 4)$，可求出面积得 8。

例 7. 已知点 $A(4,3)$ 和圆 O：$x^2+y^2=4$，是否存在一个异于点 A 的点 B，对于圆 O 上任意一点 P，都有 $\frac{PA}{PB}$ 是定值？若存在，求出点 B 的坐标和定值大小，若不存在，请说明理由。

分析： 如果点 B 存在，则 A、O、B 在一条直线上，所以可以设 $B(4b,3b)$，

圆 O 上任意一点 $P(x,y)$ 满足 $\frac{PA}{PB}=\lambda$，$\lambda>0$，$\lambda\neq 1$，$b\neq 0$，$b\neq 1$，

$\frac{(x-4)^2+(y-3)^2}{(x-4b)^2+(y-3b)^2}=\lambda^2$ 整理成圆的一般式方程，得

$$(1-\lambda^2)x^2+(1-\lambda^2)y^2+8(b\lambda^2-1)x$$
$$+6(b\lambda^2-1)y-25(b^2\lambda^2-1)=0,$$

与圆 O 的方程对比系数，解得 $b=\frac{4}{25}$，$\lambda^2=\frac{25}{4}$，

所以存在点 $B\left(\frac{16}{25},\frac{12}{25}\right)$，$\lambda=\frac{5}{2}$

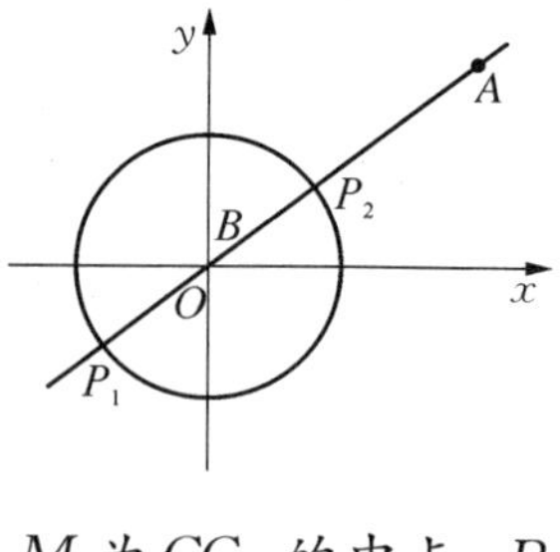

例 8. 如图，正方体 $ABCD-A_1B_1C_1D_1$ 中，M 为 CC_1 的中点，P 为平面 $ABCD$ 内的动点，且 A_1P 和 MP 与平面 $ABCD$ 所成的角相

等，判断 P 的轨迹。

解析：连接 PA，PC，则 $\angle A_1PA$，$\angle MPC$ 分别为 A_1P 和 MP 与平面 $ABCD$ 所成的角。

$\because$ A_1P 和 MP 与平面 $ABCD$ 所成的角相等，$\therefore \angle A_1PA=\angle MPC$

$\therefore \tan\angle A_1PA=\tan\angle MPC$，$\therefore \dfrac{AA_1}{PA}=\dfrac{MC}{PC}$，因为 M 为 CC_1 的中点，

$\therefore PA=2PC$，$\therefore$ P 的轨迹为圆。

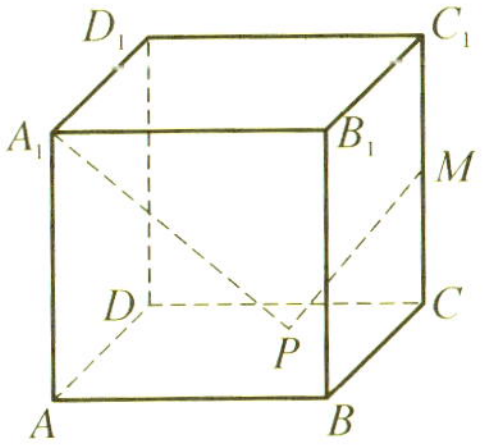

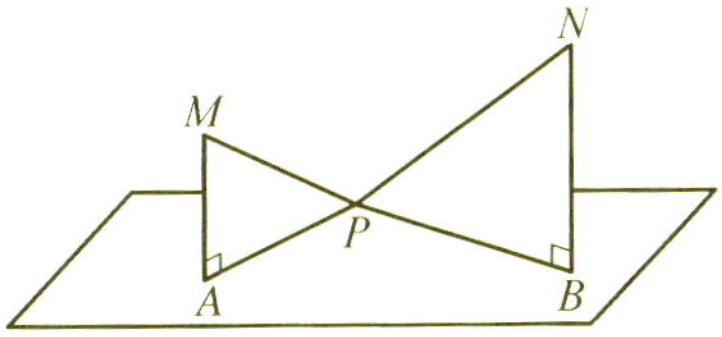

例 9. 已知平面 α 内有两定点 A，B，$|AB|=3$，M，N 在 α 的同侧且 $MA\perp\alpha$，$NB\perp\alpha$，$|MA|=1$，$|NB|=2$，在 α 上的动点 P 满足 PM，PN 与平面 α 所成的角相等，求点 P 的轨迹所包围的图形面积。

解析：如图 $\angle MPA=\angle NPB$，$\angle A=\angle B$，$\therefore$ $\triangle MAP$ 与 $\triangle NPB$ 相似，

$\therefore PA:PB=MA:NB=1:2$，$\therefore$ P 的轨迹是一个圆，可以建系设点，求出圆的半径 2，面积 4π。

通过以上一些案例可以看出掌握数学知识的宽度和广度有多么重要。因为有了润泽的阿波罗尼斯圆，所以数学才显得更加美丽。

案例 2：刘徽割圆术中的极限思想

在中学数学中，“数列的极限”是重要的概念之一，它在某种程度上诠释了对立统一规律，反映了人们利用有限去认识无限的辩证哲学思想。极限将有限和无限这两个矛盾体有机地统一起来，它们既以各

自的对立面存在着，又在某种特定的条件下相互依赖和变化。

在学习极限意义时，引导学生概括出数列极限的描述性定义，并适时地引出刘徽割圆术，在说明极限意义的同时，渗透爱国主义教育，增强学生的民族自豪感和数学学习的兴趣。

刘徽在《九章算术注》中指出："割之弥细，所失弥少。割之又割，以至于不可割，则与圆合体，而无所失矣。"刘徽割圆术的思想大致意思：用增加圆内接正多边形边数确定圆面积的方法，即当圆内接正多边形的边数无限增加时，多边形的面积无限趋向于圆的面积，这就是：每一个具体的正多边形的面积都是圆面积的近似值，而当边数无限增大时，这些正多边形的面积趋向于一个固定的常数，这个常数就是圆的面积的精确值。这一过程反映了由近似到精确，由有限到无限、由量变到质变的辩证关系，这就是极限的思想。可以看出，刘徽对极限的理解是很深刻的，不仅如此，刘徽还给出了研究极限的方法，并且利用割圆术计算出圆周率为 3.14，这开创了"中国数学发展中圆周率研究的新纪元"。

阿基米德（Archimedes，约公元前 287—前 212），古希腊数学家、物理学家，他在数学上的贡献包括用极限思想求出了许多几何图形的面积和体积，例如用包含在抛物线弓形内的三角形面积之和求出了抛物线弓形的面积；发现了以他的名字命名的螺线；提出了三次方程的几何解法以及首次明确提出用圆的外切和内接正多边形的周长来逼近圆周长去求圆周率等，他撰有《论平板的平衡或它的重心》《论抛物线求积》《论球与圆柱》《圈的度量》《论螺线》《方法》等。

我们学过三角形、梯形的面积，那么如何求一个不规则图形的面积？上海教育出版社高中数学课本高二年级第一学期(p40)在学极限的运算法则时遇到这样一个问题：

如图所示，直线 $x=0$、$x=1$、$y=0$ 及曲线 $y=x^2$ 所围成的图形面积 S 是多少?

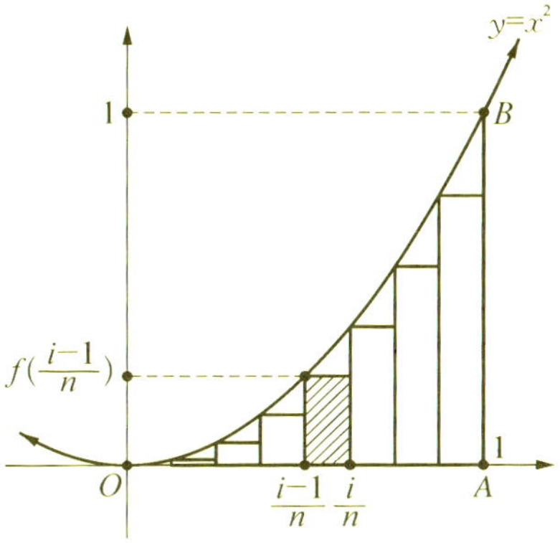

这里涉及化整为零和以直代曲的思想,而适时介绍阿基米德的极限思想,体验求出许多几何图形的面积和体积所做的杰出贡献,为实现学科文化育人价值找到一个落脚点,一起带领学生探究抛物线弓形的面积。

求曲边梯形面积的“四步曲”:

分割	化整为零
近似代替	以直代曲
求和	积零为整
取极限(逼近)	精益求精

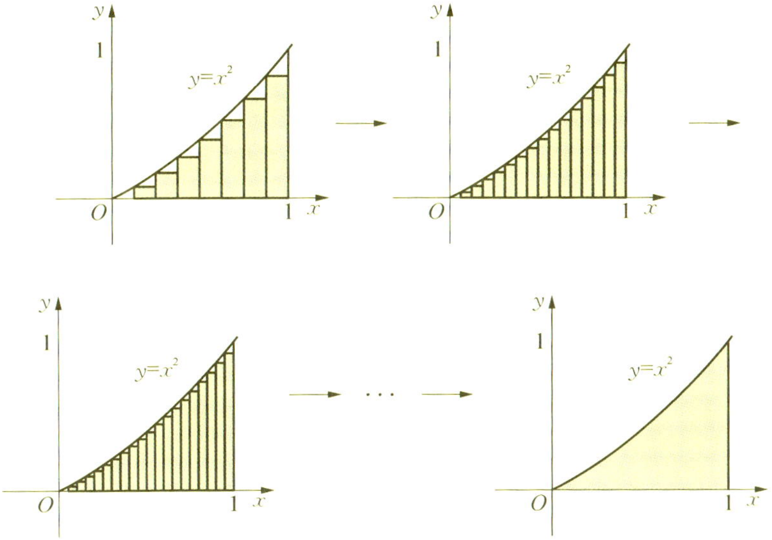

同样的原理:将曲边形分成 n 个小曲边梯形,并用小矩形的面积代替小曲边梯形的面积,于是曲边图形的面积 A 近似为 $A=A_1+A_2+\cdots+A_n$,分割越细,面积的近似值就越精确。当分割无限变细时,这个近似值就无限逼近所求曲边梯形的面积 S。

在计算曲边梯形的面积时，利用分割、求和、近似替代来求得其近似值，这是数量积累的过程，但是如若无限加密分割，使每一个曲边梯形的宽度无限趋近于零，将会得到更加精准的曲边梯形面积，由量变引发质变，反映了定积分理论量变引起质变的基本思想。

探求抛物线弓形的面积：在圆锥曲线中，AB 是抛物线 Γ：$y^2=2px$（$p>0$）的一条弦，M 是 AB 的中点，过点 M 且平行于 x 轴的直线与抛物线的交点为 C，A、B 两点纵坐标之差的绝对值 $|y_A-y_B|=a(a>0)$，则 $\triangle ACB$ 的面积 $S_{\triangle ADB}=\dfrac{a^3}{16p}$。

K 是 AC 的中点，过点 K 平行于 x 轴的直线与抛物线的交点为 P，

L 为 BC 中点，过 L 平行于 x 轴的直线与抛物线交于点 Q，

则 $S_{\triangle APC}=\dfrac{\left(\dfrac{a}{2}\right)^3}{16p}=\dfrac{1}{8}\cdot\dfrac{a^3}{16p}=S_{\triangle BQC}$

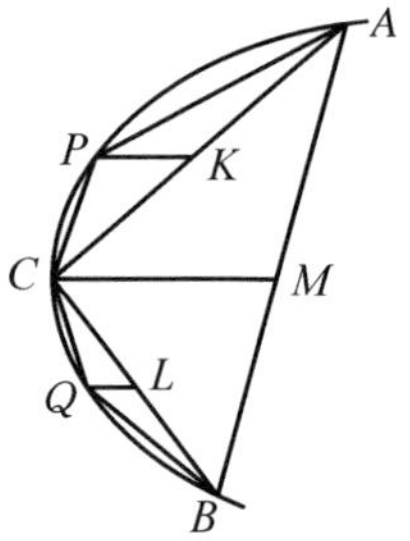

将上面过程看成一个操作，操作继续下去，取每段新弦的中点作平行于 x 轴的直线与抛物线得到交点，并与弦端点连接，计算得到新三角形面积。操作无限重复下去。

第一次操作，增加的面积 $2\cdot\dfrac{\left(\dfrac{1}{2}a\right)^3}{16p}=\dfrac{1}{4}\cdot\dfrac{a^3}{16p}$

第二次操作，增加了 4 个三角形，面积共增加了 $2^2\cdot\dfrac{\left(\dfrac{1}{4}a\right)^3}{16p}=\dfrac{1}{16}\cdot\dfrac{a^3}{16p}$

第三次操作，增加了 8 个三角形，面积共增加了 $2^3\cdot\dfrac{\left(\dfrac{1}{8}a\right)^3}{16p}=\dfrac{1}{64}\cdot\dfrac{a^3}{16p}$

……

可得到一个公比为 $\frac{1}{4}$ 的无穷等比数列，随着操作继续充分下去，这些三角形逐渐填满抛物线与弦 AB 围成的“弓形”。

因此“弓形面积” $S=\lim\limits_{n\to\infty}\frac{a^3}{16p}\left[1+\frac{1}{4}+\frac{1}{16}+\cdots+\left(\frac{1}{4}\right)^{n-1}\right]=\frac{a^3}{12p}$。

三、教学方法选择适当

教学方法的实质是把教师的教、学生的学和教材的内容如何有效连接的问题。教学方法的选择，是为了实现教学目标和完成教学任务服务。教学方法影响思维过程，影响学生的求知主动性，教学的成败在很大程度上取决于教师是否能妥善地选择教学方法。没有一种教学方法是“放之四海而皆准”的万能方式，所以在实际的教学中，要重视教学方法的优化组合和综合运用，研究和选择恰当的教学方法，对于取得最佳教学效果是具有重大意义的。

(一) 教学方法选择适当的意义

教学过程中教学方法的选择要受到学生的个性心理特征和他们所具有的基础知识水平条件的制约。同一年级或同一班级的学生对某种教学方法的适应性可能会有很明显的差异；同样，对于不同年龄段和不同年级的学生，对同样一种教学方法的适应程度也不相同。这就要求教师能够科学而准确地分析研究学生的上述特点，有针对性地选择和运用相应的教学方法，使学生在学习掌握知识、形成技能的同时，能够促进学生的身心向更高的水平和阶段发展。

(二) 影响教学方法选择适当的三因素

1. 学生个体特征影响教学方法

到底什么教学方法是最好的呢？其实真正最好的教学方法是最适合教师“教”和学生“学”的教学方法，而不是追时髦的“新型”教学方式。教学方法的选择要服从教学内容，注重教学效果，切合学生学习实际，应该说，教学方法没有最好，只有更适合。

案例1：《已知三角函数值求角》一个可控性对比试验：

在某教师所教的两个平行班级中，其中一个班级直接告诉这种题目的求解方法，并总结出解题的规律：先求在第一象限的正角α，然后判断：若所求角在第二象限，则为$\pi-\alpha$；若所求角在第三象限，则为$\pi+\alpha$；若所求角在第四象限，则为$2\pi-\alpha$。在做课后练习的过程中，非常顺利，即便是学习比较差的同学也能掌握规律，迅速得出正确答案。而另一班级，在其他条件均未改变的条件下让学生自己利用前面所学知识，通过正弦函数的图像得出结论，在这一活动中，很多学生感到困难。在做课后练习的过程中，许多同学通过与其他同学讨论才得出结果，而且只做了三道题就到了下课时间，远未完成本节课的要求。但一周以后我重新拿出这节课的一道题目，第一个班级中只有几个善于复习的同学记住了规律，做出了题目，而第二个班级有一半多的同学做出了此题。一个月后，把这道题稍加深化重新考察，第一个班级中已经没有同学会做这道题了，而第二个班级中仍有很多同学能够做出。可见，通过学生自我探索知识的过程，实际是学生获得各种能力的过程。

当然强调探索过程，也要处理好时间问题，因为强调探索过程，也就意味着学生可能花了很多时间和精力，结果却一无所获。但是，这却是一个人的学习、发展、创新所必须经历的过程，也是一个人的能力、智慧发展的内在需要，是一种不可量化的“长期效应”，而眼前耗费的时间和精力应该说是值得付出的代价。

譬如幂、指数、对数函数三个基本初等函数概念教学中，由于学生个体差异与认知水平的有限性，学生对概念的认知常常与正确概念之间存在偏差。作为教师，我们应该找到其中产生偏差甚至错误的原因，把握学生现有认知结构的状况，学生感知和理解事物的一般方式是由学生已有认知结构来决定的，新的概念不是被同化到现有认知结构中，就是改造这个现有认知结构以接纳新概念。因此新概念的学习一定要适合学生现有认知结构的水平，概念教学得以充分展开的根本原动力是学生已有的认知结构与新概念之间的不平衡。

李英《高一学生指数函数理解水平及其教学策略研究》调查研究指出示范性高中学生（重点中学）在指数函数的概念、图像、性质、三个维度方面都好于准重点中学和普通中学，在应用理解方面好于普通中学，与准重点中学差异不大。重点中学和准重点中学学生在各个维度每个水平间的人数分布差距上没有出现大的变动。普通中学各水平之间差距不一，在教学中就需要考虑在指数函数这一模块内容适应学习者的差异，注意高一学生对指数函数理解存在的主要有哪些问题，例如学生指数幂的运算能力较差；指数函数的概念理解不到位；遗漏对指数函数底数的讨论；对图像的理解模棱两可等是否比较突出。这就需要采取适合的教学策略，例如引导学生自主地建构知识，创设情境让学生准确把握指数函数的表达式，重视指数函数概念的教学和数学思想方法的渗透，灵活运用数学思想方法引导学生探究底数 a 的范围。

案例 2："平移变换"与"伸缩变换"

学习有关三角函数图像变换的题型时，由于"平移变换"与"伸缩变换"在"顺序"上的差别，直接会对图像平移产生影响，所以同学们总是做不好，感觉很难。可以设计一些低起点基础性的问题，适合学生的发展认知水平。

问题 1：设有三个函数 $f_1(x)=x$，$f_2(x)=2x+1$，$f_3(x)=x^2$，求相应的 $f(2x+1)$ 并画出函数的图像，并从中体会图像的变换规律。

问题 2：已知 $f(2x+1)$ 的最大值为 2，若 $f(4x+1)$ 最大值为 a，求 a。

学生企图从 $f(2x+1)$ 的最大值为 2 中推出 $f(4x+1)$ 的最大值，当然很难。学生若从特殊函数去考虑，很难突破。若结合图像，从函数最值概念出发，学生很容易理解，这里数形结合是学生选择恰当的教学方法最好的体现。

其实，若令 $t=2x+1$，$s=4x+1$，这里 t 的取值范围为全体实数(或其子集 D)，又因为 $f(t)$ 与 $f(s)$ 有相同的解析式，那么 s 的取值范围同样为全体实数(或其子集 D)，所以 $f(4x+1)$ 的最大值还是 2。因此 $f(4x+1)$ 的最大值也应该等于 2

问题 3：函数 $y=\sin\frac{1}{3}x$ 向左平移 $\frac{\pi}{6}$ 后得到 $y=\sin\frac{1}{3}\left(x+\frac{\pi}{6}\right)$，而不是 $y=\sin\left(\frac{1}{3}x+\frac{\pi}{6}\right)$。函数 $y=\sin\left(x+\frac{\pi}{6}\right)$ 横坐标伸长到原来的 3 倍后，显然周期拉长，所以是 $y=\sin\left(\frac{1}{3}x+\frac{\pi}{6}\right)$，而不是 $y=\sin\frac{1}{3}\left(x+\frac{\pi}{6}\right)$，更不是 $y=\sin\left(3x+\frac{\pi}{6}\right)$，$y=\sin 3\left(x+\frac{\pi}{6}\right)$。

其实无论哪种变换，只要在变换过程中抓住 x 这个量，就容易了。

$$y=f(x)\xrightarrow{a>1\text{ 横坐标压缩到原来的}\frac{1}{a}\text{，纵坐标不变}}y=f(ax)$$

$$y=f(x)\xrightarrow{0<a<1\text{ 横坐标扩大到原来的}\frac{1}{a}\text{，纵坐标不变}}y=f(ax)$$

2. 教学目标要求影响教学方法

对教学方法的选择的指导性因素应是具体的教学目标。教学目标既应包含着知识内容目标，也应包括认知技能和认知策略方面的目标，还应包括培养和发展学生情感态度方面的目标。这就要求教师能够掌握相应的教学目标分类知识和方法，能够把教学中的抽象的目标分解转化为具体的可操作性目标，并依此来选择和确定适合的教学方法。

例如：高一幂函数的教学和指数函数的教学策略制定上，很多老师容易混淆起来。

在知识的纵向联系上，幂函数是基本初等函数之一，是在学生系统学习了函数概念与函数性质之后，全面掌握有理指数幂和根式的基础上来研究的一种特殊函数，是对函数概念及性质的应用。从教材的整体安排看，学习了解幂函数是为了让学生进一步获得比较系统的函数知识和研究函数的方法，为今后学习三角函数等其他函数打下良好的基础。在初中曾经研究过 $y=x$，$y=x^2$，$y=x^{-1}$，$y=x^0$ 四种幂函数，这节内容是对初中有关内容的进一步的概括、归纳与发展，是与幂函数有关知识的高度升华。所以如果从图像角度去研究幂函数在教学定位上是失误的，不适合的。

而指对数函数对高一同学来说是陌生的，通过函数的性质研究指数函数是不适合的，运用图像理解掌握指对函数的性质是适合的教学策略。

3. 教学内容特点影响教学方法

同一学科的不同阶段、不同单元、不同的课时内容也不一致，对学生的知识掌握、技能训练、能力要求也不相同，同样要求教学方法的选择要具有多样性和灵活性的特点。这就要求教师应该把握各自教学方法的适用范围，能够根据教材内容特点，选择所适合的教学方法。

抽象函数由于没有给出具体的函数解析式，学生的确感到很“抽象”，往往无从下手，使得这类问题成为函数内容的一个难点。

在学习函数概念时，会遇到求抽象函数的定义域一类的问题。例如以下两个问题：

问题 1：函数 $f(x)$ 的定义域 $[-2, 3]$，求函数 $f(4x+1)$ 的定义域。

问题 2：函数 $f(4x+1)$ 的定义域 $[-2, 3]$，求函数 $f(x)$ 的定义域。

这两个问题看上去很像，又很抽象。

问题 1 中函数 $f(x)$ 的定义域 $[-2, 3]$，就是指函数的自变量取值范围 $-2\leqslant x\leqslant 3$，所以 $f(4x+1)$ 中的自变量是一个整体 $4x+1$，所以 $-2\leqslant 4x+1\leqslant 3$，所以函数 $f(4x+1)$ 的定义域为 $\left[-\frac{3}{4}, \frac{1}{2}\right]$。

学生对问题 2 中函数 $f(4x+1)$ 的定义域 $[-2, 3]$ 中的 $[-2, 3]$ 到底是指 $x\in[-2, 3]$ 还是指 $4x+1\in[-2, 3]$ 学生不理解。其实抓住函数概念中的定义域这个要素，知道题目中 $f(4x+1)$ 的定义域 $[-2, 3]$ 中的 $[-2, 3]$ 就是指 $x\in[-2, 3]$，$\therefore 4x+1\in[-7, 13]$，所以函数 $f(x)$ 的定义域是 $[-3, 13]$。

尽管老师讲得很累，很辛苦，但学生听不懂的还是很多，主要是对于过分抽象的内容，老师没有注意到具体函数和抽象函数的差异性，学生个体之间对数学认识的差异性，这就需要两者之间去搭建一个脚手架，寻找一个适合的策略。

例如函数 $f(x)$ 的定义域 $[-2, 3]$，可以构造一个定义域 $[-2, 3]$ 的具体函数 $f(x)=\sqrt{-(x+2)(x-3)}$，然后通过这个具体函数去求解 $f(4x+1)$ 的解析式 $f(4x+1)=\sqrt{-(4x+3)(4x-2)}$，并进一步求解出定义域 $\left[-\frac{3}{4}, \frac{1}{2}\right]$，这种通过具体化的例子处理的方法，降低了学生的难度，对函数概念的理解是十分适合的，这种教学方法是适当的。由于有了问题 1 的铺垫，理解了含义，问题 2 类似地构造 $f(4x+1)=\sqrt{-(x+2)(x-3)}$，设 $4x+7=t$，$f(t)=\sqrt{-\frac{(t+7)(t-13)}{4}}$，问题得到解决。

只有真正理解了问题 1，才有解决问题 2 的可能性，只有问题 1、2 明白了，给学生思考问题 3：函数 $f(2x+1)$ 的定义域 $[-2, 3]$，求函数 $f(4x+1)$ 的定义域，是适合的，否则是不适当的。

由上面可知：$f(2x+1)$ 的定义域 $[-2, 3]$ 中的 $[-2, 3]$ 就是指 $x\in[-2, 3]$，$\therefore 2x+1\in[-3, 7]$，设 $t=2x+1$，$s=4x+1$，$f(t)$ 与 $f(s)$ 有相同的解析式，所以这里 t 的取值范围为 s 的取值范围，$\therefore 4x+1\in[-3, 7]$，解得 $-1\leqslant x\leqslant\frac{3}{2}$，函数 $f(4x+1)$ 的定义域为 $\left[-1, \frac{3}{2}\right]$。

以上三个问题，问题类型是一样的，但思维层次、难度层次是不一样的，这就需要选择不同的教学方法，由易到难，具体到抽象，合理过渡，逐步深入，才是体现教学内容决定选择恰当的教学方法的适合策略。

（三）案例分享

教如何适应学，是值得我们深思的。提供适宜的学习素材，选择适当的教学方法，把握适度的数学课堂，是体现追求适合数学教学平衡的关键所在。

案例：正弦函数的图像第1课时（执教者：学员奉贤致远高级中学平凡）

【教学目标】

通过实例形成正弦函数的概念并理解其意义；学会利用正弦线作出正弦函数图像的方法，并会用"五点法"作简图；在正弦函数图像的学习过程中，进一步形成数形结合的思想方法，培养学生分析问题、解决问题的能力。

【教学重点难点】

教学重点：利用单位圆中正弦线作出正弦函数在$[0, 2\pi]$上图像；"五点法"作图；

教学难点：利用单位圆中正弦线作出正弦函数在$[0, 2\pi]$上图像。

【学情分析】

在知识储备上，学生已经学习了三种重要的基本函数：指数函数、对数函数、幂函数，体会了函数能刻画现实生活中的变化规律，初步掌握了研究函数的一般方法，即：由解析式到图像，再到性质。在学习能力方面，学生基础较差，三角比知识薄弱，且学生的归纳、总结能力也有所欠缺，在学习时普遍存在畏难心理。

【教学过程】

一、情境引入

引例：（摩天轮）如图，摩天轮上有一点P在作逆时针的匀速圆周运动。设摩天轮的半径 r 为 1 个单位长，角速度为 $\bar{\omega}=1$ 弧度/分钟，当时刻 $t=0$ 时，P 在 A 处，求经过 $t(t\geqslant 0)$ 分钟后，P 到平台所在平面的相对高度 h 与 t 的关系式。

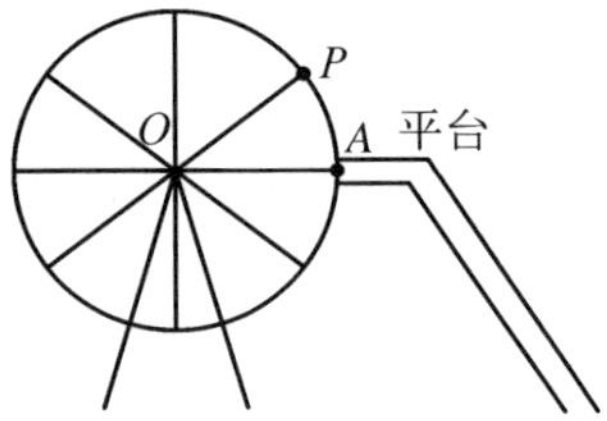

得：$h=\sin t(t\geqslant 0)$

问：是否为函数关系式？（复习函数概念）

问：若把 t 改为 x，h 改为 y，将定义域范围扩展为 R，$y=\sin x$ 还是函数吗？

（引出正弦函数，余弦函数概念）

【说明】通过引例，引入正弦函数概念，复习三角比知识，为后面利用正弦线画正弦函数图像做铺垫。

二、新课讲解

1. 探究正弦函数 $y=\sin x$ 在 $[0, 2\pi]$ 的图像

思考 1：作函数图像的一般步骤？

思考 2：用描点法作正弦函数 $y=\sin x$ 在 $[0, 2\pi]$ 内的图像，可取哪些点？

【说明】学生讨论，初步画图，教师根据所描曲线在凹凸特征上呈现的多样化特点进行提问。

要得到更为精细的图像，需要增加点的个数。

（PPT 呈现表格）请试着将这 17 个点在平面直角坐标系中描出。

x	0	$\frac{\pi}{8}$	$\frac{\pi}{4}$	$\frac{3\pi}{8}$	$\frac{\pi}{2}$	…	2π
y	0	$\sin\frac{\pi}{8}$	$\sin\frac{\pi}{4}$	$\sin\frac{3\pi}{8}$	$\sin\frac{\pi}{2}$	…	$sin\ 2\pi$

【说明】在描点过程中，学生会遇到纵坐标无法准确描出的问题，为引入正弦线画图营造迫切感。

探究 1：如何更直观地描点？如何画点 $\left(\frac{\pi}{4}, \sin\frac{\pi}{4}\right)$？

【说明】学生讨论，引导学生进行分析，注意到点的纵坐标其实都是正弦值，引入正弦线。

复习三角函数线，教师黑板演示画点 $\left(\frac{\pi}{4}, \sin\frac{\pi}{4}\right)$。

探究 2：能否借用画点 $\left(\frac{\pi}{4}, \sin\frac{\pi}{4}\right)$ 的方法，作出 $y=\sin x$，$x\in[0, 2\pi]$ 的图像？

（学生讨论画图，教师指导，投影画图结果，理清画图思路：如何得到表格中各个角的终边位置（平分角），平移正弦线，平分份数越多，图像越精确）

几何画板动态演示利用正弦线作正弦函数图像

2. 由函数 $y=\sin x$，$x\in[0, 2\pi]$ 的图像得到函数 $y=\sin x$，$x\in R$ 的图像

（几何画板）把函数 $y=\sin x$，$x\in[0, 2\pi]$ 的图像沿 x 轴左右平移，每次平移 2π 个单位，就可以得到 $y=\sin x$，$x\in R$ 的图像。根据的是诱导公式一：$\sin(x+2k\pi)=\sin x$。$y=\sin x$，$x\in R$ 的图像又叫正弦曲线。

3. 用“五点法”作正弦函数的简图

问题：如何快速画出正弦函数在 $[0, 2\pi]$ 的草图？

五个关键点：$(0, 0)$、$\left(\frac{\pi}{2}, 1\right)$、$(\pi, 0)$、$\left(\frac{3\pi}{2}, -1\right)$、$(2\pi, 0)$。

三、典例讲解

作函数 $y=1-\sin x$，$x\in[0, 2\pi]$ 上的简图；

【说明】学生既可用“五点法”直接作图，也可通过图像的平移、翻折作图。

（机动）作函数 $y=-\sin x$，$x\in\left[0, \frac{7\pi}{4}\right]$ 的简图。

四、总结提升

通过这节课的学习，同学们，你们有什么收获吗？

（引导学生从知识层面、涉及的数学思想方面进行总结）

【教学设计说明】

本节课是第六章《三角函数》第一节，三角函数是把已经学习过的

三角比的知识和函数知识结合起来，在高中数学知识体系中占有十分重要的地位。本节课作为《三角函数》开篇的第一课时，主要解决了正弦函数的定义及其图像的画法问题，由于时间有限，本堂课不涉及余弦函数。

高一学生对函数概念的理解本身就是难点，再加上三角比知识，就要求学生有较高的理解和综合能力。关于作图方面，在前面函数部分，学生已经学习了画函数的一些基本方法，如幂函数、指数函数、对数函数等可以用列表描点法、图像平移翻折等方法做出函数图像。基于上述情况，及预测的学生对于本节课内容可能会有的困难，将这堂课的设计重点放在了这些方面：

1. 概念的引出

函数概念及三角比对学生来说都是难点。如果直接告诉学生三角函数概念，学生事实上是不理解的。所以设置了摩天轮这个引例。学生在物理课上已经学习过匀速圆周运动，创设摩天轮的情境也更贴近学生生活实际。在解决这一问题的过程中，学生经历了利用数学模型来刻画周期现象的整个过程，将三角函数的自变量 x 与角的旋转联系起来，体会到三角函数的本质。另外，从这一问题中抽象出了单位圆，复习了三角比的内容，为后面利用正弦线画正弦函数图像作了铺垫。正弦函数的概念还应突出在弧度制下，实数与角实现了一一对应关系，否则学生对于角依然会取角度制下的。

2. 利用单位圆正弦线作出正弦函数在 $[0, 2\pi]$ 上的图像

作出正弦函数在一个周期内的图像是本节课教学的一个难点。学生一开始定然是想不到去利用正弦线画图的，而是依据函数图像的一般做法列表、描点、作图，此处放手让学生去作图，让学生增加点，精确画图，列表取点时，取了横坐标 $\frac{k\pi}{8}(k \in \mathbf{Z})$ 的点，从而使学生画图遇到困难，感受到利用正弦线画图的必要性。在利用正弦线画图时，也应放手让学生去画，让他们感受到描点实际上就是在将圆等分，等分份数越多，画出的图像也就越精确。此环节应该充分体现出“以形刻

数，数形结合”的思想，还原学生一个真实的探究过程。

3. 几何画板与教师板书示范相结合

本节课的重、难点是作函数的图像。因此，在教学中借助几何画板制作的动态作图演示，具有非常形象的效果。通过课件的动态表现，使抽象的问题具体化、形象化，有利于学生的理解和认知。但数学课的教学离不开黑板上的规范板演，通过黑板的例题示范，弥补了课件演示一闪即过的不足，加深学生对正弦函数的印象，特别是五点确定以后，如何用光滑的曲线描点，在描点中应该注意图像递增递减的趋势，以求实现多媒体和传统黑板教学两者的相互结合，互为补充，发挥彼此最大优势。

点评：

1. 教学内容为学生提供适合的支点

课堂教学要有适合的情境素材，将所学的数学内容和真实生活紧密关联起来，例如本节课中探究摩天轮的高度与旋转的时间之间的关系（旋转速度固定不变的情况下），造成认知冲突，挑战学生新的认识角度。

2. 教学活动的组织基于学情，为学生提供适合的学习目标，因材施教

以学生的认知发展水平和已有的经验为基础，面向全体学生，教师设计出有一定探索价值的学习任务单，围绕是什么，怎么办，为什么，一一进行展开讨论，课堂教学中设计中进行了比较多的考虑与预设，本着基于立足学生的实际特点把教材内容第一课时研究 $y=\sin x$ 和 $y=\cos x$ 两个图像变成只研究 $y=\sin x$，这样的处理方式实践证明是适合的，适合学生的发展才是好的。

3. 把握适时原则，加入技术手段辅助

几何画板的使用对于正弦函数的图像的认识在数学教学的价值只是辅助，而非教学的主体。因此教学中在学生花了大量时间自主探究 $y=\sin x$，$x\in[0, 2\pi]$ 的图像后，加入这一现代化信息技术手段，这个环节是必要的，在时机上把握是适当的。

当然，没有最好，只有更好，这个知识点是高中数学的一个难点，课堂教学还有很多需要去思索：

1. 学习三角函数的必要性和必要的基础知识

已有的函数模型不能解决“周而复始”的变化规律的刻画问题。“周而复始”现象中，最本质的就是匀速圆周运动。数学中，研究一类现象，往往从简单而本质的情形入手。因此，可以进一步地把刻画单位圆上的匀速圆周运动作为研究“周而复始”现象的起点。

确定单位圆周上点的匀速运动的要素是什么？把角作为原始变量，再用单位圆的弧长来度量角，就可为刻画匀速圆周运动提供必要的基础。这样，把角推广到“任意角”、引进“弧度制”是需要先做的事情。

2. 函数对应的定义中，为什么要求“实数集合”到“实数集合”的对应呢

在这里也可以通过举例让学生明白其中的道理：比如，自变量 x 是角度时，如果仍然定义 $\sin x$ 是函数，那么可以提出 $x+\sin x$ 是不是函数？如果是函数，那么会出现函数值是实数还是角度？这样就会出现自变量和函数值不能相加的情况，这就无法建立一般意义上的初等函数，究其原因可以知道函数必须是实数到实数的对应，这也从另一个角度说明建立弧度制的必要性。

3. 三角函数教学中函数味道还要加强，“扶”要精准，“放”要合理

三角函数，首先是函数，因此在教学中，适当加强突出研究函数的方法，例如根据学生初中认知水平，首先研究 $x\in\left(0,\dfrac{\pi}{2}\right)$ 的图像和性质，在数学直观与抽象能力之间架起一座桥梁，在此基础上根据前缀三角，根据三角诱导公式和变换规律去生成新的性质，这也是这节课更加需要关注的。“扶”要精准，“放”要合理。教学内容、形式和方法应该是学生经过一定努力可以接受的。

现在三角函数的教学函数味很淡，看不到函数的影子，感受不到自变量的变化是如何影响到因变量的变化的，明明讲的是函数，但老

师很难讲出来。

4. 任意角三角比的定义形式是学生学习的认知障碍

由于角的扩充，任意角三角比的概念可以看作是锐角三角比的自然扩充。然而初中锐角三角比的学习侧重点、方法可能导致一些学生对锐角三角形产生了不全面的认识，这将会对学生学习任意角三角比造成妨碍。

对于一个函数形式，学生头脑中的印象基本上是 $y=f(x)$ 的形式，任意角的三角函数，作为一种基本初等函数，但是它们不像学生早已熟悉的二次函数或指数函数那样，只要给出 x 的一个具体的值就能计算出对应的函数值 y。所以问学生什么是三角函数，学生回答的一般是 $y=\sin x$，$y=\cos x$，再问单位圆定义法 $x=\cos\alpha$，$y=\sin\alpha$ 是不是函数时，学生大都回答不上，因此定义中的自变量与函数值已不是传统的 x，y，若学生不理解 x，y 只是一个代号，自然不明 $x=\cos\alpha$，$y=\sin\alpha$ 实际是一个函数。所以任意角三角比定义形式也是学生学习的一个认知障碍。

四、学法指导介入适时

数学学习方法指导，简称为数学学法指导。是指在数学学习过程中，教师通过一定的途径对学生进行数学学习方法的传授、诱导、诊治，使学生掌握数学学习方法并灵活运用于数学学习活动之中，有效地提高学生的数学学习效果，培养学生的数学素质，发展学生的数学学习能力，形成较强的自学能力的过程，最终达到叶圣陶先生所说的“不教”的境界。简单地说，数学学法指导就是教学生会学数学。

现代数学教学论认为：数学教学是数学活动的教学，在教学中，学生不是接受知识的容器，而是在教师指导下，靠自己学会、主动地思维获取。作为数学教师，除了要研究好教材教法，使教授的知识内容被学生“学会”之外，而更重要的是指导学生以科学高效的方法去学习，真正做到“会学”，把学法指导融于课堂教学之中，使数学教学与当前的素质教育同步。

(一) 学法指导介入适时的意义

中学数学教学中,对学生进行适时的数学学法指导,教会学生学习数学,是时代发展的要求,是适应新课程标准的要求,是培养学生数学核心素养的重要手段,是进一步提高数学教学实效的重要途径。

做任何事情,都要讲究方法。方法对路,可以事半而功倍,同时学生对好的方法也是极富兴趣的。怎样学习,是方法,也是科学,怎样教学生学习,是教师的责任,也是学问。古人云:"授人以鱼,不如授人以渔。"

进行数学学法指导的基本原则有:① 针对性原则:针对数学学科的特点,切合学生实际进行学习方法的指导;② 主体性原则:落实以学生为主体,形成良好的数学学习习惯;③ 实践性原则:总结数学学科的实践活动,并适合运用于数学学习实践;④ 实用性原则:学以致用,培养学生的数学核心素养,适合的用于实际生活中;⑤ 品格性原则:激发学生学习数学的兴趣,立德树人,形成坚毅的数学品格;⑥ 循序渐进原则:分步实施学法指导的适时介入,循序渐进,达到学生拥有良好的数学自我学习能力的目的。

多年的教学实践深深体会:适时并及时地加强高一新生的数学学法指导,对提升学生高中数学学习的自信、兴趣和学习效率有很大帮助,适合学生的发展实际需求,比多讲几个数学知识更为关键。

(二) 学法指导适时介入的三指导

1. 抓学习环节适时进行系统性指导

(1) 指导学生抓好预习环节。

教育心理学研究表明:高中生与初中生相比,注意力集中、自觉性强,他们善于阅读分析、乐于钻研。学生作为学习的主体,其原有的知识经验对今后的学习具有某种迁移作用,如果学生对旧知识的理解不正确、不全面、并且先入为主,就会产生学习上的负迁移。在高中数学相关知识的学习中,学生做好课前预习,使学生对所学内容在课前就已在头脑中形成兴奋点，做到带着问题听课，以提高课堂教学效率。教师尽可能地利用类比的方法引出新知识，使新知识顺利地纳入学生原有的认知结构之中，完成同化过程，并且认真剖析新旧知识间的联系与区别，揭示新知识的本质特点，善于将新问题转化为熟知的旧问题，发展学生原有的认知结构，强化和巩固新知识。

在预习这一环节上，指导学生从以下三方面尝试：

① 指导学生预习的方法，对教材上知识点的形成过程作尝试性的探索，并指导如何有重点的摘录、整理；

② 指导学生利用例题示范解答教材中大部分习题，对有疑难问题作好标记，留待课堂上仔细听教师是如何讲解的；

③ 指导学生预习之后怎样提出困惑性的问题，发表有启发性、创造性的见解。

（2）指导学生抓好听课环节。

课堂听课是学生学习的最重要途径。教学过程是学生的认知过程，课堂教学只有学生积极地参与教学活动，通过学生自身的实践活动来主动获取知识，才能收到良好的效果。

① 在指导学生听课方面，主要指导学生把预习中存在的问题在课堂上及时解决掉，指导学生明确课堂上的主要任务是加深理解概念，主动探求规律，并把教师总结的知识点的性质、解题规律、数学思想和方法，把这些都记在笔记本上，以备课后复习之用。

② 指导学生加强自学的习惯和阅读能力的培养。高中许多数学知识仅凭课堂上听懂是远远不够的，还需要认真消化，这就要求学生需要较强的阅读分析能力和自我理解能力。在高一初始数学教学的衔接中，教师要有意识地指导学生阅读数学课本，通过编拟阅读提纲，帮助学生理解和掌握数学概念，对某些简单章节的内容的教学，可采取组织阅读讨论、教师点拨的方式进行，以培养学生自学理解能力以及自觉独立钻研问题的良好习惯。

③ 指导学生明白数学交流的结构模式、意义与作用，并逐步学会数学交流。“数学交流”的教学模式其过程为：问题提出——分析探

索——相互交流——课堂总结。这个过程体现了以学生为主体，以学生发展为本的教育思想。通过交流，每个学生自主意识不断加强，学生的知识得到了不同程度的增长，创造能力特别是协同合作下的创造能力有所提高，思维品质在交流过程中得以优化，科学语言能力特别是数学语言能力在交流过程中得以锻炼，增加了学好数学的信心，学生的思维过程能得到充分的发展。

（3）指导学生做好课后回味消化、复习整理环节。

指导学生课后必须把课前的预习、课堂的收获及时总结，强化对概念、定理、公式及数学思想方法的理解，把书上的知识真正“学到手”，对当堂所掌握的类型题再做回顾，总结规律，掌握解题步骤，领悟重要的数学思想在解题中所起到的指导和定向作用，举一反三，使学生能用较少的时间、较小的题量，达到较好的复习效果。

2. 按知识体系适时进行序列性指导

在每章教学的开始都做一些本章学法指导，而在整个教学过程中，不断地重复体现这种指导思想，使学生有感悟，在每一节课遇到新的知识点及时做出学法指导，备课教案中体现学法指导，实践证明收到了较好的学习效果。

由于集合单元中抽象概念多、符号术语多，研究问题的方法与初中不太相同，致使学生难以适应，成了初高中衔接的难点之处。因此对这一章节进行适时的学法指导尤其重要。这一章节指导学生从以下两个方面去抓住关键点，培养动态思维能力，使学生尽快适应高中阶段的学习：① 抓住一种数学方法——元素性质分析法；② 理解三种语言——数学语言、文字语言、图形语言。

又如不等式这一部分：指导学生首先要注意到它与等式的相似之处，从而注意运用已有的数学思想和数学方法，其次注意到不等式与函数有密切联系，它比等式更复杂、更灵活，强调两种数学思想——数形结合思想与分类讨论思想。

3. 依概念性质适时进行专题性指导

数学教学的主要任务不仅在于传授知识，而更重要的是使学生掌握一些重要的数学思想方法。在教学过程中，每遇到能体现重要数学思想的知识，做一些适时的专题性的指导，能够更加有效培养学生的数学核心素养。

例如分类讨论，是贯穿整个中学的一种重要数学思想，也是学生的一个难点。结合第一、二章集合、不等式知识的学习，通过一些实例指导学生总结分类讨论的原因和分类讨论的解题策略。又如数形结合的思想是中学数学的基本思想和方法之一，通过实例指导学生体会数形结合的大致思想：将抽象的数学语言与直观的图形结合起来，使抽象思维和形象思维结合。通过图形，将数形有机联系起来，可以使问题化难为易，化抽象为具体，从而获得理想的解题方法。

例如结合典型范例进行一题多解、一法多用、一题多变、多题归一的练习和讲解，教会学生运用"类比——猜想——归纳——证明"的科学方法进行探究；教会学生评价命题真假与好差的标准和方法。引导学生在知识的生成点和发生、发展点对知识加以扩展、延伸，将原题进行引申和推广；引导学生自行编拟各类形式新颖的数学题。下面列举一些常见的方法：(1) 弱化条件，结论不变；(2) 条件不变，强化结论；(3) 条件与结论互换；(4) 由条件猜结论；(5) 由结论猜条件；(6) 运用类比、特殊化、一般化等方法将原题引申、推广等。

现举一例说明：抛物线 $y^2=2px(p>0)$ 上两点 A、B，且 $OA\perp OB$ (O 为原点)，则 AB 必过定点。

(1) 本题在证明方法上可作较深入的探讨；

(2) 本题让学生引申推广，得到了一些成果：

从抛物线 $y^2=2px(p>0)$ 上任意一点 Q 引两条互相垂直的弦 QA、QB，则 AB 过定点。

从椭圆(双曲线)上任意一点 Q 引两条弦 $QA\perp QB$，则 AB 过定点。

(3) 从抛物线(或椭圆或双曲线)上任意一点 Q 引两条弦 QA、QB，$\angle AQB=\theta$ 为定角，则 AB 过定点。

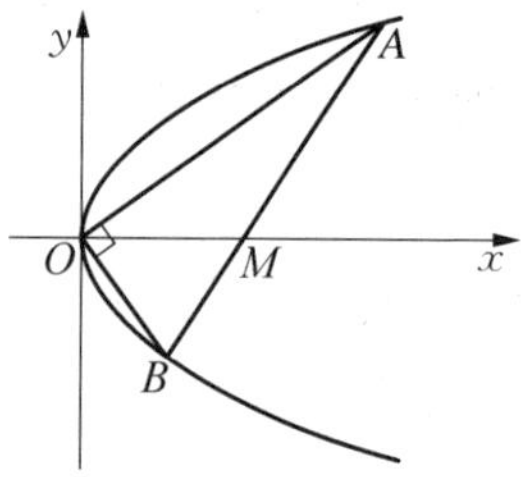

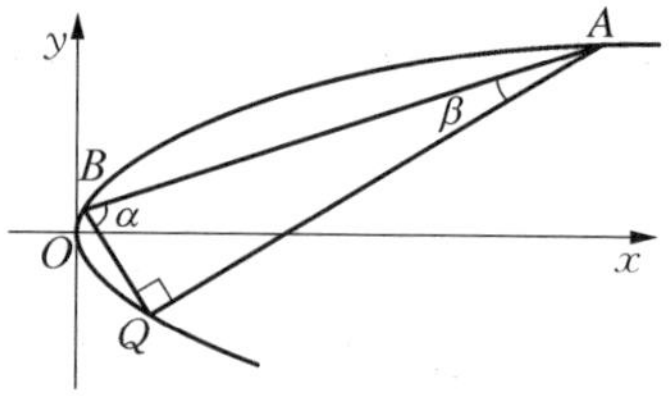

(4) 从抛物线(或椭圆或双曲线)上任意一点 Q 引两条弦 QA、QB,使 $\angle\alpha=\angle\beta$,则 AB 还过定点吗?显然 AB 不过定点,但发现 AB 的斜率为定值。

(5) 抛物线 $y^2=2px(p>0)$ 的弦 AB 过定点 $(2p,0)$,则 $OA\perp OB$ 吗?

这是逆向性的引申(条件与结论互换),进一步追加条件:

(6) 抛物线 $y^2=2px(p>0)$ 上两点 A、B,且 $OA\perp OB$,探索 AB 中点的轨迹。

(7) 抛物线 $y^2=2px(p>0)$ 上两点 A、B,且 $OA\perp OB$,过 O 点作 AB 的垂线交 AB 于 N 点,探索 N 点的轨迹。

以上是由特殊到一般的推广或由抛物线到椭圆、双曲线的类比推广。

(三) 案例分享

案例 1: 提供一个"愿说、能说、有效说"的适合舞台

教师引导和组织高中生参与教学过程,让学生当"点评员""评论员",结合自己的所思所想,综合与其他学生深入探讨的结果,进行相互之间的评判和点评活动,在丰富评判讲解方式的多样性的同时,又为学生深入讨论、深入交流提供了条件,加快推动学生互动沟通的进程。

这是我教学生涯中值得珍惜回忆的一课。现与大家分享当时的上课大致过程。

一、探究的问题

设 A 是由符合以下性质的函数 $f(x)$ 组成的集合：对任意的 x ① $x \geqslant 0$，② $f(x)$ 在 $[0, +\infty)$ 上是减函数，③ $f(x) \in (1, 4]$，请你构造一个函数 $f(x) \in A$。

教学过程大致回放：

策略一：由于 $f(x)$ 是单调有界函数，因此不妨从已学习过的单调的且有界的两个角度中去寻找离目标接近的函数，然后去调整一些系数。

二、知识梳理与回顾

A. 值域只有一个边界的函数：

学生所知道的：$y=a^x$，$y=x+\frac{k}{x}(k>0)$，$y=ax^2+bx+c$，$y=\frac{1}{x}(x>0)$

B. 值域区间左右都有边界的函数：

学生所知道的：$y=\sin x$，$y=\cos x$，$y=A\sin(wx+\theta)+B$

$$y=\arcsin x,\ y=\arccos x,\ y=\arctan x$$

三、教学过程

学生的思维是开放发散的，首先根据条件：对任意的 $x \geqslant 0$，$f(x)$ 在 $[0, +\infty)$ 上是减函数。

方法的初步探索

角度一：指数型函数

学生首先想到的最典型的 $y=a^x(0<a<1)$ 是单调递减函数，$x \geqslant 0$ 时 $y \in [1, +\infty)$，三个条件中前两个已满足，因此用参数变量法去解决：设 $y=b+ka^x$，$(0<a<1)$，$x \geqslant 0$，

$$\therefore \begin{cases} b=1 \\ b+k=4 \end{cases} \therefore \begin{cases} b=1 \\ k=3 \end{cases} \therefore y=1+3\cdot a^x。$$

角度二：反比例分式型函数

学生想到反比例函数也不少的

$h(x)=\dfrac{1}{x}$，$(x\geqslant 0)$ 是一个单调递减函数，但定义域 $x\neq 0$，为了保证 $x\geqslant 0$ 有意义此可以修改 $h_1(x)=\dfrac{1}{x+1}$，$x\geqslant 0$ 时，$h_1(x)\in(0,1]$，但题目要求值域 $(1,4]$；

再修改 $h_2(x)=\dfrac{k}{x+1}$，$x\geqslant 0$ 时函数单调递减，$0<h(x)\leqslant k$，左端不满足；

再修改 $h_3(x)=\dfrac{k}{x+1}+h$，$x\geqslant 0$ 时函数单调递减，$h<h(x)\leqslant k+h$；

从而比较得到 $\begin{cases}h=1,\\ k=3\end{cases}$，因此可以构造 $f(x)=\dfrac{3}{x+1}+1$。

四、思维被激活的学生

由于幂函数 $y=x^{\alpha}(\alpha<0)$ 在第一象限类似反比例函数，因此学生很快由 $f(x)=\dfrac{3}{x+1}+1$ 用类比的方法模仿构造出如下一个答案：

角度三：二次函数

二次函数可以是一个单调有界函数，$h(x)=x^2+1$，$x\geqslant 0$ 时函数单调递增，$h(x)\geqslant 1$；

修改 $h(x)=\dfrac{1}{x^2+1}$，$x\geqslant 0$ 时函数单调递减，$0<h(x)\leqslant 1$，但题目要求值域 $(1,4]$；

再修改 $h_1(x)=\dfrac{k}{x^2+1}$，$x\geqslant 0$ 时函数单调递减，$0<h(x)\leqslant k$，左端不满足；

再修改 $h_2(x)=\dfrac{k}{x^2+1}+h$，$x\geqslant 0$ 时函数单调递减，$h<h(x)\leqslant k+h$；

从而比较得到 $\begin{cases}h=1\\ k=3\end{cases}$，因此可以构造 $f(x)=\dfrac{3}{x^2+1}+1$。

学生的思维火花得到点燃：

由 $f(x)=\dfrac{3}{x+1}+1$，$f(x)=\dfrac{3}{x^2+1}+1$ 学生推广到 $f(x)=\dfrac{3}{x^\alpha+1}+1(\alpha\in R^+)$

角度四：反正切函数

联想到反正切函数 $y=\arctan x$ 是一个单调递增有界函数，$h(x)=\arctan x\in\left[0,\dfrac{\pi}{2}\right)$ 是一个单调递增有界函数，模仿上述思想逐步调整修改成单调递减有界函数

$h_1(x)=-\arctan x\in\left(-\dfrac{\pi}{2},0\right]$，修改 $h_2(x)=-k\arctan x\in\left(-\dfrac{\pi}{2}k,0\right]$

再修改 $h_3(x)=b-k\arctan x\in\left(b-\dfrac{\pi}{2}k,b\right]$

从而比较得到 $\begin{cases}b=4\\ b-\dfrac{\pi}{2}k=3\end{cases}$，$\therefore\begin{cases}b=4\\ k=\dfrac{2}{\pi}\end{cases}$，因此可以构造 $f(x)=4-\dfrac{2}{\pi}\arctan x$。

由于三角函数具有周期性，所以被学生都否定了。

角度五：耐克函数

又有学生联想到耐克函数 $y=x+\dfrac{1}{x}$ 是个有下界的函数，

结合上面的马上修改：左移至少一个单位以上（不包含 1 个单位），譬如 $y=x+2+\dfrac{1}{x+2}(x\geqslant 0)$ 是一个单调递增的函数

再修改 $h(x)=\dfrac{1}{y}=\dfrac{1}{x+2+\dfrac{1}{x+2}}=\dfrac{x+2}{(x+2)^2+1}(x\geqslant 0)\in$

$\left(0,\ \frac{2}{5}\right]$ 是一个单调递减的函数，再修改 $h_1(x)=b-k\frac{x+2}{(x+2)^2+1}(x\geqslant 0)\in(3,\ 4]$ 是一个单调递减的函数

$\therefore\begin{cases}b=4,\\ b-\frac{2}{5}k=3,\end{cases}\therefore\begin{cases}k=\frac{5}{2}\\ b=4\end{cases}$，$\therefore f(x)=4-\frac{5}{2}\cdot\frac{x+2}{(x+2)^2+1}$

$\therefore f(x)=4-\frac{5}{2}\cdot\frac{x+2}{(x+2)^2+1}$。

角度六：反函数法

由于 $f(x)\in(1,\ 4]$，因此从构造值域去着手，然后求反函数并验证。

由于 $f(x)\in(1,\ 4]$，$\frac{y-4}{y-1}\leqslant 0$，因此 $x=\sqrt{\frac{4-y}{y-1}}$，解得 $y=\frac{3}{x^2+1}+1(x\geqslant 0)$，

可以验证符合题意。

由于课堂时间差不多了，教师做了一下简单的小结和启示：

半圆 $y=\sqrt{1-x^2}$，$y=\frac{1-a^x}{1+a^x}(a>1)$ 都是两端有界的函数，大家去研究一下，并留了一个作业。

已知奇函数 $f(x)$ 满足：① 定义域为 R；② $f(x)<af_1x_1$(常数 $a>0$)；③ 在 $(0,+\infty)$ 上单调递增；④ 对任意一个小于 a 的正数 d，存在一个自变量 x_0，使 $f(x_0)>df_1x_1$，请写出一个这样的函数解析式，并加以说明是合理的。

本以为任务完成，可没想到一个月后的某天，在食堂一位数学比较薄弱的学生拦住我吃饭，老师我要告诉你一个新的答案……

$y=4-3\sqrt{1-a^x}(0<a<1)$，并叙述了自己构造的灵感，后来我让他在班级里数学课上交流。

首先有两边有边界的半圆和指数函数 $y=a^x$ 想到了构造 $y=$

$\sqrt{1-2^x}$，但发现值域$[0,1)$恰好与左开右闭$(3,4]$方向性反了，所以结合单调性更正为$y=-\sqrt{1-\left(\frac{1}{2}\right)^x}$，但这时发现值域$(-1,0]$，因此再修改$y=4-\sqrt{1-\left(\frac{1}{2}\right)^x}$，发现值域$(3,4]$，基本接近目标，其他都对，最后完善$y=4-3\sqrt{1-\left(\frac{1}{2}\right)^x}$，并推广到$y=4-3\sqrt{1-a^x}$ $(0<a<1)$。

最不可思议的是过了一周后又构造出了一个函数$y=4-3\cdot\dfrac{1-0.5^x}{1+0.5^x}$。

为了大家的理解，画出此图如下：

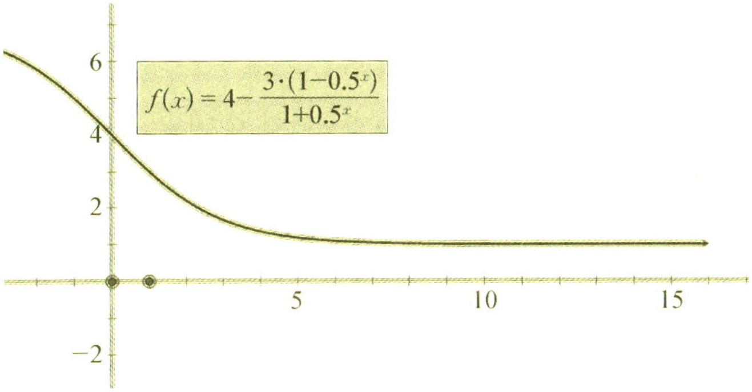

从此迷上了我的数学课，数学成绩突飞猛进，四年后最后成了中学数学老师中的一员。

教学效果究竟怎样？不仅靠教师的单边评判，而应该融学生主体于其中，开展师生互评、生生点评等多样性评判活动，保证评判的双向性、科学性和全面性。给学生愿意说、能够说、有效说的舞台，成就了学生，也成就了自己。

案例 2：流行的题，适时辨错因并完善——质疑能力的培养

数学题由于多变量因素的控制，所以命制题目时一不小心就会导致自相矛盾,造成错解,而错误的原因不容易发现。对于较难或者很有价值的质疑可以进行适当地探究,使之生成新的教学资源。

提出问题

某调研测试题:已知椭圆 M 的两个焦点分别是 $F_1(-1, 0)$,$F_2(1, 0)$,P 是椭圆上的点,$PF_1 \perp PF_2$,$PF_1 \cdot PF_2=8$,求椭圆的标准方程。

分析:由 P 是椭圆上的一点知 $PF_1+PF_2=2a$,

$(PF_1+PF_2)^2=PF_1^2+PF_2^2+2PF_1PF_2=4a^2$,

$PF_1 \perp PF_2$,$PF_1^2+PF_2^2=4c^2=4(a^2-b^2)=4$,

解出 $a^2=25$,$b^2=16$ 椭圆的标准方程为 $\dfrac{x^2}{25}+\dfrac{y^2}{16}=1$,

仔细推敲才发现,此题的题目和解答均有错误,是一道名副其实的错题,但在时下流行甚广。

错误分析

题目题设自相矛盾是真正的原因,解答过程也不完整。

以上看似完美的解题过程,天衣无缝,但事实上:设点 $P(x, y)$,$PF_1 \perp PF_2$,$PF_1^2+PF_2^2=(x-1)^2+y^2+(x+1)^2+y^2=4(x^2+y^2)=4$,$x^2+y^2=1$,

联立方程组 $\begin{cases}\dfrac{x^2}{25}+\dfrac{y^2}{16}=1\\ x^2+y^2=1\end{cases}$,无解,由此可得题目中的 P 并不存在,所以此题为错题。

此题若因为是一道错题,而将其删除,甚为可惜。其实,只要在此题的基础上稍加修改,就可变为一道很好的教学素材。那么如何修改题中的已知条件能使此题所求的方程是点 P 存在的充要条件呢?

试题改编与拓展

已知椭圆 M 的两个焦点分别是 $F_1(-c, 0)$,$F_2(c, 0)$,问椭圆上是否存在这样的点 P,满足 $PF_1 \perp PF_2$,$PF_1 \cdot PF_2=m$,若存在,求

出椭圆的标准方程;若不存在,说明理由。

解:假设椭圆上存在这样的点 P,满足 $PF_1+PF_2=2a$

$(PF_1+PF_2)^2=PF_1^2+PF_2^2+2PF_1PF_2=4a^2$

$PF_1\perp PF_2$,$PF_1^2+PF_2^2=4c^2=4a^2-4b^2$

解出分析:由 P 是椭圆上的一点知 $PF_1+PF_2=2a$

$(PF_1+PF_2)^2=PF_1^2+PF_2^2+2PF_1PF_2=4a^2$

$PF_1\perp PF_2$,$PF_1^2+PF_2^2=4c^2=4a^2-4b^2$

解出 $a^2=\frac{m}{2}+c$,$b^2=\frac{m}{2}$ 椭圆的标准方程为 $\frac{x^2}{c^2+\frac{m}{2}}+\frac{y^2}{\frac{m}{2}}=1$

设点 $P(x,y)$,$PF_1\perp PF_2$,

$$PF_1^2+PF_2^2=(x-c)^2+y^2+(x+c)^2+y^2$$
$$=4(x^2+y^2)=4c^2,\ x^2+y^2=c^2$$

联立方程组 $\begin{cases}\frac{x^2}{c^2+\frac{m}{2}}+\frac{y^2}{\frac{m}{2}}=1\\x^2+y^2=c^2\end{cases}$,解得 $x^2=\frac{c^4-\frac{m^2}{4}}{c^2}$

$\because 0\leqslant x^2\leqslant a^2$,$\therefore m\leqslant 2c^2$,

由此可知,只要 $PF_1\cdot PF_2\leqslant 2c^2$ 时,那么椭圆上一定存在满足题中条件的点 P。

进一步拓展:

已知椭圆 M 的两个焦点分别是 $F_1(-c,0)$,$F_2(c,0)$,问椭圆上是否存在这样的点 P,满足 $\angle F_1PF_2=\theta$,$PF_1\cdot PF_2=m$,若存在,求出椭圆的标准方程;若不存在,说明理由。

解答:由余弦定理和椭圆的定义得

$$\cos\theta=\frac{PF_1^2+PF_2^2-F_1F_2^2}{2PF_1PF_2}=\frac{(PF_1+PF_2)^2-2PF_1\cdot PF_2-4c^2}{2PF_1\cdot PF_2}$$

$$PF_1\cdot PF_2=\frac{2b^2}{1+\cos\theta}=m,\ a^2=\frac{m(1+\cos\theta)}{2}+c^2$$

$$\begin{cases}\dfrac{x^2}{\dfrac{m(1+\cos\theta)}{2}+c^2}+\dfrac{y^2}{\dfrac{m(1+\cos\theta)}{2}}=1\\x^2+y^2=c^2\end{cases}$$

$$\therefore\ x^2=\frac{c^4-\left(\dfrac{m(1+\cos\theta)}{2}\right)^2}{c^2}$$

$$\because\ 0\leqslant x^2\leqslant a^2,\ \therefore\ c^4-\frac{m^2}{4}(1+\cos\theta)^2\geqslant 0,\ \therefore\ m\leqslant\frac{2c^2}{1+\cos\theta}$$

由此可知，只要 $PF_1\cdot PF_2\leqslant\dfrac{2c^2}{1+\cos\theta}$ 时，那么椭圆上一定存在满足题中条件的点 P。

试题链接

1. 已知椭圆 M 的两个焦点分别是 $F_1(-c,0)$，$F_2(c,0)$，问椭圆上是否存在这样的点 P，满足 $\angle F_1PF_2=\theta$，$\triangle PF_1F_2$ 的面积为 S，若存在，求出椭圆的标准方程；若不存在，说明理由。

结论为：当 $S\leqslant bc$ 时，存在这样的点 P。此时椭圆的标准方程为 $\dfrac{x^2}{c^2+S\cdot\cot\dfrac{\theta}{2}}+\dfrac{y^2}{S\cdot\cot\dfrac{\theta}{2}}=1$。

2. 已知双曲线 N 的两个焦点分别是 $F_1(-c,0)$，$F_2(c,0)$，问双曲线上是否存在这样的点 P，满足 $PF_1\perp PF_2$，$PF_1\cdot PF_2=m$，若存在，求出双曲线的标准方程；若不存在，说明理由。

结论为：当 $PF_1\cdot PF_2\leqslant 2bc$ 时，存在这样的点 P，此时双曲线的标准方程为 $\dfrac{x^2}{c^2-\dfrac{m}{2}}-\dfrac{y^2}{\dfrac{m}{2}}=1$。

五、作业训练匹配适量

华罗庚指出“学习数学要做到熟练化，熟能生巧，进而出神入化，而要这样，必须多练。但更重要的是通过这一定数量的题，掌握基本的运算技能、基本的解题方法，做到纯熟自如”。因此数学课后作业要适量，并不是量越多越好。

数学思想方法的形成需要通过学生主动完成相应的习题训练而获得，作业设计是促使学生掌握知识与技能的最重要手段，达成具体的学习目标需要分层设计作业，作业内容应该与上课内容相匹配，与阶段学习需要的目标匹配。

我提出了“三MO”复习法，从合与适之间寻找磨合途径，围绕“三MO”，从魔鬼训练题海三次模拟，到反复磨合合适的训练题，并针对我区实际高三教学情况给出了四个复习策略建议：(1) 各地高考好题适当地选用与借鉴。(2) 刷流量同时更要刷思维量。(3) 针对错题，集体研、磨、编拟合适的训练题。(4) 适当类比推广，磨合各知识点之间的内在联系，老师们要梳理重组重整打磨合适高考真题，完善训练体系突出重点兼顾覆盖。通过本次高中数学高考复习专题研讨活动，老师们都有了丰富的收获。

(一) 作业训练适量的意义

大家平时常说的熟能生巧的实质其实是建立在对知识的理解的基础之上的。运算操作对于学生来说为理解提供了必要条件，但要达到理解的程度，只靠熟练是远远不够的。过度的常规练习会影响到学生理解能力和创造性的发展，常规训练强调到不适当的地步，可能使学生形成不良的态度、情绪等，并且对学生今后的学习产生负面影响。因此，过量的数学作业不是提高数学成绩的途径，而是应该把数学作业控制在一个比较适度的范围内，当然其前提必须是保证数学作业的质量。在达到完成作业目的的基础之上尽量减少作业量，减少简单重复作业，达到精练的目的。

(二) 作业训练匹配三层次

通过对学生的练习试卷和作业调研分析，很多我们要求学生要掌握的知识学生无法很好的掌握和运用，在考试和作业中常做常错。知识点的本质是不变的，但我们将题目中的数量关系或是问题的背景稍做改变之后学生就无所适从了，从中可以看出他们迁移和运用能力的薄弱。课堂教学中，教师讲的多，包办的多，大部分学生还处于被动接受的地位，思考力水平明显下降。课堂积极性不够，学生求知欲不高，兴趣缺失。很多想要提高数学水平的学生往往易陷于题海战术中，无法体会到生动活泼的数学思维过程，进而感到疲惫与彷徨。

传统的课堂教学的作业例题设计也追求“中庸”之道，既不要不到位，也不要过分只按照“中等”水平的学生设计教学，高水平学生感到无聊，而另一部分学生因为难度太高，不合适压力太重，所以放弃挑战。为此多年来，我们区域普通高中数学进行了作业训练匹配三层次的探索工作：

1. 糅合打磨日常作业

现如今，高中数学教辅书琳琅满目，网络上充斥着各种各样的资源。但是，适合的才是最好的。因此各学校应该结合学生实际，糅合各种资源，打磨校本作业，做到真正的适合。

现代数学教育的发展，已从单纯的以数学知识技能为目标导向转变成以知识与技能、过程与方法、情感态度价值观三维一体为目标导向，以此全面提升学生的数学素养。现代数学教育的这种深层发展迫切需要研究如何打磨细节。大处着眼，小处入手，切实打磨数学教育中的细节，已成为我们越来越关注的问题。因此作业设计也需“打磨细节”。优化作业设计，让数学活起来，让学生减轻作业负担，因此教师布置作业要适度，要有针对性、要学会创新、要具有探究性，让作业设计处于最优化，让学生真正地从作业中巩固好自己的基础知识，真正地利用起作业这个课后巩固环节去完善自身，培养学生的数学综合素质。

圆锥曲线定义是研究曲线的重要依据，而如何系统熟练使用定义解题需要教学者通过适合的数学问题进行打磨设计。下面以抛物线的定义教学举例说明。

平面上与一个定点 F 和一条定直线 1(F 不在 1 上)的距离相等的点的轨迹叫做抛物线。点 F 是抛物线的焦点，定直线 1 叫做抛物线的准线。

由抛物线的定义可得出抛物线的一些性质，这些性质在解答关于抛物线的题目中是经常用到的，在注重基础知识学习的基础上，要引导学生注重知识的发生过程，掌握学习方法，对知识的学习既要“钻”进去，又能“走”出去。

（1）正向利用抛物线定义求解动点的轨迹

问题1：动点 M 与点 $F(4, 0)$ 的距离比它到直线 $x+4=0$ 的距离相等，求动点 M 的轨迹方程。

问题2：动点 M 与点 $F(4, 0)$ 的距离比它到直线 $x+5=0$ 的距离小1，求动点 M 的轨迹方程。

问题3：若动点 P 到定点 $F(1, 0)$ 的距离与到直线 l：$3x+y-5=0$ 的距离相等，求动点 M 的轨迹方程。

问题4：若动点 P 到定点 $F(1, 0)$ 的距离与到直线 l：$3x+y-4=0$ 的距离相等，求动点 M 的轨迹方程和顶点坐标。

问题5：若动点 P 到定点 $F(1, m)$ 的距离与到直线 l：$3x+y-4=0$ 的距离相等，求动点 M 的轨迹方程。

这组问题串是有梯度的，难度是逐步递进的，适合不同层次的学生，是精心设计的。

分析：

问题1是直接使用定义。问题2将距离差为1转化为：动点 M 与点 $F(4, 0)$ 的距离与它到直线 $x+4=0$ 的距离相等，于是根据抛物线的定义直接得出：动点 M 的轨迹方程为 $y^2=16x$。问题3是紧紧扣住抛物线的定义，不是标准方程，是评价学生是否真的掌握抛物线定义及标准方程推导来龙去脉的适合题的，过 $F(1, 0)$ 作 $3x+y-5=0$ 的垂线段，垂足 F'，线段 FF' 的中点就是顶点。问题4是对抛物线定义时附加条件的检测，轨迹不是抛物线。问题5是问题3、4的深化，需要对参数分类讨论。

（2）逆向利用抛物线定义求确定点的坐标问题

问题1：在平面直角坐标系 xOy 中，若抛物线 $y^2=4x$ 上的点 P 到该抛物线焦点的距离为6。则点 P 的坐标为________。

问题 2：已知 F 是抛物线 $y^2=4x$ 的焦点，A、B 是该抛物线上两点，$|AF|+|BF|=5$，则线段 AB 的中点到 y 轴的距离为多少？

问题 3：若点 $A(3, 2)$，F 为抛物线 $y^2=2x$ 的焦点，点 P 在抛物线上移动，为使 $|PA|+|PB|$ 取得最小值，求点 P 的坐标。

问题 4：定义为 $l(1>2p>0)$ 的线段 AB 两端点 A、B 在抛物线 $x^2=2py(p>0)$ 上移动，求 AB 的中点 M 的纵坐标的最小值。

这些问题始终围绕抛物线上的点 (x_0, y_0) 到焦点的距离是 $d=x_0+\frac{p}{2}$ 或 $d=y_0+\frac{p}{2}$ 进行有梯度的打磨设计，注意到了学生与数学思维两方面的差异性、层次性。

分析：

问题 1 是直接应用，问题 2、4 是同一类型，问题 4 是问题 2、3 的深化，问题 3 根据抛物线的定义知 $|PF|+|PA|=d+|PA|$，由平面几何知识可知，由 A 向 $x=-\frac{1}{2}$ 作垂线所得的线段最短，过 A 点作垂直于准线 $x=-\frac{1}{2}$ 的直线方程为 $y=2$，交抛物线交点为 $P(2, 2)$，$\therefore P(2, 2)$ 是 $|PA|+|PB|$ 取得最小值的坐标。

问题 4 将 M 点到 x 轴的距离的最值，转化为 M 到准线 l 的距离最值，借助于梯形的中位线性质，转化为曲线上 A、B 两点到准线的距离之和的最值，再利用定义进一步转化为曲线上 A、B 两点到焦点 F 的距离之和的最值。

解：抛物线到准线 l：$y=-\frac{p}{2}$，作 $AA_1\perp l$ 于 A_1，作 $BB_1\perp l$ 于 B_1，作 $MM_1\perp l$ 于 M_1，$\because M$ 在 x 轴的上方，$\therefore M$ 点的纵坐标：$y=|MM_1|-\frac{p}{2}$，由梯形的中位线定理得 $|MM_1|=\frac{|AA_1|+|BB_1|}{2}$，依定义：$|AA_1|=|AF|$，$|BB_1|=|BF|$，$\therefore |MM_1|=\frac{|AF|+|BF|}{2}$，由平面几何知识得 $y=\frac{|AF|+|BF|}{2}-\frac{p}{2}=\frac{l-p}{2}$，

当且仅当 A、B、F 三点共线时，等号成立。∴ $y_{\min}=\frac{l-p}{2}$，∴ AB 的中点 M 的纵坐标的最小值 $\frac{l-p}{2}$。

（3）围绕焦点弦设计问题链

问题 1：直线 l 经过抛物线 $y^2=10x$ 焦点 F，其倾斜角为 $\frac{\pi}{3}$，且与抛物线交于 M、N 两点，则线段 MN 的长？

问题 2：直线 l 过抛物线 $x^2=2y$ 焦点并与抛物线交于 M、N 两点，坐标原点为 O，计算 $\overrightarrow{OM}\cdot\overrightarrow{ON}$ 的值。

问题 3：过抛物线 $x^2=8y$ 焦点的直线交抛物线于 M、N 两点，其中 $MF=4$，则 MN 的中点到准线的距离为多少？

问题 4. 过抛物线 $y^2=12x$ 焦点的直线交抛物线于 M、N 两点，O 为坐标原点，若 $|NF|=4$，求 $\triangle OMN$ 的面积。

问题 5. 抛物线 $x^2=4y$ 上有两点 $A(x_1, y_1)$、$B(x_2, y_2)$，满足 $|AB|=y_1+y_2+2$，点 A、B 在抛物线的准线上的射影是 A'、B'，AB 经过抛物线的焦点 F，求 $\angle A'FB'$。

2. 丰富完善训练体系

众所周知，数学知识具有严密的逻辑性。数学知识形成过程本身就说明了数学知识体系的构建是由浅入深、由易到难、由简单到复杂的。数学课堂上，教师不但要引导学生参与知识的形成过程，而且还要参与构筑知识体系的过程。从某种意义上讲，参与探索数学知识体系建设的程度就决定了学生对数学知识的掌握程度。

同样的，在作业的设计方面，如果教师能够通过知识体系的汇编整合，势必起到事半功倍的效果。对于学生，则一定要明确，现在正做着的题，一定不是考试的题目。而是要运用现在所学的知识、思想、方法去解决面临的问题，从中在探求解题思路与方法中寻得新的理解与感悟，因此，要把自己做过的每道题加以反思，总结一下自己的收获。要总结出：这是一道什么内容的题，用的是什么方法，这种方法还能用到哪？做到知识成片，问题成串，日久天长，构建起一个内容与方法的科学的数学学习网络系统。做完作业，回头细看，这个回头看，是学习过程中很重要的一个环节，价值极大。要看看自己做对了没有；还有什么别的解法；题目处于知识体系中的什么位置；解法的本质是什么；题目中的已知与所求能否互换，能否进行适当增删改进。

例如：系统性地研究过抛物线 $y^2=2px$ 焦点的直线的性质

过抛物线 $y^2=2px$ 焦点的直线为 MN，其中 $M(x_1, y_1)$，$N(x_2, y_2)$ 抛物线的准线 l 交 Ox 轴于点 E，$NN' \parallel x$ 轴且交直线 l 于点 N'

研究 $M(x_1, y_1)$，$N(x_2, y_2)$ 坐标之间的关系

研究 $|MN|$ 的长度与直线倾斜角之间的关系

研究 $\dfrac{1}{MF}+\dfrac{1}{NF}$，$\overrightarrow{ON}\cdot\overrightarrow{OM}$，$\triangle OMN$ 面积与直线倾斜角之间的关系

研究 M，O，N' 三点共线问题。

也可以开发双曲线、椭圆定义应用的问题串：

问题 1：求与圆 $(x+5)^2+y^2=49$ 和圆 $(x-5)^2+y^2=1$ 都外切的动圆圆心轨迹。

问题 2：已知双曲线的一个焦点 $F_1(1, 0)$，且过点 $A(-2, 4)$、$B(4, 4)$，求它的一个焦点 F_2 的轨迹方程。

问题 3：$x\in\mathbf{R}$ 求函数 $|\sqrt{x^2-2x+2}+\sqrt{x^2+2x-2}|$ 的最小值。

问题 4：当 s 与 t 取遍所有的实数，求 $(s+5-2\cos|t|)^2+(s-2\sin|t|)^2$ 所能达到的最小值。

涉及动点到两定点的距离的和或差或涉及与圆锥曲线的焦点、准线有关的问题，可联想运用圆锥曲线定义，进行数形的转化，往往可以获得化难为易或简单灵活的解法，甚至达到其他方法难以达到的简化计算的效果。

3. 学会由做题向编题转变

案例 1：糖果曲线

教材中系统地研究过三个圆锥曲线，作业练习中也出现过共焦点的椭圆和双曲线，是否存在共焦点的椭双抛曲线，有一些什么性质，形状是怎样的?

曲线方程参数的确定是数据分析素养的体现，而性质探究是数学推理与运算的直接体现，覆盖了以数学运算、数学推理为主，同时设计到数据分析，数学模型，数学直观等其他数学核心素养。此题部分研究成果在区域内测试，从测试情况来看得分率还可以，也很受同学们的欢迎，有效检测了学生研究曲线的方法和能力，将不同孩子的数学素养有层次地体现出来，这是一个好题。

如图，曲线椭圆弧 EA，双曲线弧 AB，抛物线弧 BC 有一个共同的焦点，这样的曲线叫"椭双抛"曲线 Γ。设点 $F(\sqrt{3}, 0)$ 是"椭双抛"曲线 Γ 的焦点，曲线椭圆弧 EA 的方程为 $\frac{x^2}{4}+\frac{y^2}{b}=1(0\leqslant x\leqslant\sqrt{3})$，双曲线弧 AB 的方程为 $\frac{x^2}{m}-\frac{y^2}{n}=1(\sqrt{3}\leqslant x\leqslant x_B)$，$C(2\sqrt{3}, 0)$。

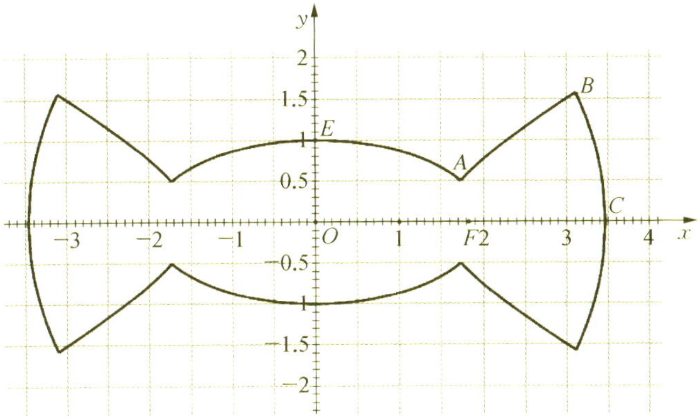

(1) 求点 A 的坐标；

(2) 求双曲线弧 AB 的方程；

（3）求“椭双抛”曲线 Γ 上的动点到点 F 的最大距离。

案例 2：布置编拟等差、等比数列中的类比联系的题

等差等比关系，回归定义 ← 类比等差得到等比数列性质

习题课引例：

例 1.（接上节课）数列 $\{a_n\}$ 的通项公式为 $a_n=(-2)^n$，求证 $\{a_n\}$ 是等比数列。

思考：（1）若令 $b_n=a_{2n-1}$，则 $\{b_n\}$ 是等比数列吗？（设计意图：隔项成等比）

（2）若令 $b_n=a_na_{n+1}$，则 $\{b_n\}$ 是等比数列吗？（设计意图：相邻两项乘积构造等比）

（3）若令 $b_n=a_n+a_{n+1}$ 则 $\{b_n\}$ 是等比数列吗？（设计意图：相邻两项和不一定是等比，出现零）

布置编拟等差、等比数列中的类比联系的题：

1. 已知等差数列 $\{a_n\}$ 的前 n 项和为 $S_n=na_1+\dfrac{n(n-1)}{2}d$，用类比的方法，写出等比数列 $\{b_n\}$ 的前 n 项积的表达式 $T_n=$________。

2. 等差数列有如下性质：若数列 $\{a_n\}$ 为等差数列，则当 $b_n=\dfrac{a_1+a_2+\cdots+a_n}{n}$ 时，数列 $\{b_n\}$ 也是等差数列；类比上述性质，相应地，若数列 $\{c_n\}$ 是正项等比数列，当 $d_n=$________ 时，数列 $\{d_n\}$ 也是等比数列。

3. 已知数列 $\{a_n\}$ 为等差数列，且 $a_m=a$，$a_k=b(m\neq k)$，则 $a_{m+k}=\dfrac{bk-am}{k-m}$；若数列 $\{b_n\}$ 为等比数列，且 $b_m=a$，$b_k=b(m\neq k)$，

（1）类比等差数列的结果，你认为 b_{m+k} 可能是什么值？

（2）证明你的推测是否正确。

4. 在等差数列 $\{a_n\}$ 中，若 $a_{10}=0$，

则有等式 $a_1+a_2+\cdots+a_n=a_1+a_2+\cdots+a_{19-n}$($n<19$, $n\in\mathbf{N}^*$)成立,类比上述性质,相应地:在等比数列 $\{b_n\}$ 中,若 $b_9=1$,则有等式________________成立。

5. 已知等差数列 $\{a_n\}$ 的前 n 项和为 S_n,则 $S_{m+n}=S_m+S_n+mnd$

类比等比数列 $\{a_n\}$ 的前 n 项和为 S_n,则 $S_{n-m}=$__________。

6. S_n 是等差数列 $\{a_n\}$ 的前 n 项和,则 S_k, $S_{2k}-S_k$, $S_{3k}-S_{2k}$ 仍成等差数列,即 $S_{3m}=3(S_{2m}-S_m)$。

(二)案例分享

案例:合理选用全国各地高考题

高考试题的设计围绕学生的实际学情,突出基础知识,基本方法,基本技能,基本应用,围绕能力立意,突出学科核心素养。一部分试题是典型常见的熟悉的送分题,与平时教学内容十分适合,同时每年都有不少的优质高考题,以区分不同层次学生的数学水平。每年各地高考数学试卷合理地设计了适量的、需要考生经过积极自主探究才能完成的新情境问题,这些试题具有背景新颖,内涵丰富,而解题方法质朴、思想深刻等特点,要求考生根据题目背景提供的信息进行探究、分析,探求解题的方案,较好地实现了对创新意识的考查。

1. 注重生活实际,适合学科解决问题的教学目标

高考以社会生活为背景,联系生活实际的命题发展规律,在有关数学的教学中,教师应指导学生直接应用数学知识解决一些简单的问题;通过数学建模活动引导学生从实际情境中发现问题,并归结为数学模型,尝试用数学知识和方法去解决问题。

例 1. 如图,某人在垂直于水平地面 P 的墙面前的点 A 处进行射击训练,已知点 A 到墙面的距离为 AB,某目标点 P 沿墙面上的射线 CM 上移动,此人为了准确瞄准目标点,需计算由点 A 观察点 P 的仰角 θ 的大小(仰角 θ 为直线 AP 与平

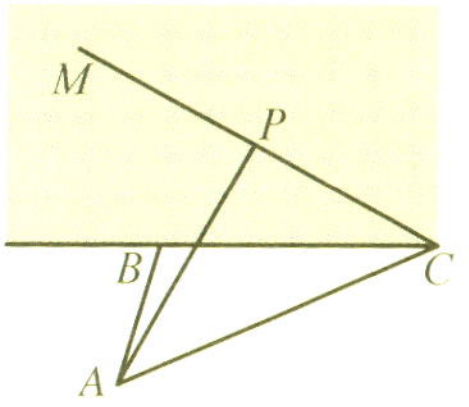

面 ABC 所成的角)，若 $AB=15\text{ m}$，$AC=25\text{ m}$，$\angle BCM=30°$，则 $\tan\theta$ 的最大值是________。

分析：

$\because AB=15$，$AC=25$，$\therefore BC=20$。设 P 点到地面垂足为 N，$h=PN$，

则 $PC=2h$，$NC=\sqrt{3}h$，$NB=|NC-BC|=|\sqrt{3}h-20|$，$AN=\sqrt{NB^2+AB^2}=\sqrt{(\sqrt{3}h-20)^2+15^2}=\sqrt{3h^2-40\sqrt{3}h+25^2}$，

$$\tan\theta=\frac{PN}{AN}=\frac{h}{\sqrt{3h^2-40\sqrt{3}h+25^2}}=\frac{1}{\sqrt{3-\frac{40\sqrt{3}}{h}+\frac{25^2}{h^2}}},$$

$$\because 3-\frac{40\sqrt{3}}{h}+\frac{25^2}{h^2}\geqslant 3-40\sqrt{3}\,\frac{20\sqrt{3}}{25^2}+\left(25\,\frac{20\sqrt{3}}{25^2}\right)^2=\frac{27}{25}$$

$$\therefore \tan\theta\leqslant\sqrt{\frac{25}{27}}=\frac{5}{9}\sqrt{3}$$

所以，$\tan\theta$ 的最大值为 $\frac{5}{9}\sqrt{3}$。

2. 注重数学文化，适时渗透学科育人价值的教学目标

例 2. 伯努利不等式：设实数 $c>0$，整数 $p>1$，$n\in\mathbf{N}^*$。

证明：当 $x>-1$ 且 $x\neq 0$ 时，$(1+x)^p>1+px$；

用数学归纳法证明：

当 $p=2$ 时，左边 $=(1+x)^2=1+2x+x^2$，右边 $=1+2x$。由于 $x\neq 0$，则命题成立；

当 $p=k$($k>1$，k 为整数)时，若命题成立，则 $(1+x)^k>1+kx$，由于 $x>-1$，则 $1+x>0$，

则 $(1+x)^{k+1}>(1+kx)(1+x)=1+(k+1)x+kx^2>1+(1+k)x$，

即，$p=k+1$ 时命题也成立。

综合可见，当 $x>-1$ 且 $x\neq 0$ 时，$(1+x)^p>1+px$。

点评：本题以二项式展开为背景，考察数学归纳法的推演能力。

例 3. 已知圆 O：$x^2+y^2=1$ 和点 $A(-2, 0)$，若定点 $B(b, 0)$ $(b\neq-2)$ 和常数 λ 满足：对圆 O 上任意一点 M，都有 $|MB|=\lambda|MA|$，则(1) $b=$________；(2) $\lambda=$________。

分析：可以采用特殊值法，取 $M(-1, 0)$ 得 $|b+1|=\lambda$，取 $M(1, 0)$ 得 $|1-b|=3\lambda$，

得出 $b=-\frac{1}{2}$，$\lambda=\frac{1}{2}$。

设点 $M(\cos\theta, \sin\theta)$，则由 $|MB|=\lambda|MA|$，

得 $(\cos\theta-b)^2+\sin^2\theta=\lambda^2[(\cos\theta+2)^2+\sin\theta]$，

即 $-2b\cos\theta+b^2+1=4\lambda^2\cos\theta+5\lambda^2$ 对任意的 θ 都成立，所以 $\begin{cases}-2b=4\lambda^2\\ b^2+1=5\lambda^2\end{cases}$。

又由 $|MB|=\lambda|MA|$，得 $\lambda>0$，且 $b\neq-2$，解得 $\begin{cases}b=-\frac{1}{2}\\ \lambda=\frac{1}{2}\end{cases}$。

说明：$|MB|=\lambda|MA|$ $(\lambda\neq1)$ 时，点 M 轨迹是一个阿波罗尼斯圆。

3. 注重阅读理解，适合学科课堂教学关注教学过程的理念

例 4. 以 A 表示值域为 R 的函数组成的集合，B 表示具有如下性质的函数 $\varphi(x)$ 组成的集合：对于函数 $\varphi(x)$，存在一个正数 M，使得函数 $\varphi(x)$ 的值域包含于区间 $[-M, M]$。例如，当 $\varphi_1(x)=x^3$，$\varphi_2(x)=\sin x$ 时，$\varphi_1(x)\in A$，$\varphi_2(x)\in B$。现有如下命题：

① 设函数 $f(x)$ 的定义域为 D，则"$f(x)\in A$"的充要条件是"任意 $b\in\mathbf{R}$，存在 $x\in\mathbf{R}$，$f(a)=b$"；

② 若函数 $f(x)\in B$，则 $f(x)$ 有最大值和最小值；

③ 若函数 $f(x)$，$g(x)$ 的定义域相同，且 $f(x)\in A$，$g(x)\in B$，则 $f(x)+g(x)\notin B$；

④ 若函数 $f(x)=a\ln(x+2)+\frac{x}{x^2+1}(x>-2, a\in\mathbf{R})$ 有最大值，则 $f(x)\in B$。其中的真命题有________。(写出所有真命题的序号)

答案：①③④

这是一道新颖的信息迁移题，试题给出了“A 类函数，B 类函数”概念，四个判断也都与这个定义有关，准确理解“A 类函数，B 类函数”是正确解题的关键。本题的背景源于大学数学分析中的函数值域的概念，但考生学习过函数的诸多性质，通过类比不难理解这个定义。本题考查考生函数的概念、图像、性质，考查学生分析能力，推理论证能力，数形结合思想，转化与化归思想，考查考生的直觉思维能力及思维的灵活性、发散性。

例 5. 已知函数 $y=f(x)(x\in\mathbf{R})$。对函数 $y=g(x)(x\in I)$，定义 $g(x)$ 关于 $f(x)$ 的“对称函数”为 $y=h(x)(x\in I)$，$y=h(x)$ 满足：对任意 $x\in I$，两个点 $(x, h(x))$，$(x, g(x))$ 关于点 $(x, f(x))$ 对称。若 $h(x)$ 是 $g(x)=\sqrt{4-x^2}$ 关于 $f(x)=3x+b$ 的“对称函数”，且 $h(x)>g(x)$ 恒成立，则实数 b 的取值范围是________。

根据对称函数定义知 $\frac{h(x)+\sqrt{4-x^2}}{2}=3x+b$，得 $h(x)=6x+2b-\sqrt{4-x^2}$，

$h(x)>g(x)$ 恒成立，$\Leftrightarrow 6x+2b-\sqrt{4-x^2}>\sqrt{4-x^2}$ $\Leftrightarrow 3x+b>\sqrt{4-x^2}$ 恒成立。

根据图像分析得，当 $f(x)=3x+b$ 与 $g(x)=\sqrt{4-x^2}$ 在第二象限相切时，$b=2\sqrt{10}$，由 $h(x)>g(x)$ 恒成立得 $b>2\sqrt{10}$。

4. 注重数学概念考查，适合关注“教考评学”一致的评价理念

例 6. 如图，四个棱长为 1 的正方体排成一个正四棱柱，AB 是一条侧棱，$P_i(i=1, 2, \cdots, 8)$ 是上底面上其余的八个点，则 $\overrightarrow{AB}\cdot\overrightarrow{AP_i}(i=1, 2, \cdots, 8)$ 的不同值的个数为(　　)。

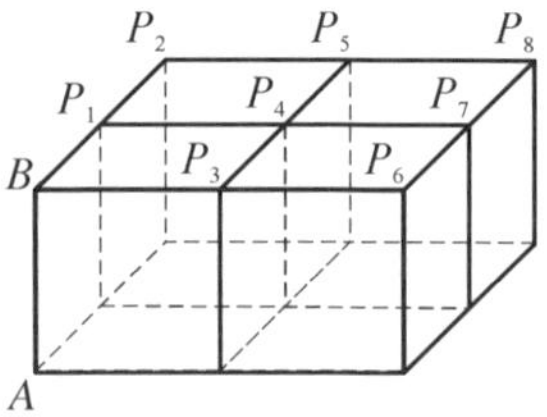

(A) 1　　　(B) 2　　　(C) 4　　　(D) 8

答案：A

分析：$\overrightarrow{AB}\cdot\overrightarrow{AP_i}=|\overrightarrow{AB}||\overrightarrow{AP_i}|\cos\angle AP_iB=|\overrightarrow{AB}|\times|\overrightarrow{AB}|=1$。

例 7. 已知 $P_1(a_1, b_1)$ 与 $P_2(a_2, b_2)$ 是直线 $y=kx+1$（k 为常数）上两个不同的点，则关于 x 和 y 的方程组 $\begin{cases}a_1x+b_1y=1,\\a_2x+b_2y=1\end{cases}$ 的解的情况是（　　）。

(A) 无论 k, P_1, P_2 如何，总是无解

(B) 无论 k, P_1, P_2 如何，总有唯一解

(C) 存在 k, P_1, P_2，使之恰有两解

(D) 存在 k, P_1, P_2，使之有无穷多解

答案：B

分析：$a_1x+b_1y=1$ 表示以 (a_1, b_1) 为法向量的直线，且不过原点，

$a_2x+b_2y=1$ 表示以 (a_2, b_2) 为法向量的直线，且不过原点，

由题得三个点 O, P_1, P_2 构成一个三角形，所以无论 k, P_1, P_2 如何，总有唯一解。

5. 以数列为载体，适合课标提出的加强逻辑推理的核心素养

例 8. 对于数对序列 $P(a_1, b_1)$, (a_2, b_2), …, (a_n, b_n)，记 $T_1(P)=a_1+b_1$，

$T_k(P)=b_k+\max\{T_{k-1}(P), a_1+a_2+\cdots+a_k\}(2\leqslant k\leqslant n)$，其中 $\max\{T_{k-1}(P), a_1+a_2+\cdots+a_k\}$ 表示 $T_{k-1}(P)$ 和 $a_1+a_2+\cdots+a_k$ 两个数中最大的数，

(1) 对于数对序列 $P(2, 5)$, $(4, 1)$，求 $T_1(P)$, $T_2(P)$ 的值。

(2) 记 m 为 a, b, c, d 四个数中最小值，对于由两个数对 (a, b), (c, d) 组成的数对序列 $P(a, b)$, (c, d) 和 $P'(c, d)$, (a, b)，试分别对 $m=a$ 和 $m=d$ 的两种情况比较 $T_2(P)$ 和 $T_2(P')$ 的大小。

(3) 在由 5 个数对 $(11, 8)$, $(5, 2)$, $(16, 11)$, $(11, 11)$, $(4, 6)$ 组成的所有数对序列中，写出一个数对序列 P 使 $T_5(P)$ 最小，并写出 $T_5(P)$ 的值（只需写出结论）。

点评： 本题考查新定义，考查学生分析解决问题的能力，正确理解与运用新定义是解题的关键。

6. 以定点、定值、定向为载体的函数、曲线问题，适合课标提出的数学运算的核心素养

设置探究性问题，考生需要利用“特殊与一般思想”，通过计算与推理，探究可能的定点，并利用“化归与转化思想”，有效地检测了学生科学探究的素养。

例 9. 已知双曲线 E：$\dfrac{x^2}{a^2}-\dfrac{y^2}{b^2}=1(a>0,\ b>0)$ 的两条渐近线分别为 l_1：$y=2x$，l_2：$y=-2x$。O 为坐标原点，动直线 l 分别交直线 l_1，l_2 于 A，B 两点（A，B 分别在第一、四象限），且 $\triangle OAB$ 的面积恒为 8，试探究：是否存在总与直线 l 有且只有一个公共点的双曲线 E？若存在，求出双曲线 E 的方程；若不存在，说明理由。

分析： 设双曲线 E 的方程为 $\dfrac{x^2}{a^2}-\dfrac{y^2}{4a^2}=1$。

直线 l 与 x 轴相交于点 C。

当 $l\perp x$ 轴时，若直线 l 与双曲线 E 有且只有一个公共点，则 $|OC|=a$，$|AB|=4a$。又因为 $\triangle OAB$ 的面积为 8，所以

$\dfrac{1}{2}|OC|\cdot|AB|=8$，因此 $\dfrac{1}{2}a\cdot 4a=8$，解得 $a=2$，此时双曲线 E 的方程为 $\dfrac{x^2}{4}-\dfrac{y^2}{16}=1$。

以下证明：当直线 l 不与 x 轴垂直时，双曲线 E：$\dfrac{x^2}{4}-\dfrac{y^2}{16}=1$ 也满足条件。

设直线 l 的方程为 $y=kx+m$，依题意，得 $k>2$ 或 $k<-2$，

则 $C\left(-\dfrac{m}{k},\ 0\right)$。记 $A(x_1,\ y_1)$，$B(x_2,\ y_2)$。由 $\begin{cases}y=kx+m\\y=2x\end{cases}$，得 $y_1=\dfrac{2m}{2-k}$，同理得 $y_2=\dfrac{2m}{2+k}$。

由 $S_{\triangle OAB}=\frac{1}{2}|OC|\cdot|y_1-y_2|$，得

$$\frac{1}{2}\left|-\frac{m}{k}\right|\cdot\left|\frac{2m}{2-k}-\frac{2m}{2+k}\right|=8,$$

即 $m^2=4|4-k^2|=4(k^2-4)$。由 $\begin{cases}y=kx+m\\ \frac{x^2}{4}-\frac{y^2}{16}=1\end{cases}$，得 $(4-k^2)x^2-2kmx-m^2-16=0$。

因为 $4-k^2<0$，所以 $\Delta=4k^2m^2+4(4-k^2)(m^2+16)=-16(4k^2-m^2-16)$。

又因为 $m^2=4(k^2-4)$，所以 $\Delta=0$，即 l 与双曲线 E 有且只有一个公共点。

因此，存在总与 l 有且只有一个公共点的双曲线 E，且 E 的方程为 $\frac{x^2}{4}-\frac{y^2}{16}=1$。

点评：本题考查双曲线的方程与性质、直线与圆锥曲线的位置关系等基础知识，考查抽象概括能力、推理论证能力、运算求解能力，考查特殊与一般思想、数形结合思想、分类讨论思想、函数与方程思想。

可以推广证明：已知双曲线 E：$\frac{x^2}{a^2}-\frac{y^2}{b^2}=1(a>0, b>0)$ 的两条渐近线分别为 l_1，l_2，与双曲线 E 有且只有一个公共点的动直线 l 分别交直线 l_1，l_2 于 A，B 两点（A，B 分别在第一、四象限），O 为坐标原点，则 $\triangle OAB$ 的面积恒为定值（可以计算定值恰好是 ab）。

7. 关注数形结合，适合课标提出的数学抽象、直观想象的核心素养

例 10. 设 $m\in R$，过定点 A 的动直线 $x+my=0$ 和过定点 B 的动直线 $mx-y-m+3=0$ 交于点 $P(x, y)$，则 $|PA|\cdot|PB|$ 的最大值是________。

分析：由题意可知，动直线 $x+my=0$ 经过定点 $A(0, 0)$，动直线 $mx-y-m+3=0$ 经过定点 $B(1, 3)$，注意到动直线 $x+my=0$ 和动直线 $mx-y-m+3=0$ 始终垂直，P 又是两条直线的交点，则有

$PA \perp PB$，$\therefore |PA|^2+|PB|^2=|AB|^2=10$。

$\therefore |PA||PB| \leqslant \dfrac{|PA|^2+|PB|^2}{2}=5$，当且仅当

$|PA|=|PB|=5$ 时取到等号。

点评：本题是直线和不等式的综合考查，特别是“两条直线相互垂直”这一特征是本题解答的突破口，从而有 $|PA|^2+|PB|^2=|AB|^2=10$ 是个定值，再由基本不等式求解得出。直线位置关系和不等式相结合，不容易想到，是个灵活的好题。

六、过程测试评价适宜

苏霍姆林斯基说过：“在人的心灵深处都有一种根深蒂固的需要，这就是希望自己是一个发现者、研究者、探索者。而在学生的精神世界中，这种需要特别强烈。”这就告诉我们：创新是人的本质特征，是自我发展、自我显示的需要。而长期以来学生都处于被考、被检测的地步，每次考试都处于一种“被动挨打”的局面，思想上一直处于紧张抑制状态。这种不恰当的气氛约束了学生创新思维的发展，在很大程度上扼杀了学生新思想的产生。

（一）过程测试评价适宜的意义

新课程改革呼唤新的高中数学课堂评价标准，我们应对新课程理念下的高中数学课堂评价标准进行重新思考和定位。“多元智能理论”对于我们正确地、全面地认识学生具有很高的借鉴价值。我们教师在以促进学生为终极关怀下，从不同视角、不同层面去看待每一个学生，承认每个学生的个体差异、尊重学生的个性、促进学生的优势智力领域的优秀品质向其他智力领域迁移。教师评价学生不以单一的数学成绩为唯一的标准。在后现代主义的观点看来，世界是开放的、多元的。五彩缤纷的现实世界包容每一个学生的奇思妙想，后现代主义重视过程的思想、重视目的与手段统一的观点，认为个体是在活动的过程中得以不断发展的。

在教学中，老师要改变对学生的评价方式，对于学生出现的“标新立异”的现象，老师要用一些简短而又有激励性的语言，如“你讲的真好！”“你真聪明！”“这个见解很独特！”或“不要紧，慢慢说”，“你再想一想”，“老师相信你的能力”等来加以激励，使他们真正体验到求异的价值，产生更强烈的创新意向。

适当的改变考试方法，例如可以让“学生自考”，即：学生自己出题考自己，这样既可以让学生感觉自己真正成了学习的主人，又可以让学生在自己出题的过程中对所学的知识进行全面统一的复习和掌握，更重要的是学生可以在构思、选题、组合的过程中品尝到创新的乐趣，创新的思想在这样的过程中会悄然萌发。

（二）过程测试评价适宜的探索

2016 年教育部考试中心构建高考评价体系，明确了“必备知识、关键能力、学科素养、核心价值”的考查目标，而“学科素养”的考查则是要求学生能够在不同情境下综合利用所学知识和技能处理复杂任务，在评价中，更应关注学生思维过程的评价，设计适合的标准将“学科素养”进行量化。

1. 评价侧重关注思维过程

积极研究上海数学高考十年来评分标准模式的创新模式，为教学改革提供了有利依据。

2007 春季的“逆向”问题思维层次分层评分；2010 春季写出真命题所体现的思维层次和对问题探究的完整性，给予不同的评分；2011 春季不同思维层次的评价将根据结论的一般性程度给予不同的评分；2011 秋自选套餐分层答题相应评价；2014 春季关注过程，改变阅卷评分模式。

案例：2010-春-23

已知首项为 x_1 的数列 $\{x_n\}$ 满足 $x_{n+1}=\dfrac{ax_n}{x_n+1}$（$a$ 为常数）。

（1）若对于任意的 $x_1\neq-1$，有 $x_{n+2}=x_n$ 对于任意的 $n\in\mathbf{N}^*$ 都

成立，求 a 的值；

(2) 当 $a=1$ 时，若 $x_1>0$，数列 $\{x_n\}$ 是递增数列还是递减数列？请说明理由；

(3) 当 a 确定后，数列 $\{x_n\}$ 由其首项 x_1 确定，当 $a=2$ 时，通过对数列 $\{x_n\}$ 的探究，写出"$\{x_n\}$ 是有穷数列"的一个真命题（不必证明）。

说明：对于第 3 题，将根据写出真命题所体现的思维层次和对问题探究的完整性，给予不同的评分。

(1) $a=-1$；(2) 数列 $\{x_n\}$ 是递减数列； ……10′

(3) ① 数列 $\{x_n\}$ 满足 $x_{n+1}=\dfrac{2x_n}{x_n+1}$，若 $x_1=\dfrac{1}{7}$，则数列 $\{x_n\}$ 是有穷数列； ……12′

② 数列 $\{x_n\}$ 满足 $x_{n+1}=\dfrac{2x_n}{x_n+1}$，若 $x_1=\dfrac{1}{1-2^m}$ $(m\in\mathbf{N}^*)$，则数列 $\{x_n\}$ 是有穷数列； ……14′

③ 数列 $\{x_n\}$ 满足 $x_{n+1}=\dfrac{2x_n}{x_n+1}$，则数列 $\{x_n\}$ 是有穷数列的充要条件是存在 $m\in\mathbf{N}^*$，使得 $x_1=\dfrac{1}{1-2^m}$； ……16′

④ 数列 $\{x_n\}$ 满足 $x_{n+1}=\dfrac{2x_n}{x_n+1}$，则数列 $\{x_n\}$ 是有穷数列且项数为 m 的充要条件是 $x_1=\dfrac{1}{1-2^m}$，$m\in\mathbf{N}^*$ ……18′

为了保证高水平的考生能够写出高质量的真命题，在问题之后再加一个提示性的说明，明确告诉考生需要考虑写出的真命题所体现的思维层次和对问题探究的完整性，考生可根据自己的水平进行个性化的解答：思维要深刻具有一般性，所写真命题要完整体现问题的本质。

2. 评价方法允许多元开放

从封闭题出发引申出开放题。将所用习题多是具有完备的条件和确定的答案的封闭题，解答完之后，进一步引导学生进行探究，如探究更一般的结论，探究更多的情形，或探究该结论成立的其他条件等，使学生的思维向纵深发展，发散开去，能够启发学生有独创性的理解，形成开放题等。

案例："逆向"问题

求出一个数学问题的正确结论后，将其作为条件之一，提出与原来问题有关的新问题，我们把它称为原来问题的一个"逆向"问题。

例如，原来问题是"若正四棱锥底面边长为4，侧棱长为3，求该正四棱锥的体积"。

求出体积 $\frac{16}{3}$ 后，它的一个"逆向"问题可以是"若正四棱锥底面边长为4，体积为 $\frac{16}{3}$，求侧棱长"；也可以是"若正四棱锥的体积为 $\frac{16}{3}$，求所有侧面面积之和的最小值"。

试给出问题"在平面直角坐标系 xOy 中，求点 $P(2,1)$ 到直线 $3x+4y=0$ 的距离。"的一个有意义的"逆向"问题，并解答你所给出的"逆向"问题。

"逆向"问题可以是：

(1) 求到直线 $3x+4y=0$ 的距离为2的点的轨迹方程。

……10分

[解] 设所求轨迹上任意一点为 $P(x,y)$，则 $\frac{|3x+4y|}{5}=2$，

所求轨迹为 $3x+4y-10=0$ 或 $3x+4y+10=0$。 ……14分

(2) 若点 $P(2,1)$ 到直线 $l: ax+by=0$ 的距离为2，求直线 l 的方程。 ……10分

[解] $\frac{|2a+b|}{\sqrt{a^2+b^2}}=2$，化简得 $4ab-3b^2=0$，$b=0$ 或 $4a=3b$，

所以，直线 l 的方程为 $x=0$ 或 $3x+4y=0$。 ……14 分

意义不大的“逆向”问题可能是：

(3) 点 $P(2,1)$ 是不是到直线 $3x+4y=0$ 的距离为 2 的一个点？

……6 分

[解] 因为 $\dfrac{|3\cdot 2+4\cdot 1|}{\sqrt{3^2+4^2}}=2$，

所以点 $P(2,1)$ 是到直线 $3x+4y=0$ 的距离为 2 的一个点。

……10 分

(4) 点 $Q(1,1)$ 是不是到直线 $3x+4y=0$ 的距离为 2 的一个点？

……6 分

[解] 因为 $\dfrac{|3\cdot 1+4\cdot 1|}{\sqrt{3^2+4^2}}=\dfrac{7}{5}\neq 2$，

所以点 $Q(1,1)$ 不是到直线 $3x+4y=0$ 的距离为 2 的一个点。

……10 分

(5) 点 $P(2,1)$ 是不是到直线 $5x+12y=0$ 的距离为 2 的一个点？ ……6 分

[解] 因为 $\dfrac{|5\cdot 2+12\cdot 1|}{\sqrt{5^2+12^2}}=\dfrac{22}{13}\neq 2$，

所以点 $P(2,1)$ 不是到直线 $5x+12y=0$ 的距离为 2 的一个点。

……10 分

3. 评价指向鼓励质疑思辨

教师要允许学生质疑，热情地为他们创造吐露思想的机会，对于学生的质疑，要在态度上给予鼓励，方法上加以引导，让学生在教师亲切、赞赏的言行中产生强烈的思维意向，积极进行思维活动，这样也就达到了创新教育的目的。因此，课堂教学中，老师应把质疑、解疑作为教学过程的重要组成部分，以提高学生的创新能力，培养学生的质疑意识。

由上可知，抓住错误探究能使解题达到精简合一的境界。因此教

师应鼓励学生善于对问题的解法实施反思探究，遇到错误要正确引导反思，不可轻易否定。

荷兰三点距离问题

已知甲离学校 10 公里，乙离甲 3 公里，问乙离学校几公里？

在日常生活中随处可见求两地之间的距离，如何根据已知条件求这是一个值得研究的问题（问题与情境）。由于此问题的解决条件不足，必须要打破传统思维的局限。

设甲处在位置 A，乙处在位置 B，学校位置为 C

一、当甲乙两人和学校在同一直线上

要分类讨论，用线段示意图表示，用数学图形语言表达，数形结合的思想，表现数学直观形象的素养

二、当甲乙两人和学校不在同一直线上

由于甲的位置 A 与乙的位置 B 相对于学校来说是运动变化，这就需要选择不同的参数考虑

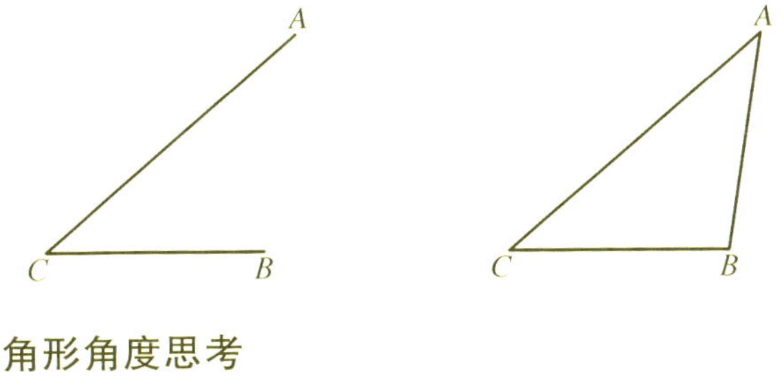

从解三角形角度思考

学生思路一：$\angle ABC=90^\circ$，用勾股定理求解

学生思路二：$\angle ACB=\theta$，用余弦定理求解

学生思路三：$\angle CAB=\alpha$，用余弦定理求解

从点的坐标位置考虑，坐标方程思想

以固定位置学校 C 为坐标原点，建立平面直角坐标系，将问题转化为已知 $A(a, b)$，$B(c, d)$，满足 $a^2+b^2=49$，$c^2+d^2=9$，

求 $\sqrt{(a-c)^2+(c-d)^2}$。

这里可以添加甲乙运动的轨迹路径，例如甲在直线 $x=5$，乙在直线 $y=1$ 上运动

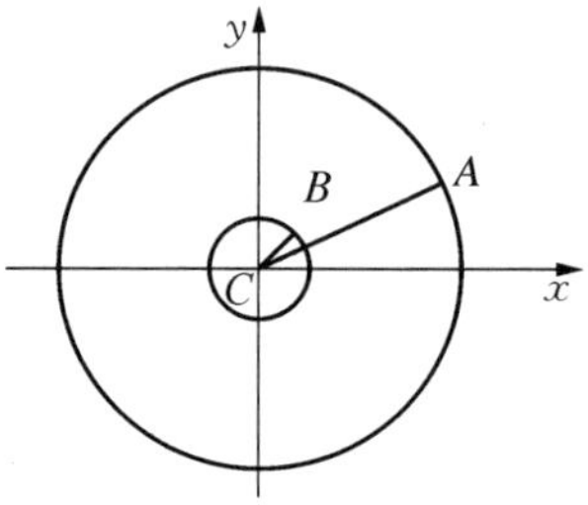

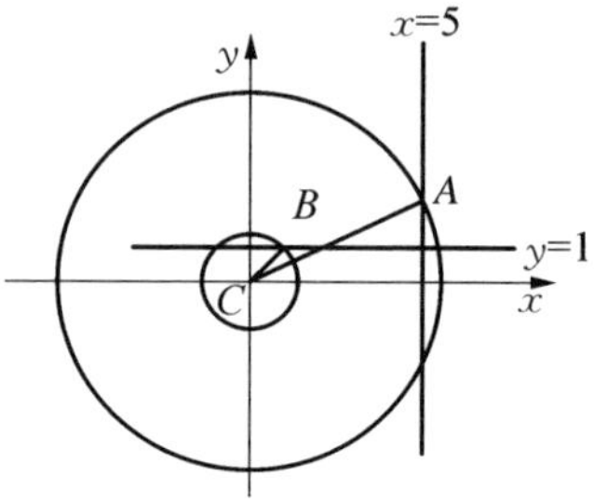

三视图复原问题

(1)（2010 年高考数学福建卷文科第 3 题）若一个底面是正三角形的三棱柱的正视图如图所示，则其侧面积等于（　　）

(A) $\sqrt{3}$　　(B) 2

(C) $2\sqrt{3}$　　(D) 6

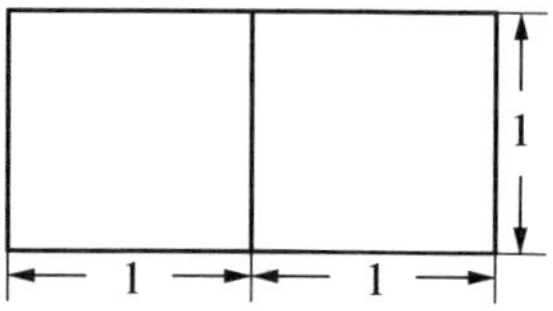

(2)（2010 年福建卷理科第 12 题）若一个底面是正三角形的三棱柱的正视图如图所示，则其表面积等于________。

讲解　由正视图可知此三棱柱是一个底面边长为 2 的正三角形，侧棱为 1 的直三棱柱，则

(1) 此三棱柱的侧面积为 $2\times1\times3=6$，评分标准选(D)。

(2) 此三棱柱的侧面积为 $2\times1\times3=6$，上、下底面积都为 $\frac{\sqrt{3}}{4}\times2^2=\sqrt{3}$，所以评分标准说三棱柱的表面积 $6+2\sqrt{3}$。

这两道高考题的“评分标准”对不对呢？

问题 1：主视图为矩形的三棱柱不唯一，其左视图可以是一般平行四边形、不是矩形。

问题 2：底面是正三角形的三棱柱其俯视图可以不是正三角形。

就是说，题目给出的三棱柱可以是斜三棱柱（有无穷多个），其侧

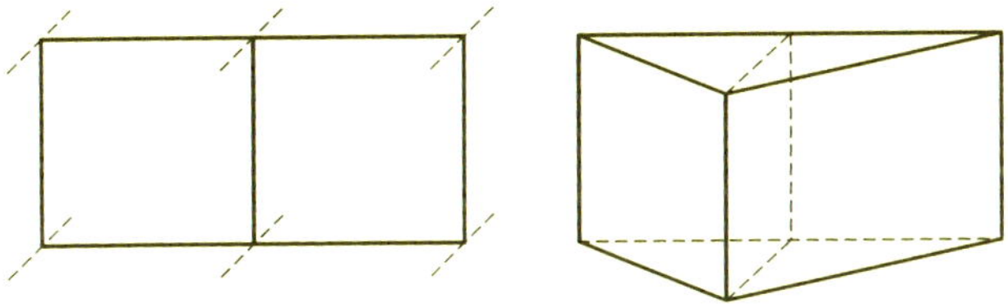

如何复原

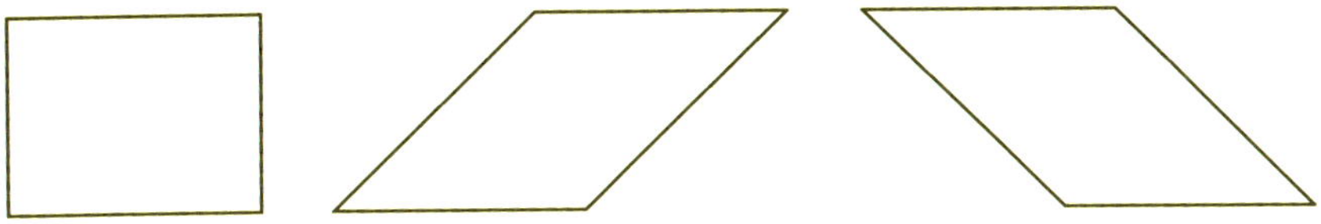

左视图是什么?

面积和表面积不是常数。条件对于推出评分标准是不充分的。

修改意见：保留条件改为求体积或求侧(表)面积的取值范围。

修改 1 若一个底面是正三角形的三棱柱的正视图如图所示，则其体积等于________。

修改 2 若一个底面是正三角形的三棱柱的正视图如图所示，则其侧(表)面积的取值范围为________。

解 由正视图可知，此三棱柱有两侧面为平行四边形，其底为 2、高为 1，面积为 $2+2=4$；第三个侧面为矩形，其底为 2、高为 $\frac{1}{\sin\theta}$(θ 为矩形面与底面的夹角，$0<\theta\leqslant 90^\circ$)，面积为 $\frac{2}{\sin\theta}$。得侧面积为 $S=4+\frac{2}{\sin\theta}$，其取值范围为 $[6,+\infty)$；表面积为 $4+2\sqrt{3}+\frac{2}{\sin\theta}$，其取值范围为 $[6+2\sqrt{3},+\infty)$。

(三) 案例分享：依托高考新的分层评分模式，改变教学评价观念

为推动上海高中数学课改，测量和评价学科核心素养是新时期高考内容的改革的核心要求和首要任务。上海高考数学根据课程标准

明确提出高考数学研究性学习能力的评价目标，而这个评价目标主要涉及以下六点：

(1) 用已有知识网络，开拓新的认知领域，提升思维层次；

(2) 在知识、方法间的联系中，体验数学内涵，探究内在规律；

(3) 从正、逆向思维中，在代数变形和几何变换中，认识和研究数学的本质；

(4) 在实验和操作的过程中，探究数学对象的性质和解决问题的方法；

(5) 通过质疑或反思发现问题和提出问题，并能提出初步的结论；

(6) 在较全面、深入研究的基础上，能提出新的认识，并能将结果较完整、正确地表达出来。

以上(1)—(4)点上海高考已全面实施，第(6)点是长远目标。

积极研究上海数学高考十年来评分标准模式的创新模式，为教学改革提供了有利依据。

2011 年秋 23：已知平面上的线段 l 及点 P，在 l 上任取一点 Q，线段 PQ 长度的最小值称为点 P 到线段 l 的距离，记作 $d(P, l)$。(3) 写出到两条线段 l_1，l_2 距离相等的点的集合 $\Omega=\{P \mid d(P, l_1)=d(P, l_2)\}$，其中 $l_1=AB$，$l_2=CD$，A，B，C，D 是下列三组点中的一组。对于下列三组点只需选做一种，满分分别是① 2 分，② 6 分，③ 8 分；若选择了多于一种的情形，则按照序号较小的解答计分。

① $A(1, 3)$，$B(1, 0)$，$C(-1, 3)$，$D(-1, 0)$。

② $A(1, 3)$，$B(1, 0)$，$C(-1, 3)$，$D(-1, -2)$。

③ $A(0, 1)$，$B(0, 0)$，$C(0, 0)$，$D(2, 0)$。

如设置一个实际情境，重点考查学生发现和提出适合的数学问题的能力，或者给定一个初步的数学模型，要求学生依据实际情况对模型进行修正等。

2014 年春最后一题评分标准注重思维：

环　节	分值	答　题　表　现
建模 （满分 4 分）	0 分	没有体现建模意识
	2 分	画出大致示意图或有等价文字描述，在解题过程中未将经度或高度用正确的量来表示
	3 分	画出大致示意图或有等价文字描述，在解题过程中将经度或高度之一用正确的量来表示
	4 分	画出大致示意图或有等价文字描述在解题过程中将经度，高度之一用正确的量来表示
求解 （满分 4 分）	0 分	结果与求解均不正确
	2 分	求解过程正确，在解题过程中经度或高度都不正确
	3 分	求解过程正确，在解题过程中经度或高度之一正确
	4 分	求解过程正确，在解题过程中经度或高度都正确

第三章

数学教学中的适合与平衡专题研究案例分享

大量课堂调研报告指出影响课堂有效教学的原因有：讲授为主，教法单一，情境缺乏，迁移困难，学科育人价值重视不够。

荷兰数学教育家弗赖登塔尔(Freudenthal)所倡导注重情境的运用，美国温特比尔特大学开发以主题式的故事情境素材支撑数学学习活动，张奠宙、戴再平两位先生主编出版了《中学数学问题集》，改变了我国数学习题纯而又纯的状况。

《普通高中数学课程标准》2017版明确提出：会用数学的眼光观察现实世界，会用数学的思维思考现实世界，会用数学的语言表达现实世界。

而关于数学的六个数学核心素养水平的阐述，都涉及四个方面：情境与问题、知识与技能、思维与表达、交流与反思，强调从数学角度发现和提出问题、分析和解决问题。

数学课程、数学课堂教学普遍重视情境化设计，是基于以下三点的需求：一是有利于激发学生兴趣，使学生乐学、爱学；二是能引起学生的情感共鸣，使学生能主动经历学习过程；三是能加强数学知识与现实生活的联系，增强课程学习的实践性。

从数学学习的认知本质看，数学学习离不开情境。事实上，学生学习数学知识的过程本身是一个建构的过程，无论是对知识的理解，还是知识的运用，都离不开知识产生的环境和适用的范围。数学学习的核心是学会数学的思考，掌握数学的思想方法。数学情境化设计能生动地揭示数学知识的发生发展过程，并引导学生在这一过程中掌握数学思想方法，解决基于某种情境之中的数学问题，从而逐步体会数学的本质。

数学是文化的重要组成部分，学生的一种主要数学素质——基于数学文化价值的思考，强调数学文化、数学思想、数学精神的渗透。在学习数学知识和技能的过程中能够理解数学所蕴含的精神、思想、观念和意识等；能够灵活地运用数学的思想方法、发扬数学研究中的科学精神；能够认识和欣赏数学美。数学素养包括以下几个方面：基本的数学知识；基本的数学技能；数学思想方法；数学应用意识和数学美学价值的欣赏。

随着信息技术迅猛发展和应用广泛深入普及，教育信息化跨入从“量变”到“质变”的关键阶段。勿忘初心，以用户服务为中心，支撑教育改革和创新，需要从技术驱动向育人为本转变，从碎片化建设向系统推进转变，从脉冲式应用向常态化应用转变。

课堂教学设计有一个教学策略分析。关于中学数学课堂的教学策略，有研究者从学生创造性学习能力的培养这个角度提出：包括激发学生的学习兴趣；训练学生的创造性思维（学生从浅层学习向深度学习转变，学会提问、学会解答、学会思考）；培养学生的主体意识（培养自主意识，给予适合的时间、空间）。有学者结合新标准的教学提出：提供真实学习情境的策略；实施探究学习的策略。

众多课堂教学观察量表的结构设置中包括教学目标、教学能力、教学组织与管理、教学效果四个标准。每个标准又分别包括了多个分指标，如教学目标适合学生需要，教学能力涉及运用教学资源和技术。教学效果涉及信息量丰富、评价适时中肯。

下面是2004上海版和2017国家版课程标准课程理念部分内容比较。

课程标准(04 版)	课程标准(17 版)
促进信息技术与数学课程的整合	注重信息技术与数学课程的深度融合
领略数学文化的内涵	注重数学文化的渗透
根据学生适应现代社会生活和未来发展需要,确定数学课程内容;应重视数学与现实生活的联系;强化运用数学知识分析问题和解决问题的过程	高中数学课程体现社会发展的需求;强调数学与生活以及其他学科的联系,提升学生应用数学解决实际问题的能力
提高自主学习的能力,增强学习的兴趣和自信心	提倡独立思考、自主学习、合作交流等多种学习方式,激发学习数学的兴趣
必须强调发挥数学学习评价的教育功能,应更多地肯定进步、鼓励成功、鼓舞信心;评价结果应更多地用于帮助师生改进数学的教与学	通过评价,提高学生学习兴趣,帮助学生认识自我,增强自信;帮助教师改进教学,提高质量

纵观上述分析,本章从情景设置适切、媒体技术使用适当、解题策略指导适宜、学科育人渗透适时四个方面分享数学当中的适合与平衡专题案例。

一、情景问题设置适切

(一) 创设适合的教学情境,提出适当的数学问题

案例:“糖水加糖变甜了”

以“糖水加糖变甜了”生活常识为背景提炼出一个数学命题,然后给出严格的数学证明。

1. 日常生活中的常识,“糖水”里有数学吗? 能提炼出数学命题吗? 能提炼出什么数学命题呢?

2. 提供了一个简单而又典型的“数学建模”过程:

① 怎样进行“变甜、变淡”状态的数学描述——用不等式

② 怎样进行“甜、淡”本身的数学描述——用浓度

③ 怎样进行“加糖”的数学描述——分子、分母同时加一个正数

已知糖 a,糖水 b,加入可以完全溶于糖水的 m 克糖,则糖一定变甜:

$a>0$，$b>0$，$m>0$ 求证：$\dfrac{a+m}{b+m}>\dfrac{a}{b}$。

建立数学模型，要求学生发掘问题的内在联系，抽象问题的本质，进而用数学语言正确表达问题实质。数学建模的过程，是学生全面思考、分析问题的过程，是培养学生思维的深刻性和创造性的必要手段。

3. 模型证明的多样性

针对上面不等式有作差法、分析法、综合法、放缩法、构造几何图形法、构造斜率法、构造函数单调性等多种证明方法，非常典型。

常规证法：求差比较法是我们证明不等式的常用方法。

下面来探究这个模型的几何背景，考虑是否能用几何的方法证明这个不等式。

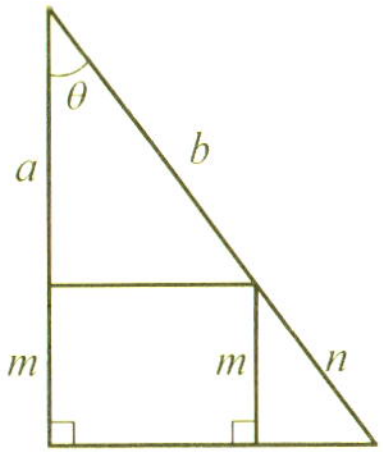

几何方法：

考虑模型的右边 $\dfrac{a}{b}$ 的形式，联想到三角函数在直角三角形中的定义，以及增量 m 可看作直角边的适当延长，观察右边的直角三角形，不难得到下面的证明：

在直角三角形中，$m<n$，得到 $\cos\theta=\dfrac{a}{b}=\dfrac{a+m}{b+n}<\dfrac{a+m}{b+m}$。

如果从模型的左边着手分析，因为 $\dfrac{a+m}{b+m}=\dfrac{a-(-m)}{b-(-m)}$，这是过两个点的直线的斜率与坐标的关系式，进而把 $\dfrac{a}{b}$ 看作过原点的直线的斜率，观察直线的倾斜程度，研究模型的正确性。

横向联系——构造斜率法

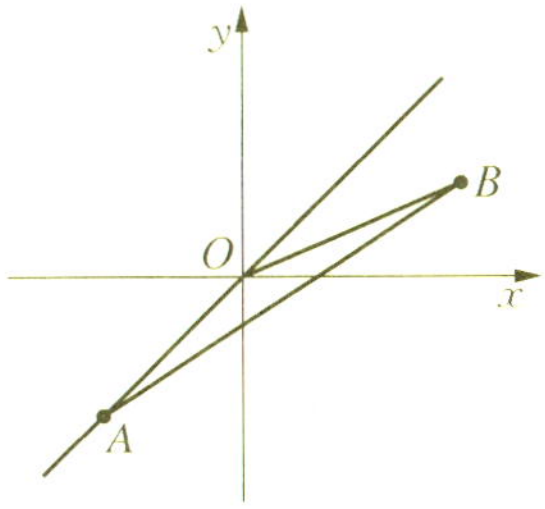

如右图，在射线 $y=x(x<0)$ 上任取一点 $A(-m,-m)$，设 $B(b,a)$，

由 $b>a>0$ 知，B 在第一象限位于直线 $y=x$ 的下方，易知：$k_{AB}>k_{OB}$，

所以：$\dfrac{a+m}{b+m}>\dfrac{a}{b}$。

采用几何方法研究模型，具有很强的直观性，模型的内在联系在几何图形中得到充分的展示。下面我们换个角度来进一步研究模型。

函数方法

对于模型的形式，如果我们简单地把两边都看成正分数，对真分数 $\frac{a}{b}(b>a>0)$ 的分子、分母同加上一个正数 m，其结果是分数变大了，这个特点不禁激起我们用函数的单调性来研究模型的欲望。

动静结合————单调函数法

设 $x\geqslant 0$，$y=f(x)=\frac{a+x}{b+x}=1+\frac{a-b}{b+x}$，则由 $0<a<b$ 得 $a-b=k<0$，所以 $f(x)$ 在 $[0,+\infty)$ 上是增函数，则当 $x=m>0$ 时，$f(m)>f(0)$，因此，$\frac{a+m}{b+m}>\frac{a}{b}$。

如果进一步对模型中 m 应满足的条件进行研究，我们发现，不等式 $\frac{a+x}{b+x}>\frac{a}{b}$ 的解集是 $(-\infty,-b)\cup(0,+\infty)$，即只需 m 在 $(-\infty,-b)\cup(0,+\infty)$ 内取值，不等式 $\frac{a+m}{b+m}>\frac{a}{b}$ 必定成立，因此利用解不等式也是证明模型的一个好的方法。

纵向联系——解不等式法

因为不等式 $\frac{a+x}{b+x}>\frac{a}{b}$ 的解集是 $(-\infty,-b)\cup(0,+\infty)$，又因为 $m\in\mathbf{R}^+$，$(-\infty,-b)\cup(0,+\infty)$ 是 $\mathbf{R}^+$ 的子集，所以当 $x=m$ 时，不等式成立，即 $\frac{a+m}{b+m}>\frac{a}{b}$ 成立。

4. 情境本身有很大的拓展空间

① 将 3 小杯浓度相同的糖水混合成一大杯后，浓度还相同。由这一情境可得等比定理：

$$\frac{a_1}{b_1}=\frac{a_2}{b_2}=\frac{a_3}{b_3}\Rightarrow\frac{a_1+a_2+a_3}{b_1+b_2+b_3}=\frac{a_1}{b_1}=\frac{a_2}{b_2}=\frac{a_3}{b_3}。$$

② 将两杯浓度不相同的糖水混合成一大杯后，大杯糖水的浓度一定比淡的浓而又比浓的淡。用数学符号语言抽象表示为：

对 $b_1>a_1>0$，$b_2>a_2>0$，有 $\frac{a_1}{b_1}<\frac{a_2}{b_2}\Rightarrow\frac{a_1}{b_1}<\frac{a_1+a_2}{b_1+b_2}<\frac{a_2}{b_2}$。

更一般地，将上面结论推广到任意 n 个分式的关系：

如果 a_i、$b_i\in\mathbf{R}^+(i=1, 2, \cdots, n)$，且 $\frac{a_1}{b_1}<\frac{a_2}{b_2}<\cdots<\frac{a_n}{b_n}$，那么 $\frac{a_1}{b_1}<\frac{a_1+a_2+\cdots+a_n}{b_1+b_2+\cdots+b_n}<\frac{a_n}{b_n}$。将条件适当减弱，可以得到这样的结论。

如果 n 个数 $\frac{a_1}{b_1}$，$\frac{a_2}{b_2}$，$\cdots$，$\frac{a_n}{b_n}$ 中最大的值为 M，最小的值为 m，有 b_1，b_2，$\cdots$，b_n 均为正数，那么 $m\leqslant\frac{a_1+a_2+\cdots+a_n}{b_1+b_2+\cdots+b_n}\leqslant M$。

③ 在一次考试后，如果按顺序去掉一些高分，那么班级的平均分将降低；反之，如果按顺序去掉一些低分，那么班级的平均分将提高。

这两个事实可以用数学语言描述为：若有限数列 a_1，a_2，$\cdots$，a_n 满足 $a_1\leqslant a_2\leqslant\cdots\leqslant a_n$，则 $\frac{a_1+a_2+\cdots+a_m}{m}\leqslant\frac{a_1+a_2+\cdots+a_n}{n}$ $(1\leqslant m<n)$，

$$\frac{a_{m+1}+a_{m+2}+\cdots+a_n}{n-m}\geqslant\frac{a_1+a_2+\cdots+a_n}{n}(1\leqslant m<n)。$$

问题③④就其内涵而言，与糖水是一致的。

④ 模型本身及模型的研究过程给了我们很多启发，对一定条件下的 $\frac{a}{b}$，分子、分母同加上一个正数，分式的值变大了，那么同减去一个比 a、b 都小的正数，分式的值应该变小了，即

1′. 如果 $0<m<a<b$，那么 $\frac{a}{b}>\frac{a-m}{b-m}$。

证明：$\because$ $0<m<a<b$，$\therefore$ $0<a-m<b-m$，由模型可知：

$\dfrac{a-m}{b-m}<\dfrac{a-m+m}{b-m+m}=\dfrac{a}{b}$。

同样的：$2'$. 如果 $b>a>0$，且 $m>n>0$，那么 $\dfrac{a+m}{b+m}>\dfrac{a+n}{b+n}$。

数学源于生活实践，最终也将应用于生活，数学的知识必将对生活中的事实给出完美的理论解释。数学的学习，缺乏了应用的意识，就失去了学习数学的意义，数学本身也失去了活力，所以，在教学过程中，必须强调应用意识。

由一个简单的不等式模型，通过对它的研究，不仅发掘了研究的许多方法，而且，从中也将不等式模型与几何、函数结合起来，使我们看到了问题之间的本质联系，也促使学生的思维从量变开始产生向质变方向转化的飞跃；模型的应用，进一步强调了数学知识和结论的应用意识；对模型的推广，虽然得到的是几个简单的结论，但对学生的发散思维乃至于创造思维的培养，起到了良好的推动作用，对学生的学习也起到了举一反三的效果。

注重知识横向和纵向的联系，把握知识、方法、思想之间的联系，置知识于系统之中，让所学知识牢不可破。

(二) 围绕既定的数学知识点问题，提问要适切

案例 1："根据 S_n 求 a_n"等差数列这个条件是否需要？

例 1: 等差数列 $\{a_n\}$ 的前 n 项的和 $S_n=n^2+2n$，写出前 3 项及通项公式。

本题是否需要等差数列这个条件？

设计意图：

(1) 等差数列的通项，还有求和都属于本题的背景知识。

(2) 在题目的解答过程中，能够培养学生等价转化、方程思想和待定系数法，另外，还能在其他情景下使用结论。

学生探索：

学生 1 指出：等差数列的条件是必需的。

这主要是由于求解过程的前提条件是等差数列，求和公式 $S_n = na_1 + \frac{n(n-1)}{2}d = \frac{d}{2}n^2 + \left(a_1 - \frac{d}{2}\right)n$

$\frac{d}{2} = 1$，$a_1 - \frac{d}{2} = 2$，解得 $a_1 = 3$，$d = 2$，于是 $a_n = 2n + 1$

学生 2 认为条件是多余的。

由 $a_1 = S_1 = 3$，及 $a_1 + a_2 = S_2$，得 $a_2 = 5$。同理，由 $S_2 + a_3 = S_3$，得 $a_3 = 7$。一般地，由 $S_{n-1} + a_n = S_n$，得 $a_n = 2n + 1$。

基于以上这些，本题的等差数列这个条件是不需要的。

例 2. 已知数列 $\{a_n\}$ 的首项为 a，前 n 项的和为 S_n 使等式 $\frac{S_{n+1}}{S_n} = \frac{n+2}{n}$ 成立，求 a_n 通项公式。

设计意图：根据"根据 S_n 求 a_n"，

由于不知道数列 a_n 的类型，因此不能求出 S_n，又由于变形后 $nS_{n+1} = (n+2)S_{n+1}$，S_{n+1} 的系数是变量，所以没法用 $S_{n+1} - S_n = a_n$，学生思路受阻，与学生实际探究水平相差很大。

此题可以用数学归纳法，但与这节课学习目标这一主题不是很吻合。也可以用累乘法，但此法对学生来说难度偏大，不贴近学生实际最近发展区邻域内(即使高三总复习难度也是较大)。

$\frac{S_2}{S_1} = \frac{3}{1}$，$\frac{S_3}{S_2} = \frac{4}{2}$，$\frac{S_5}{S_4} = \frac{5}{3}$，…，$\frac{S_n}{S_{n-1}} = \frac{n+1}{n}$，从而得到 $S_n = \frac{n(n+1)}{2}a$

根据 $S_n = \frac{(n+2)(n+1)}{2}a$，由例 1 可以知道 a_n 是等差数列

因此可以在此题中可以适当降低难度，进行重新设计：

设计 1：从条件着手，添加等差数列这个条件

设计 2：从目标着手，先求 S_n

设计 3：从解题策略指导着手，先设计一个累乘法的问题，

已知数列 $\{a_n\}$ 的首项为 a，使等式 $\dfrac{a_n}{a_{n-1}}=\dfrac{n+1}{n}(n\geqslant 2)$ 成立，求 a_n 通项公式。

从例 1 的不需要等差数列这个条件到例 2 的添加等差数列这个条件（可以不添加），但结合学生实际，提出恰当的数学问题这就需要在符合与适合之间寻找平衡。

（三）旧知复习情景引入需要适切

案例 2：等比数列前 n 项和公式推导的三种不同教学处理

方案 1：复习等差数列的前 n 项和公式推导方法——倒序相加，把等差数列转换成等比数列，启发学生能否由等差数列的前 n 项和公式推导方法联想等比数列前 n 项和公式如何推导。接下来让学生分组讨论探究，除了个别事先预习或者讨论过程中看了课本的同学，绝大多数同学都没有联想到老师希望出现的“错位相减”。

方案 2：由棋盘上的麦粒数故事，引出求和：$1+2+2^2+\cdots+2^{63}$，师生研究如何求和，通过分析和式的特点，回到等比数列的通项公式，发现前后相邻项之间有 2 倍关系，启发学生发现把和式乘以 2，变成 $2+2^2+2^3+\cdots+2^{64}$，通过两式相减抵消中间各项，得到化繁为简的目的。

通过教师的提问，再把问题适当一般化，考虑首项为 1，公比为 $q(\neq 1)$ 的等比数列的前 n 项求和问题。（教师提问：1. 求解的关键步骤是什么？2. 为什么乘以 2？乘以其他数可以吗？3. 对一般公比的等比数列，如何求其前 n 项的和？）最后研究一般的等比数列前 n 项和公式推导。

方案 3：复习等比数列的通项公式之后，师生共同探讨：

一般等比数列前 n 项和：$S_n=a_1+a_2+a_3+\cdots+a_{n-1}+a_n=?$

即 $S_n=a_1+a_1q+a_1q^2+\cdots+a_1q^{n-2}+a_1q^{n-1}=?$

在学生简短讨论之后，教师给出三种方法。

方法 1：错位相减法

$$\begin{cases}S_n=a_1+a_1q+a_1q^2+\cdots+a_1q^{n-2}+a_1q^{n-1}\\qS_n=a_1q+a_1q^2+a_1q^3+\cdots+a_1q^{n-1}+a_1q^n\end{cases}$$

$\therefore (1-q)S_n=a_1-a_1q^n$

$$S_n=\begin{cases}\dfrac{a_1(1-q^n)}{1-q} & q\neq 1\\ na_1 & q=1\end{cases}$$

方法 2：提取公比 q

$$\begin{aligned}S_n&=a_1+a_1q+a_1q^2+\cdots+a_1q^{n-2}+a_1q^{n-1}\\&=a_1+q(a_1+a_1q+\cdots+a_1q^{n-2})\\&=a_1+q(S_n-a_1q^{n-1})\end{aligned}$$

$\therefore (1-q)S_n=a_1-a_1q^n$

方法 3：利用等比定理

$$\frac{a_2}{a_1}=\frac{a_3}{a_2}=\frac{a_4}{a_3}=\cdots=\frac{a_n}{a_{n-1}}=q$$

$$\frac{a_2+a_3+\cdots+a_n}{a_1+a_2+\cdots+a_{n-1}}=q=\frac{S_n-a_1}{S_n-a_n}(1-q)S_n=a_1-a_nq$$

……

点评：这三节课是近年来较为流行的“同课异构”的一种方式，三位老师同时同校在三个班上同样一节课，课前各自备课，课后一起进行研讨，研讨后形成对该内容教学的一般看法。参与老师通过观摩或者评论，对教学内容有一个认识，对自己如何实施教学有一些启发。有比较就有鉴别，同类型的学生采用不同的处理方式，从过程到效果都可以进行比较。

就本案例的三节课而言，我们可清楚地看出，三个设计所表达的课堂教学观念的差异：

方案1从等差数列求和方法出发，企图让学生联想出等比数列求和的方法，但是两者思维方法差异过大，造成学生认识上的一个较大冲突，影响了教学的顺利推进，但这种冲突可能会给学生留下一个较为强烈的印象：等比数列与等差数列求和方法不一样。

教学者沿袭等差与等比之间类比研究的数学学习体系，忽略了等比数列作为一种与等差数列不同的特殊的数列，具有特殊的性质，用等差数列求和方法类比等比数列求和是不适合的，学生的表现也证明了这一教学设计是不适切的。

方案2从具体的情景引入，先解决特殊的问题，再逐步一般化，在解决特殊的等比数列求和问题时，力图把一般的求和方法，渗透其中，从等比数列的通项公式企图启发学生明白为什么要对原式乘以公比，学生对“错位相减”法的理解难度上要求有所降低。

方案3与前面两个方案不同之处在于用了三种方法推导等比数列前 n 项和的公式，这种设计的数学味很浓，对较为优秀的学生理解等比数列的通项公式特别是相邻项之间的关系，连续和与前 n 项和之间的关系都有所帮助，对学生思维的发散也有积极意义；而对于绝大多数同学，看到了老师的解题技巧的展示，除了欣赏美妙的解法以外，可能会对数学的奥妙有那么一些赞叹，而对理解前 n 项求和公式的“错位相减”法推导则会起到相当程度的干扰作用，容易偏离教学主题。虽说教无定法，但是设计的效果是可以比较的。

方案2是较为公认的适合的处理方案。三种处理方法产生不同的结果，如果不亲临现场观课、听课，就不会有深刻体会。顺便指出 $S_n=\begin{cases}\dfrac{a_1(1-q^n)}{1-q} & q\neq 1\\ na_1 & q=1\end{cases}$ 写法不妥，会与分段函数记号混淆，可分开来表示：

当 $q=1$ 时，$S_n=na_1$；

当 $q\neq 1$ 时，$S_n=\dfrac{a_1(1-q^n)}{1-q}$。

"同课异构"让老师直观地比较不同教学处理方式的效果，但是需要耗费较多时间准备，对场地和教学班级也有较高的要求。教师对教学环节不断尝试各种不同的处理方式需要适合数学平衡，反思比较差异点和优劣，在专家的指导下或者通过个人感悟，体会教学的奥妙，日积月累同样能够达到提高教学水平的效果。

案例3：等比数列新课

如教学"等比数列"一节内容时，设计了如下一道练习：把一张正方形纸对折，再对折，然后在折叠着的角上剪一刀，就在纸的中间剪出了一个洞（如右图所示）。

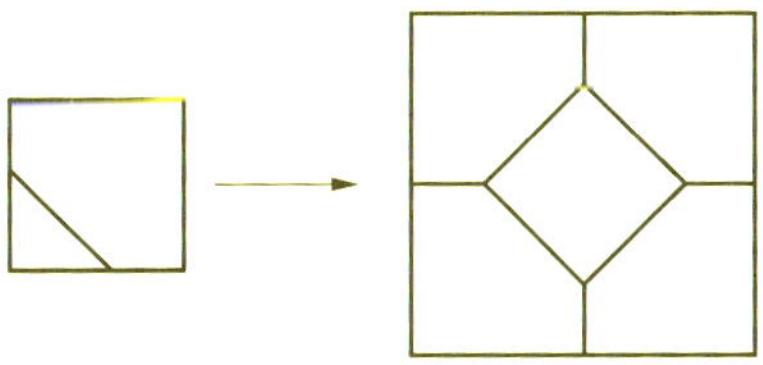

如果照上面的方法对折10次后，在折叠着的角上剪一刀，能剪出多少个洞？该题一出示，一下子就把学生的积极性调动起来了：有的用笔在纸上试画，找规律，但画到对折4次的情形时，就有点困难了；有的干脆用纸折叠10次，再剪一刀，但折叠7次时，就不是一件简单的事情了。怎么办？这一问题虽难，但使学生感到"新奇"，产生了非揭开"奥秘"不可的强烈探求欲望。最终，有学生从简单情形入手，用纸剪出几种特殊的简单情况，再去找规律，得出共有$2^8=256$个洞。通过这样的情境设置学生不仅可以轻松愉快地学习到知识而且可以充分调动他们的学习积极性，有效的发展思维，培养创新能力。在充满民主气氛的课堂上，优等生得到提高，后进生受到带动，双方相互配合，相互启迪，相得益彰。学生许多见解和问题，常常是教师事先没有想过的或是想不到的。这样一来，教师也得到提高。如果老师没有民主的意识，不让学生发表自己的见解，往往就会挫伤学生创新的积极性。应该注意的是，教学中教师对学生的学习指导必须有个"度"，这个"度"就定在"激趣、启思、导向"上，至于新知识"新"在什么地方，它与原有知识有什么联系与区分，怎样运用原有知识来学习新知识，什么是新知识，新知识学来有什么用等具体问题，就需要学生在老师的引导下去主动探索，通过自身的努力自己解答这些问题，老师决不能越俎代庖。

（四）利用旧问题，延伸、联想与变式要适合

案例：因为正弦，所以两解？

在一次调研活动中，听了几节课，其中遇到这样一个案例问题：

已知：在 $\triangle ABC$ 中，$a=AC=3$，$c=AB=3\sqrt{2}$，$\angle A=30^\circ$，求 b 的值。

师生共探：两边一对角，用正弦定理得：$\frac{a}{\sin A}=\frac{c}{\sin C}$，

$\therefore \sin C=\frac{\sqrt{2}}{2}$。

根据正弦的值求角，因为 $y=\sin x$，$x\in(0,\pi)$ 不单调，所以有 C 两解，

所以 $\angle C_1=\frac{\pi}{4}$，$\angle C_2=\frac{3\pi}{4}$，从而得到对应的有 B 两解，$\angle B_1=\frac{5\pi}{12}$，$\angle B_2=\frac{\pi}{12}$。

再用正弦定理 $\frac{b}{\sin B}=\frac{a}{\sin A}$，求出 $b=\frac{3\sqrt{6}\pm 3\sqrt{2}}{2}$。

探讨话题：学生说根据 $y=\sin x$，$x\in(0,\pi)$ 的性质，$\sin x=a$，$a\in(0,1)$，所以 x 有两解。这里需要探讨的是到底什么原因引起此三角形有两解？

问题 1：产生两解的真正原因是什么？

首先：产生两解的真正原因是点 C 的位置不确定引起的。

作图过程如下：

第一步：根据 $\angle A=30^\circ$，可以自己任意画一个大小为 30° 的角，角的顶点记做 A，这样点 A 的位置就确定了；

第二步：在 $\angle A$ 的一条边 m 上截取 $AB=3\sqrt{2}$，这样点 B 的位置

就确定了；

第三步：由于过点 B 作 $\angle A$ 的另一条边 n 的距离等于 $3\sqrt{2}\sin 30^\circ=\frac{3}{2}\sqrt{2}<3$，所以以点 B 为顶点，以 3 为半径，画圆弧，与边 n 有两个交点 C_1，C_2，所以三角形图形不唯一确定，有两个 $\triangle ABC_1$ 和 $\triangle ABC_2$，所以两解。

根据以上三个步骤，得到图形如下：

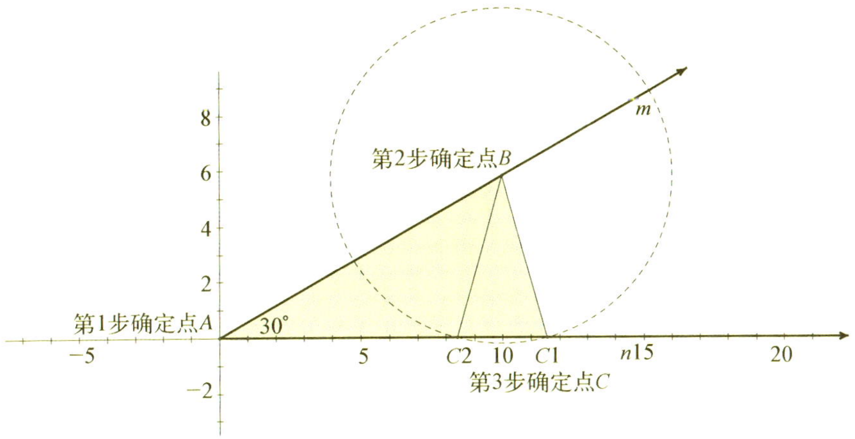

此题涉及三边一角问题，可以用余弦定理去求解。由余弦定理，建立起关于目标变量 b 的一元二次方程，通过方程解的个数确定三角形解的个数。

$$a^2=b^2+c^2-2bc\cos A,\ \therefore\ b^2-3\sqrt{6}b+9=0,\ \therefore\ b=\frac{3\sqrt{6}\pm 3\sqrt{2}}{2}$$

此类问题是 SSA 型（两边一对角），与初中平面几何“两组对边与其中的一个对角对应相等”（简称 SSA）。初中平面几何“两组对边与其中的一个对角对应相等”不能作为判定三角形全等的定理，但是当角等于直角时，又是可以作为判定三角形全等的定理（简称 HL）。除了初中平面几何介绍的证明方法外，还可以从解方程角度去解释这样的解斜三角形是唯一的。

此题可以适当开发成变式研究题，形成新的数学问题。

在 $\triangle ABC$ 中，当 $a=AC$，$c=AB$，$\angle A\geqslant 90^\circ$ 时，由正弦定理知 $\sin C=\frac{c}{a}\sin A<1$，$\because A\geqslant\frac{\pi}{2}$，$\therefore C\in\left(0,\ \frac{\pi}{2}\right)$，$\therefore \angle C$ 唯一解，由此得出 $\angle B$ 唯一解。

最后，此题可以作如下变式研究：

(1) 已知：在 $\triangle ABC$ 中，$a=AC=3$，$c=AB=3\sqrt{2}$，$\angle A=\theta$，当三角形有两解时，求 θ 的取值范围；

(2) 已知：在 $\triangle ABC$ 中，$a=AC=3$，$c=AB=m$，$\angle A=30^\circ$，当三角形只有一解时，求 m 的取值范围。

从上述案例我们还看到，数学教学备课时，适合数学情境围绕既定的数学知识点，具有科学性、探究性、趣味性和最近发展区，贴近学生的认知最近发展区，注重教学实效，把握数学本质，诱发认知冲突上寻找平衡，在自己的教学实践中不断思考、不断尝试各种变化、不断积累自己的教学经验。

二、媒体技术使用适当

《普通高中数学课程标准》2017 版指出："数学课程的设计与实施应重视运用现代信息技术，特别要充分考虑计算器、计算机对数学学习内容和方式的影响，大力开发并向学生提供更为丰富的学习资源，把现代信息技术作为学生学习数学和解决问题的强有力工具，致力于改变学生的学习方式，使学生乐意并有更多的精力投入到现实的、探索性的数学活动中去。"

布鲁纳在《教育过程》中指出："教学的主导者是教师，而不是教学装置。"教师应根据时代特点对教材内容作些补充，使课件所展示的教学信息更加适合学生的发展学习，活化教材中的图片和文字，拓展学生的视野，更好地展现知识的形成过程，从而达到更为理想的教学效果服务。

教师所选取的教学方法是为教学服务的，以达到教学目的为最终目标。比如在讲到椭圆的画法及定义时，可以采用计算机辅助教学的方法，利用计算机软件绘图的特性动态地把椭圆画出来让学生通过观察，并给出椭圆的定义。也可以采用传统的教学方法，实际上老师在数学课上用一根绳、两个图钉，就能非常直观地画出椭圆，并由此很方便地导出椭圆的定义。从中可以看出，传统方法倒是显得简单、有效。

教学进程中每个步骤的时间，适时、适度地发挥多媒体的辅助作用，如在新旧知识的连接点，教学重点和难点处，学生思维转变处、困惑处使多媒体真正与数学教学融为一体。现代教育技术作为一种辅助手段进入课堂，可以丰富课堂教学形式，调动学习者的学习情绪，从多角度刺激学习者的感官，激活其思维以提高学习及教学效率。但要注意，数学课一定要根据教学内容认真考虑有无必要用、用什么、怎么用、何时用现代教育技术手段的问题。

我多年来在现代信息技术运用和图形计算器有一定的研究和探索。

2002 年 4 月区级课题《几何画板支持下的中学数学实验教学模式的研究与实践》；

在上海市教育委员会教研室年度手持技术 TI 图形计算器教学应用研究教师解决问题评选中，也取得了一定的成绩。

2008 年 4 月课例《对递增函数与递减函数的和函数的单调性的分界点的一点研究》二等奖；

2009 年 3 月“研究曲线 $ax^m+by^m=1$ 的性质”二等奖；

2011 年 6“三角函数 $f(x)=\sin^n(x+\alpha)+\cos^n(x+\beta)$ 奇偶性的研究”一等奖；

2016 年糖果曲线——共焦点的椭双抛曲线三等奖；

2018 年利用图形计算器探究三角函数的最小正周期二等奖。

（一）利用 TI 图形计算器探究

学习过程中需要着力培养学生的空间想象和逻辑推理的能力，不能只为了追求学生的成绩而一味地完成教学任务。需要学生付出自己的努力，教师在进行教学设计时，要合理安排。

案例 1：关于原函数与反函数交点问题的讨论

在以往教学中，对原函数与反函数的交点问题，认为两曲线有交点时，其交点必须在直线 $y=x$ 上，事实上这是错误的，如函数 $f(x)=\sqrt{7-3x}$ 与反函数 $f^{-1}(x)=\frac{1}{3}(7-x^2)(x\geqslant 0)$ 有三个交点 $A\left(\frac{\sqrt{37}-3}{2},\ \frac{\sqrt{37}-3}{2}\right)$，$B(1,\ 2)$，$C(2,\ 1)$，显然只有点 A 在直线 $y=x$ 上，而 B、C 两点关于直线 $y=x$ 对称，以上结论的获得，只有通过 TI 图形计算器作出其图像，通过观察分析得出有三个交点，然后再用初等方法加以求解，因此，TI 图形计算器在探究问题的解决时，起了重要的作用。

案例 2：坐标轴的旋转

对函数 $y=x+\frac{1}{x}$ 的图像及性质问题不少资料上都是研究该函数的最值及其单调性，在研究上都是其示意图，但不少示意图画的是错误的，这就要研究 $y=x+\frac{1}{x}$ 的图像到底是什么？这是一个探索研究的问题，利用 TI 图形计算器进行坐标轴的旋转，可知该函数的图像是双曲线，存在两条渐近线 $x=0$ 和直线 $y=x$，其顶点不是 $y=x+\frac{1}{x}$ 的最值点，而是与直线 $y=\tan(67.5^\circ)x$ 的交点。

下面是一等奖的简单案例介绍：

三角函数是描述客观世界中周期性变化规律的重要数学模型，在数学和其他领域中具有重要作用，它是学生在高中阶段学习的一类重要的基本初等函数。本节课研究的内容是建立在我们用纯代数推理方法研究了三角函数 $f(x)=\sin(x+\alpha)$ 和 $g(x)=\cos(x+\beta)$ 奇偶性的基础上，对问题进行深化、推广，借助 TI－83 Plus 图形计算器，通过一些特殊的例子，结合函数图像来研究 $f^n(x)+g^n(x)=\sin^n(x+\alpha)+\cos^n(x+\beta)$ 的奇偶性。

研究目标：

1. 从三个角度：(1) $\alpha+\beta=\frac{\pi}{2}$，(2) $\alpha-\beta=\frac{\pi}{2}$，(3) $\alpha-\beta=-\frac{\pi}{2}$ 研究 $f(x)=\sin^n(x+\alpha)+\cos^n(x+\beta)(n\in\mathbf{N}^*)$ 的奇偶性；

2. 借助 TI－83 Plus 图形计算器，通过一些特殊的例子，结合函数图像，猜想相应的结论，并给出理论证明。通过将原始问题逐步深化、推广，经历从特殊到一般的研究过程，提高抽象能力

问题提出：

我们用纯代数推理方法研究过函数 $f(x)=\sin(x+\alpha)$ 和 $g(x)=\cos(x+\beta)$ 的奇偶性：

当 $\alpha=k\pi$，$k\in\mathbf{Z}$ 时，$f(x)$ 是奇函数；当 $\alpha=k\pi+\frac{\pi}{2}$，$k\in\mathbf{Z}$ 时，$f(x)$ 是偶函数；

当 $\beta=k\pi$，$k\in\mathbf{Z}$ 时，$g(x)$ 是偶函数；当 $\beta=k\pi+\frac{\pi}{2}$，$k\in\mathbf{Z}$ 时，$g(x)$ 是奇函数。

那么，$f(x)+g(x)=\sin(x+\alpha)+\cos(x+\beta)$ 的奇偶性如何呢？

研究角度一：$\alpha+\beta=\frac{\pi}{2}$，$n\in\mathbf{N}^*$，$f^n(x)+g^n(x)$的奇偶性

$f^n(x)+g^n(x)=\sin^n(x+\alpha)+\cos^n(x+\beta)(n\in\mathbf{N}^*)$ 的奇偶性和 n、α、β 之间的数量关系又如何呢？

解析：

首先研究 $n=1$ 时，$f^n(x)+g^n(x)=\sin^n(x+\alpha)+\cos^n(x+\beta)$

的奇偶性。

我们可以利用 TI－83 Plus 图形计算器得到 α，β 取不同值时相应的函数图像，来判定 $f(x)+g(x)$ 的奇偶性。

$\alpha=\dfrac{\pi}{3}$，$\beta=\dfrac{\pi}{6}$，$f(x)+g(x)$ 的偶函数

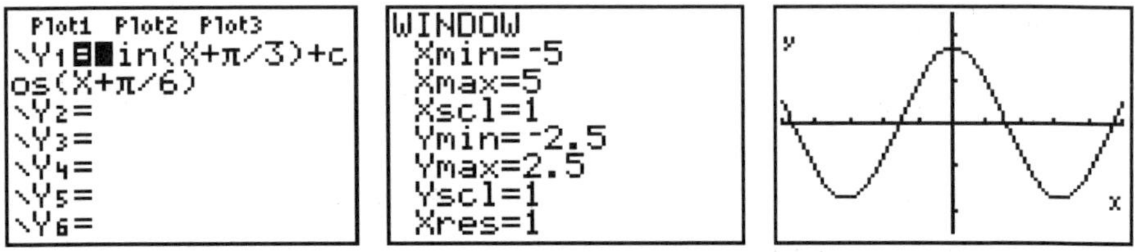

猜想：$\alpha+\beta=\dfrac{\pi}{2}$，$f(x)+g(x)$ 是偶函数

理论证明（略）。

接着研究 $n\geqslant 2$，$n\in\mathbf{N}^*$ 时，$f^n(x)+g^n(x)=\sin^n(x+\alpha)+\cos^n(x+\beta)$ 的奇偶性

利用 TI－83 Plus 图形计算器得到在 $\alpha+\beta=\dfrac{\pi}{2}$ 的前提下，α，β，n 取某些特殊值时相应的函数图像。

$\alpha=\dfrac{\pi}{3}$，$\beta=\dfrac{\pi}{6}$，$f^2(x)+g^2(x)$ 是偶函数，$f^3(x)+g^3(x)$ 是偶函数

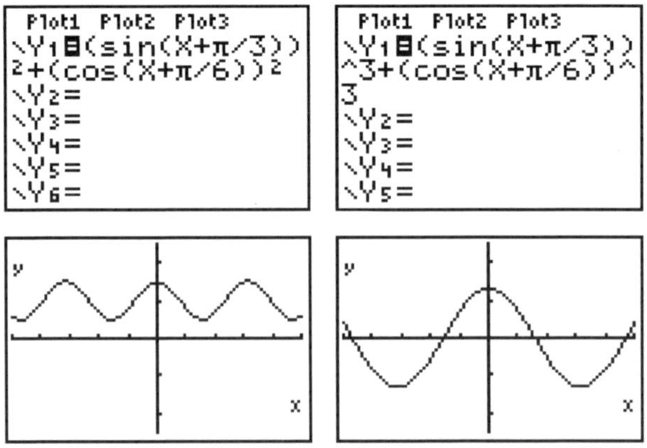

猜想：$\alpha+\beta=\frac{\pi}{2}$，$n\in \mathbf{N}^*$ 时，$f^n(x)+g^n(x)$ 是偶函数

理论证明（略）。

研究角度二：$\alpha+\beta=-\frac{\pi}{2}$，$n\in \mathbf{N}^*$，$f^n(x)+g^n(x)$ 的奇偶性

利用 TI－83 Plus 图形计算器得到在 $\alpha+\beta=-\frac{\pi}{2}$ 的前提下，α，β，n 取某些特殊值时相应的函数图像

$\alpha=-\frac{\pi}{3}$，$\beta=-\frac{\pi}{6}$，

$f(x)+g(x)$ 是奇函数　　$f^2(x)+g^2(x)$ 是偶函数　　$f^3(x)+g^3(x)$ 是奇函数

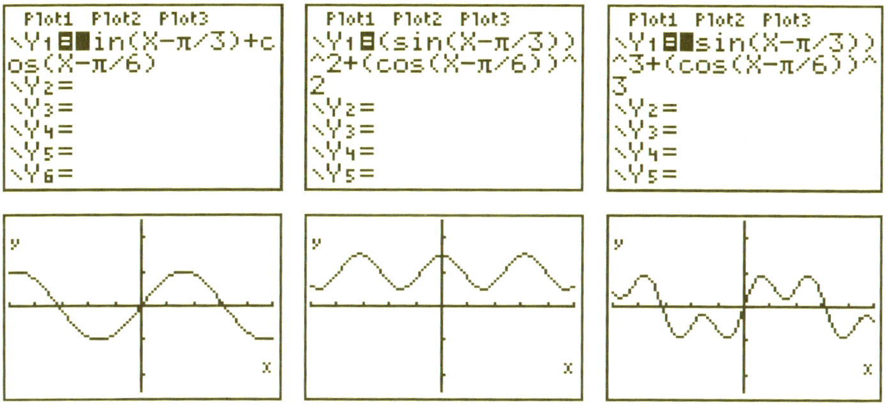

$\alpha=-\frac{\pi}{6}$，$\beta=-\frac{\pi}{3}$，

$f(x)+g(x)$ 是奇函数　　$f^3(x)+g^3(x)$ 是奇函数

$f^4(x)+g^4(x)$ 是奇函数

猜想：$\alpha+\beta=-\frac{\pi}{2}$，$n\in \mathbf{N}^*$ 时，n 是奇数，$f^n(x)+g^n(x)$ 是奇函数

n 是偶数，$f^n(x)+g^n(x)$ 是偶函数

理论证明(略)。

研究角度三：$\alpha-\beta=-\dfrac{\pi}{2}$，$n\in\mathbf{N}^*$，$f^n(x)+g^n(x)$ 的奇偶性

$\alpha=-\dfrac{\pi}{3}$，$\beta=\dfrac{\pi}{6}$，

$f(x)+g(x)$ $f^2(x)+g^2(x)$ $f^3(x)+g^3(x)$

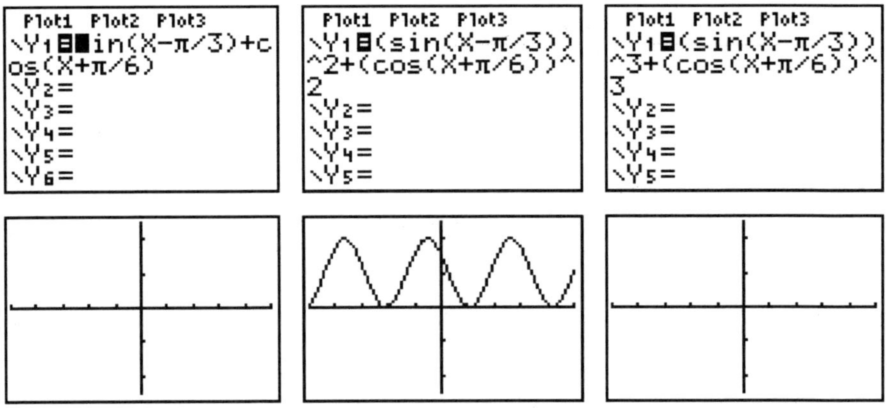

由此猜想：

当 n 奇数时，$f^n(x)+g^n(x)$ 既是奇函数又是偶函数；

当 n 偶数时，$f^n(x)+g^n(x)$ 是非奇非偶函数。

理论证明(略)。

总之结论：

1. $\alpha+\beta=\dfrac{\pi}{2}$，$n\in\mathbf{N}^*$ 时，$f^n(x)+g^n(x)$ 是偶函数
2. $\alpha+\beta=-\dfrac{\pi}{2}$，$n\in\mathbf{N}^*$ 时，n 是奇数，$f^n(x)+g^n(x)$ 是奇函数
$\alpha+\beta=-\dfrac{\pi}{2}$，$n\in\mathbf{N}^*$ 时，n 是偶数，$f^n(x)+g^n(x)$ 是偶函数

3. $\alpha-\beta=-\frac{\pi}{2}$，$n\in\mathbf{N}^*$ 时，n 奇数，$f^n(x)+g^n(x)$ 既是奇函数又是偶函数　　$g^n(x)$ 是偶函数　　$g^n(x)$ 是非奇非偶函数

$\alpha-\beta=-\frac{\pi}{2}$，$n\in\mathbf{N}^*$ 时，n 偶数，$\alpha=\frac{k\pi}{2}$，$k\in\mathbf{Z}$，$f^n(x)+$

$\alpha\neq\frac{k\pi}{2}$，$k\in\mathbf{Z}$，$f^n(x)+$

1. 问题的价值

本问题虽不是教材上出现的内容，但这一问题的研究并没有脱离教材，它既涉及高中数学“三角函数”，又涉及“函数与函数图像”，研究的方法也是高中数学研究函数性质的方法。

在新问题探索的过程中，借助 TI 图形计算器研究 α，β，n 取某些特殊值时的一些具体函数图像，体验数与形的完美结合，同时也促使学生将原始问题逐步深化、推广，经历从特殊到一般的研究过程，提高抽象能力，最终看到了问题之间的本质联系。

2. 问题的难点

研究角度的选取是这个问题的一个难点。α，β，n 三者对函数 $f^n(x)+g^n(x)=\sin^n(x+\alpha)+\cos^n(x+\beta)$ 的奇偶性的影响非常复杂，我们选取三个特殊的角度对问题进行研究，当然，除此之外还有其他更为复杂的结论。

3. 问题解决的体会

在本节课的教学过程中，着重突出数形结合，分类讨论，让学生经历从特殊到一般的数学研究的历程，深刻体会到只有把握住图形才能把握住一个函数的整体情况。这样的学习有助于提高运用几何思想、把握图形的能力，提高学生的抽象能力。

在学习过程中，结合已学的知识进行新的探索，开展研究性学习活动。根据要研究的参数不同的取值，作出各种不同的图像，让学生通过观察、分析、比较得出结论。利用 TI 图形计算器验证，有利于学生进行自主学习和探究性学习活动，改变学习方式。不但

提高了学生的直觉思维、形象思维能力，而且提高了学生的抽象概括能力，同时，让学生在获取知识时，也获得了获取知识的思维途径和方法。

（二）使用《几何画板》组织教学

曲线和方程的对应关系比较抽象，学生不易理解，显而易见，展示几何图形变形与运动的整体过程在解析几何教学中是非常重要的。这样，《几何画板》又以其极强的运算功能和图形图像功能在解析几何的教与学中大显身手。如它能作出各种形式的方程（普通方程、参数方程、极坐标方程）的曲线；能对动态的对象进行“追踪”，并显示该对象的“轨迹”；能通过拖动某一对象（如点、线）观察整个图形的变化来研究两个或两个以上曲线的位置关系。

具体地说，比如在讲平行直线系 $y = x + b$ 或中心直线系 $y = kx + 2$ 时，如图 6 所示，分别拖动图（1）中的点 A 和图（2）中的点 B 时，可以相应的看到一组斜率为 1 的平行直线和过定点（0，2）的一组直线（不包括 y 轴）。再比如在讲椭圆的定义时，可以由“到两定点 F_1、F_2的距离之和为定值的点的轨迹”入手——如图 7，令线段 AB 的长为“定值”，在线段 AB 上取一点 E，分别以 F_1 为圆心、AE 的长为半径和以 F_2 为圆心、AE 的长为半径作圆，则两圆的交点轨迹即满足要求。先让学生猜测这样的点的轨迹是什么图形，学生各抒已见之后，老师演示图 7(1)，学生豁然开朗：“原来是椭圆”。这时

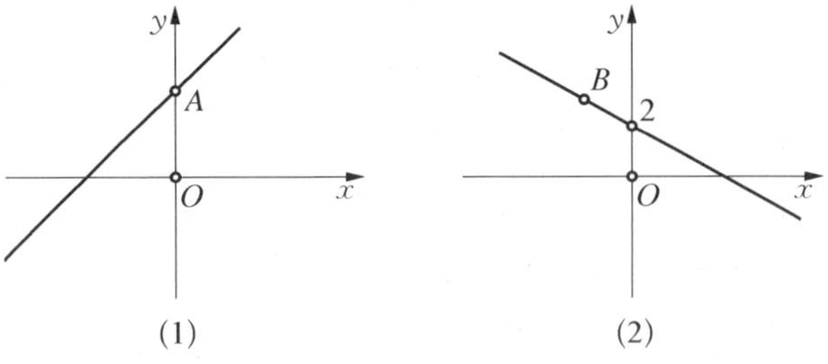

图 6

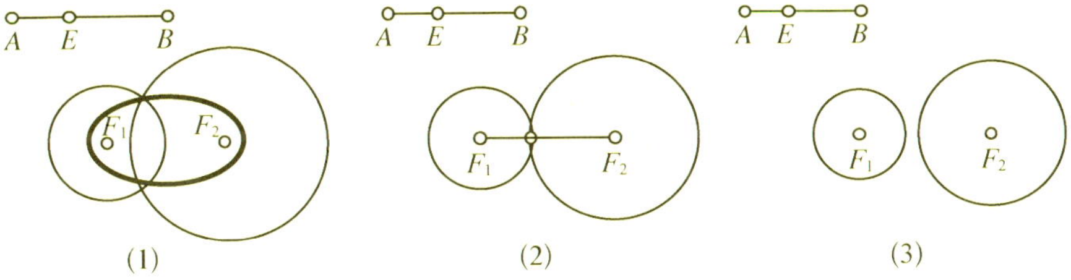

图 7

老师用鼠标拖动点 B（即改变线段 AB 的长），使得 $|AB|=|F_1F_2|$，如图 7(2)，满足条件的点的轨迹变成了一条线段 F_1F_2，学生开始谨慎起来并认真思索，不难得出图 7(3)（$|AB|<|F_1F_2|$ 时）的情形。通过这个过程，学生不仅能很深刻地掌握椭圆的概念，也锻炼了其思维的严密性。

综上所述，使用《几何画板》进行数学教学，通过具体的感性的信息呈现，能给学生留下更为深刻的印象，使学生不是把数学作为单纯的知识去理解它，而是能够更有实感地去把握它。这样，既能激发学生的情感、培养学生的兴趣，又能大大提高课堂效率。

在讲锥体的体积时，可以演示将三棱柱分割成三个体积相等的三棱锥的过程（如下图），既避免了学生空间的想象而难以理解，又锻炼了学生用分割几何体的方法解决问题的能力。

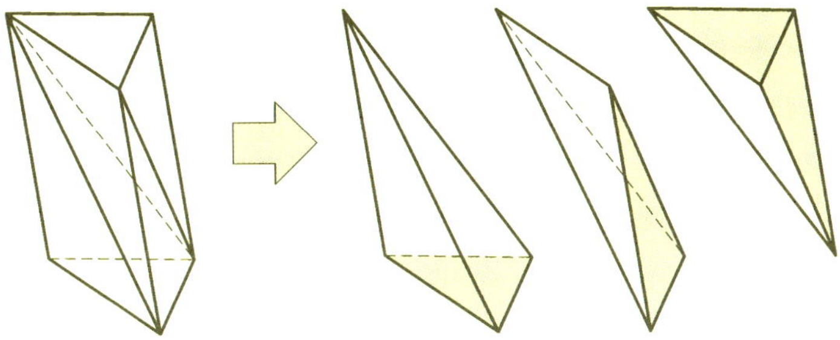

三、解题策略指导适宜

学生在数学解题过程中需要进行精准的判断，善于利用所学的知识、善于利用联想的思维来构建解题策略，将目标问题转化为实际所学知识的桥梁。

教师不仅仅自己会解题，更需要掌握数学习题解题教学策略，利用适当的方法进行引导、将教学中遇到的一些适合的数学问题挖掘生成为新的、为教学所用的资源。

因此数学解题教学中在以下三个步骤教师要重视并予以适度指导：

第一，新问题分析呈现信息。对已知条件和问题进行范围定位，弄清解决问题需用到哪些知识，并以符号、图式、图像等呈现。

第二，匹配寻找相似源问题。在大脑中搜寻与该题有相似度的已解题，包括求解的问题相似、条件相似，在新问题与源问题中找到适合的解题思路，从中回忆出当时的解题经验看能否用于这里，一直到相匹配为止。

第三，两边夹分步实施。一个方向是从问题出发，采用演绎的方式，逐步找寻问题解决所需要的条件，直到由阅读所获得的已知条件；另一个方向是从已知条件出发，作一些思考重新审视条件，如：能否将条件图表化？能否换个说法？

（一）同宗同源一脉相承的高考压轴题

“我待数列如初恋，可它虐我千百遍”是中学生对数列学习的调侃词。“学了那么多方法，刷了那么多题型，倒数第 2 题的数列最值证明题还是不会做，不知从哪个角度去思考，无法找到切入口。”这是很多参加 2015 年上海数学高考学生的原话或大致意思，那么觉得这个数列难的原因有哪些？课堂教学中数列的最值应该从哪些方面去关注？首先要知道数列的最值是如何定义的？（教材中没有明确定义过）

在数列 $\{a_n\}$ 中，若存在 $m \in \mathbf{N}^*$，对任意的 $n \in \mathbf{N}^*$ 都有 $a_m \geqslant a_n$ 恒成立，则 a_m 为数列 $\{a_n\}$ 中的最大项；若存在 $t \in \mathbf{N}^*$，对任意的 $n \in \mathbf{N}^*$ 都有 $a_t \leqslant a_n$ 恒成立，则 a_t 为数列 $\{a_n\}$ 中的最小项。

一般而言，对于数列$\{a_n\}$，设集合A是一些相邻正整数构成的集合，有以下两个命题：

命题一："对于任意n，$n+1\in A$，有$a_n<a_{n+1}$"。

命题二："对于任意s，$t\in A$，若$s<t$，有$a_s<a_t$"。

我们可以证明这两命题等价，证明如下：

若命题一成立，则对于任意s，$t\in A$，若$s<t$，可设$t=s+m$，$m\in\mathbf{N}^*$，因为集合A是一些相邻正整数构成的集合，可知s，$s+1$，$s+2$，…，$s+m\in A$，由命题一，可知$a_s<a_{s+1}<a_{s+2}<\cdots<a_{s+m}$，得$a_s<a_{s+m}$，即$a_s<a_t$，所以命题二成立。

若命题二成立，则对于任意s，$t\in A$，取$s=n$，$t=n+1\in A$，显然$n<n+1$，则有$a_n<a_{n+1}$，所以命题一成立。

由此，对于数列$\{a_n\}$这一特殊的函数，我们可以得到"在由相邻正整数构成的集合A中，当且仅当对于任意n，$n+1\in A$，有$a_n<a_{n+1}$时，数列$\{a_n\}$在集合A上是递增的"这一结论。同样可以证明，"在由相邻正整数构成的集合A中，当且仅当对于任意n，$n+1\in A$，有$a_n>a_{n+1}$时，数列$\{a_n\}$在集合A上是递减的"。

我们不妨将"对于任意n，$n+1\in A$时有$a_n<a_{n+1}$，数列$\{a_n\}$在集合A上是递增的"和将"对于任意n，$n+1\in A$时有$a_n>a_{n+1}$，数列$\{a_n\}$在集合A上是递减的"看作数列单调性的"第二定义"。

事实上在具体解决数列单调性问题的过程中，这个"第二定义"用的更多，这是因为相比较于一般函数单调性的定义，在数列这种离散函数中，这一定义的运用常常可以简化证明过程。

翻阅众多教学复习资料和数学教学杂志，总结介绍有关数列最值的文章基本上归纳为以下两大类：一是求数列$\{a_n\}$通项的最大项（或最小项）；二是求数列前n项和S_n的最值。无论哪类最值，题目类型都是直接（或间接可以求出）给出具体通项公式，基本套用以下的两个思维路径模式可以解决问题：

路径一：从函数的角度，类比函数求最值方法去求数列最值。

如求 $a_n=n+\frac{2}{n}$，$n\in\mathbf{N}^*$ 的最值，只需研究 $y=f(x)=x+\frac{2}{x}$，$x\in\mathbf{R}^+$ 的单调性，然后根据 (n, a_n) 是函数 $y=f(x)$ 图像上的孤立点（如图所示）这一特性，可以求出数列的最小值是 $a_1=a_2=3$。（数列是一类特殊的函数，由于自变量具有离散性，使得在处理其性质如单调性方面，在方式上与自变量具有连续性特征的函数不一定相同，这个函数最小值是 $2\sqrt{2}$。）

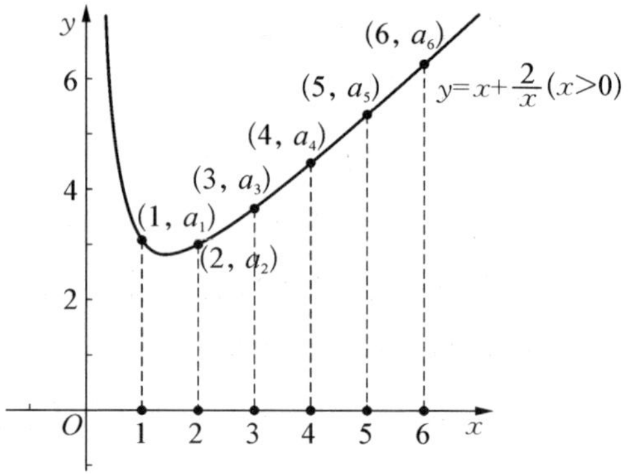

路径二：解不等式组 $\begin{cases}a_n\geqslant a_{n+1}\\a_n\geqslant a_{n-1}\end{cases}$ 可以求出符合条件的 n_0，从而求出 $\{a_n\}$ 中的最大项 a_{n_0}；解不等式组 $\begin{cases}a_n\leqslant a_{n+1}\\a_n\leqslant a_{n-1}\end{cases}$ 可以求出符合条件的 t_0，从而求出 $\{a_n\}$ 中的最小项 a_{t_0}。

例如求 $a_n=\left(\frac{9}{10}\right)^n(n+1)$ 的最大项，可以作差 $a_{n+1}-a_n=\left(\frac{9}{10}\right)^n\cdot\frac{8-n}{10}$，

所以当 $1\leqslant n\leqslant 8$ 时，$a_{n+1}>a_n$，$\therefore a_1<a_2<\cdots a_8$，$a_{n+1}<a_n$，$\therefore a_9>a_{10}>\cdots>a_n$，

$\therefore n=8$，$a_8=a_9=(a_n)_{\max}$。

在教师、学生中的眼里，感觉用过以上两个思路似乎可以对付所有的数列最值题，其实并非如此。请看 2015 年上海数学高第 22 题的第(2)、(3)小题：

已知数列 $\{a_n\}$ 与 $\{b_n\}$ 满足 $a_{n+1}-a_n=2(b_{n+1}-b_n)(n\in\mathbf{N}^*)$。

(2) 设 $\{a_n\}$ 的第 n_0 项是最大项，即 $a_{n_0}\geqslant a_n$，求证：数列 $\{b_n\}$ 的第 n_0 项也是最大项。

(3) 设 $a_1=\lambda<0$，$b_n=\lambda^n$，求 λ 的取值范围，使得 $\{a_n\}$ 的最大值 M 和最小值 N 满足 $\dfrac{M}{N}\in(-2,\ 2)$。

分析：第 2 问从题目所给的已知条件去分析，显然题目是属于没有给出具体通项公式的类型，是双数列递推型，属于从没复习过的类型。用常规的两个思考路径去解决是失效的，这也是学生感到难的两个原因。其次学生心理素质差，遇到新题就怕，不会沉着冷静先看第 3 问。其实第 3 问是常规题，首先通过累加法可以求出通项，然后从函数的角度去求最值。第 3 问具体的数列的解答方法会给第 2 问抽象的数列问题带来思维的启迪。

其实要解决这个问题，首先得从数列最大值的定义上去分析，目标 $\{b_n\}$ 的第 n_0 项是最大项的数学符号怎么表示？怎么将与所给条件 $\{a_n\}$ 的最大项第 n_0 项联系起来？也就是建立起 b_n 与 a_n 的函数表达式 $b_n=f(a_n)$。

学生对满足以下这些题型是熟悉的：

(1) 若 $a_1=d$，$a_{n+1}-a_n=d$，学生会求通项公式，但通项怎么来的原理未必人人知道。

(2) 若 $a_1=d$，$a_{n+1}-a_n=d(n)$，知道等差数列通项推导公式来龙去脉的同学会用累加法去求出 a_n。

$a_n-a_1=(a_n-a_{n-1})+(a_{n-1}-a_{n-2})+\cdots+(a_2-a_1)=f(n-1)+f(n-2)+\cdots+f(1)$。这思路恰好是问题 3 的结构，就是用累加法求出数列 $\{a_n\}$ 的通项公式：$a_{n+1}-a_n=2(\lambda^{n+1}-\lambda^n)\Rightarrow a_n=2\lambda^n-\lambda$。本题给的条件 $a_{n+1}-a_n=2(b_{n+1}-b_n)$ 左右都是差分模型，所以两边只要用累加法建立起 b_n 与 a_n 的关系式即可。

设 $a_{n+1}-a_n=2(b_{n+1}-b_n)=f(n)$

$$\begin{aligned}a_n-a_1&=(a_n-a_{n-1})+(a_{n-1}-a_{n-2})+\cdots+(a_2-a_1)\\&=f(n-1)+f(n-2)+\cdots+f(1)\end{aligned}$$

$$\begin{aligned}2(b_n-b_1)&=2[(b_n-b_{n-1})+(b_{n-1}-b_{n-2})+\cdots+(b_2-b_1)]\\&=f(n-1)+f(n-2)+\cdots+f(1)\end{aligned}$$

所以 $b_n=\frac{a_n+2b_1-a_1}{2}$，很显然 b_n 是以 a_n 为自变量的一次单调递增函数，所以当 $a_{n_0}\geqslant a_n(n\in\mathbf{N}^*)$ 时必有 $\frac{a_{n_0}+2b_1-a_1}{2}\geqslant\frac{a_n+2b_1-a_1}{2}$，即 $b_{n_0}\geqslant b_n$，所以数列 $\{b_n\}$ 的第 n_0 项是最大项。类比可以研究如下数列：

例 1： 已知正数列 $\{a_n\}$ 与 $\{b_n\}$ 满足 $\frac{a_{n+1}}{a_n}=k\frac{b_{n+1}}{b_n}(k\neq 0)(n\in\mathbf{N}^*)$。当 $\{a_n\}$ 的第 n_0 项是最大项，即 $a_{n_0}\geqslant a_n$，求数列 $\{b_n\}$ 的最值。

分析：类比等比数列，可以用累乘法得到 $b_n=k\frac{b_1}{a_1}a_n$。

当 $k>0$ 时，$b_n=k\frac{b_1}{a_1}a_n\leqslant k\frac{b_1}{a_1}a_{n_0}$，所以数列 $\{b_n\}$ 在 n_0 项是最大项，是 $k\frac{b_1}{a_1}a_{n_0}$。

当 $k>0$ 时，$b_n=k\frac{b_1}{a_1}a_n\geqslant k\frac{b_1}{a_1}a_{n_0}$，所以数列 $\{b_n\}$ 在 n_0 项是最小项，是 $k\frac{b_1}{a_1}a_{n_0}$。

2008 年上海春考 21(3)就是 2015(2)这题的影子，可谓一脉相承。为了说明这问题简单，把原题改编如下：

例 2： 已知数列 $\{a_n\}$ 与 $\{b_n\}$ 满足 $b_n=a_{n+1}-a_n$，数列 $\{b_n\}$ 是单调递增的，若正整数 $1\leqslant m<n<p<q$ 满足 $m+q=n+p$，求证：$a_q+a_m>a_n+a_p$。

证明：$\because 1\leqslant m<n<p<q$，$\therefore q-p=n-m>0$。 ①

用累加法：$a_q-a_p=a_q-a_{q-1}+a_{q-1}-a_{q-2}+\cdots+a_{p+1}-a_p$。 ②

$=b_{q-1}+b_{q-2}+\cdots+b_q>(q-p)b_p$（因为 $\{b_n\}$ 递增数列）。 ③

同理 $a_n-a_m=b_{n-1}+b_{n-2}+\cdots+b_m<(n-m)b_{n-1}$（因为 $\{b_n\}$ 递

增数列）。 ④

因为 $\{b_n\}$ 递增数列，所以 $b_p > b_{n-1}$，由①、②、③、④可推得 $a_q - a_p > a_n - a_m$，

所以 $a_q + a_m > a_n + a_p$。

这个命题的强化命题就是：设数列 $\{a_n\}$ 是等差数列，若正整数 $1 \leqslant m < n < p < q$ 满足 $m+q=n+p$，则 $a_q + a_m = a_n + a_p$ 成立。

接下来我们再来看一个 2012 年浙江理科高考的一个有关数列最值的选择题。

例 3： 设 S_n 是公差为 $d(d \neq 0)$ 的无穷等差数列 $\{a_n\}$ 的前 n 项和，则下列命题错误的是（　　）

A. 若 $d < 0$，则数列 $\{S_n\}$ 有最大项。

B. 若数列 $\{S_n\}$ 有最大项，则 $d < 0$。

C. 若数列 $\{S_n\}$ 是递增数列，则对任意的 $n \in \mathbf{N}^*$，均有 $S_n > 0$。

D. 若对任意的 $n \in \mathbf{N}^*$，均有 $S_n > 0$，则数列 $\{S_n\}$ 是递增数列。

此题涉及了递增数列的概念、数列中的最大项及等差数列的前 n 项和公式的活用等相关的基础知识、基本技能，常见解法有三种，如下：

解法 1：关注数列与函数的联系

根据等差数列知识，可设 $S_n = na_1 + \dfrac{n(n-1)}{2}d$，即 $S_n = \dfrac{d}{2}n^2 + \left(a_1 - \dfrac{d}{2}\right)n$，由二次函数的性质知 $d > 0$ 开口向上经过原点，有最小值，$d < 0$ 开口向下经过原点，有最大值，选项 A、B、D 正确，而选项 C。

解法 2：利用相关概念及性质

由 $d<0$，可知必存在 k，使得当 $k \geqslant n$ 时，有 $a_n < 0$，即当 $k \leqslant n$ 时，有 $S_n \leqslant S_k$，故数列 $\{S_n\}$ 的最大项必在 $\{S_1, S_2, S_3, \cdots, S_k\}$ 中取到，即最大项必然存在，故选项 A 正确。

由等差数列的前 n 项和数列 S_n 有最大项，可设 $\{S_n\}$ 的最大项为 S_k，则 $S_k - S_{k-1} \geqslant 0$，$S_k - S_{k+1} \geqslant 0$，从而 $a_k \geqslant 0$，$a_{k+1} \leqslant 0$，即 $a_{k+1} -$

$a_k=d\leqslant 0$，又已知 $d\neq 0$，有 $d<0$，可知选项 B 正确。

由等差数列的前 n 项和数列 $\{S_n\}$ 为递增数列，则当 $n\geqslant 2$ 时，$S_n-S_{n-1}>0$，即 $a_n>0$，但无法保证 $a_1>0$，即无法保证 $S_1>0$，故选项 C 不能确定。选项 D 由任意 $n\in\mathbf{N}^*$，均有 $S_n>0$，知 $S_1>0$，即 $a_1>0$ 且 $d>0$（可用反证法进行思考），则有 $a_n>0$，故数列 $\{S_n\}$ 是递增数列，则选项 D 正确。故选 C。

解法 3：特殊数列验证法举出反例

$-1,0,1,2,3,\cdots$ 满足数列 $\{S_n\}$ 是递增数列，但是 $S_n>0$ 不成立。故选 C。

最后以一个上海 2002 春考选择题为基础改编题来结束。

例 4： 设 S_n 是公差为 $d(d\neq 0)$ 的无穷等差数列 $\{a_n\}$ 的前 n 项和，$S_{2m-1}>0$，$S_{2m}<0$，则 $\dfrac{S_1}{a_1},\dfrac{S_2}{a_2},\dfrac{S_3}{a_3},\cdots,\dfrac{S_{2m-1}}{a_{2m-1}}(m>1,m\in\mathbf{N}^*)$ 中哪项最大，哪项最小？

分析：由于数列没有具体的首项和公差，项的下标又是字母，若仅仅从函数角度去求最值，显得很难，从对 $a_i(1\leqslant i\leqslant 2m-1)$ 的大小，$S_i(1\leqslant i\leqslant 2m-1)$ 的大小排队，然后利用不等号式的性质去考虑。

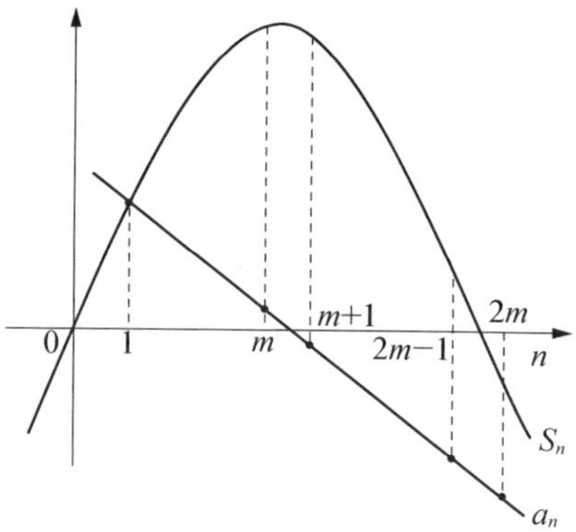

解法 1：根据 $S_n=\dfrac{d}{2}n^2+\left(a_1-\dfrac{d}{2}\right)n$ 知等差数列前 n 项和是关于 n 的一个二次函数，根据 $S_{2m-1}>0$，$S_{2m}<0$ 结合图像知道开口向下，得 $d<0$。

又 $\because S_{2m-1}=(2m-1)a_m>0$，$\therefore a_m>0$，

$\because S_{2m}=2m(a_m+a_{m+1})<0$，$\therefore a_{m+1}<0$

$a_1>a_2>a_3\cdots>a_m>0>a_{m+1}>\cdots>a_{2m-1}$

$S_1<S_2<S_3\cdots<S_m$，$S_m>S_{m+1}>\cdots>S_{2m-1}>0$

$\therefore 0<\dfrac{S_1}{a_1}<\dfrac{S_2}{a_2}<\dfrac{S_3}{a_3}\cdots<\dfrac{S_m}{a_m},-\dfrac{1}{a_{m+1}}>-\dfrac{1}{a_{m+2}}>\cdots>-\dfrac{1}{a_{2m-1}}>0$

$\therefore -\dfrac{S_{m+1}}{a_{m+1}}>-\dfrac{S_{m+2}}{a_{m+2}}>\cdots>-\dfrac{S_{2m-1}}{a_{2m-1}}>0$，$\therefore \dfrac{S_{m+1}}{a_{m+1}}<\dfrac{S_{m+2}}{a_{m+2}}<\cdots<\dfrac{S_{2m-1}}{a_{2m-1}}<0$

所以$\dfrac{S_m}{a_m}$最大，$\dfrac{S_{m+1}}{a_{m+1}}$最小。

解法 2：函数单调性

$$f(n)=\frac{S_n}{a_n}=\frac{\frac{d}{2}n^2+\left(a_1-\frac{d}{2}\right)n}{dn+(a_1-d)}=\frac{\frac{1}{2}n^2+\left(\frac{a_1}{d}-\frac{1}{2}\right)n}{n+\left(\frac{a_1}{d}-1\right)}$$

$$=\frac{1}{2}\cdot\frac{n^2+\left(\frac{2a_1}{d}-2\right)n+n}{n+\left(\frac{a_1}{d}-1\right)}$$

根据$S_n=\dfrac{d}{2}n^2+\left(a_1-\dfrac{d}{2}\right)n$知等差数列前$n$项和是关于$n$的一个二次函数，根据$S_{2m-1}>0$，$S_{2m}<0$结合图像知道开口向下，得$d<0$，$a_1>0$，$\therefore \dfrac{a_1}{d}-1<0$。

$\therefore y=f(n)=\dfrac{S_n}{a_n}$为耐克函数的姐妹函数，又$\because S_{2m-1}=(2m-1)a_m>0$，$\therefore a_m>0$，$\because S_{2m}=2m(a_m+a_{m+1})<0$，$\therefore a_{m+1}<0$，$\therefore$渐近线$x=t(m<t<m+1)$，

即$n<t$时，$f(n)$单调递增，$n>t$时，$f(n)$单调递减，$\therefore \dfrac{S_{m+1}}{a_{m+1}}$最小。

$\because m>1$，$d<0$ $\therefore a_{2m-1}\leqslant a_{m+1}<0$，$\therefore \dfrac{S_{2m-1}}{a_{2m-1}}<0$，$\therefore \dfrac{S_m}{a_m}>0>\dfrac{S_{2m-1}}{a_{2m-1}}$即$\dfrac{S_m}{a_m}$最大。

（二）横看成岭侧成峰，远近高低各不同

——由求函数 $y=x+\sqrt{4-x^2}$ 的最大值想到的

函数的最值是函数的一个重要性质，方法也具有多样性。函数最值是高中数学的一个难点，重点不同的知识模块，不同的式子结构，学生就会从不同的角度去思考，自然就有不同的解法。这里就通过探索函数 $y=x+\sqrt{4-x^2}$ 的最值的多种方法，谈谈在教学实践通过单元设计去落实学科核心素养的培养。

这是一个在高三函数第一轮复习中常见的题，由于每个学生的基础不同，每个人理解的角度不同，可以从函数单调性、解析几何数形结合、基本不等式、向量数量积、三角函数、含参数的无理方程有解等多个领域，使得这个题解法精彩纷呈。因此利用好这个题潜在的学科价值，从突出学科本质方面组织起一张纵横交错的思维网络，实现课堂效益的最大化。

1. 从解法上进行梳理

方法一：三角代换法

$x=2\cos\theta$，$y=2\cos\theta+2\sin\theta$，$\theta\in[0,\pi]$

$y=2\sqrt{2}\sin\left(\theta+\frac{\pi}{4}\right)$，$\theta\in[0,\pi]$，$\therefore$ $\theta=\frac{\pi}{4}$，$y_{\max}=2\sqrt{2}$，$\theta=\pi$，$y_{\min}=-2$

这里的问题是怎么想到三角代换，代换过程中要注意什么，根据解题过程中得到的一些数据信息，你还能得到什么启发？

方法二：两边平方法

$y^2=x^2+4-x^2+2x\sqrt{4-x^2}$，$\because$ $x\sqrt{4-x^2}=\sqrt{x^2(4-x^2)}\leqslant\sqrt{\left(\frac{x^2+4-x^2}{2}\right)^2}\leqslant 2$

$\therefore$ $y^2=4+2x\sqrt{4-x^2}\leqslant 8$，$\therefore$ $y\leqslant 2\sqrt{2}$，当且仅当 $x^2=4-x^2$，$x=\sqrt{2}$ 时取到最大值。

这里的有 3 个问题：第一，为什么 y 可以平方？第二，为什么可以

把 $x\sqrt{4-x^2}$ 中的 x 放到根号内？第三，最小值是不是 $-2\sqrt{2}$ ？若不是，那么最小值是多少？该如何求解？

方法三：函数单调性法

假设函数在区间 $[a, b]$ 内单调，设任意两个量 x_1，$x_2 \in [a, b] \subseteq [-2, 2]$，

当 $a \leqslant x_1 < x_2 \leqslant b$ 时，$f(x_1)-f(x_2)=(x_1-x_2)+\sqrt{4-x_1^2}-\sqrt{4-x_2^2}$

$\therefore$ $f(x_1)-f(x_2)=(x_1-x_2)+\dfrac{x_2^2-x_1^2}{\sqrt{4-x_1^2}+\sqrt{4-x_2^2}}=(x_1-x_2)\left(1-\dfrac{x_1+x_2}{\sqrt{4-x_1^2}+\sqrt{4-x_2^2}}\right)$

根据函数单调性的定义，$f(x_1)-f(x_2)$ 的值可正可负，

令 $1-\dfrac{b+b}{\sqrt{4-b^2}+\sqrt{4-b^2}}=0$，得 $b=\sqrt{2}$。进一步推得函数 $[-2, \sqrt{2}]$ 内递增，在 $[\sqrt{2}, 2]$ 内递减。这里的问题是令 $1-\dfrac{b+b}{\sqrt{4-b^2}+\sqrt{4-b^2}}=0$ 怎么去理解，尤其对没学过导数的上海教材的学生显得十分抽象。

方法四：数形结合法

变形式子：$y-x=\sqrt{4-x^2}$，观察左右两边式子的形式结构，可以看作是直角坐标系内 xOt 内两曲线的交点 $\begin{cases} t=-x+y \\ t=\sqrt{4-x^2} \end{cases}$（$y$ 是参数），从而问题转化为以原点为圆心，半径为 2 的上半圆与斜率为 -1 的直线相交的问题（图 1）。可以求出 $y_{\min}=-2$，$t=2$，$\therefore$ $x=0$，$y_{\max}=2\sqrt{2}$，$t=\sqrt{2}$ $\therefore$ $x=\sqrt{2}$。

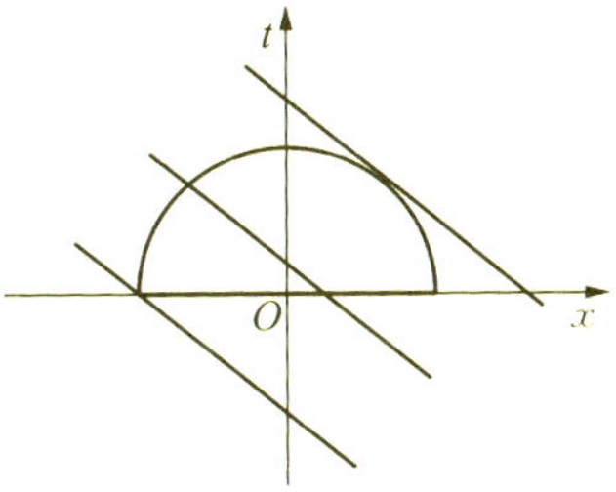

图 1

这种方法的最大难点是怎么联想到用数形结合，而且坐标系不是平时熟悉的

xOy，字母 y 是一个参数，需要重新建构 x 与另一个新字母 t 的坐标系，这是思维的跨越。

方法五：向量数量积法

构造两个向量 $\vec{r}=(x, \sqrt{4-x^2})$，$\vec{q}=(1, 1)$（图 2）

$$f(x)=\vec{r}\cdot\vec{q}=|\vec{r}||\vec{q}|\cos\theta$$
$$=\sqrt{x^2+4-x^2}\cdot\sqrt{2}\cos\theta,$$
$$\theta\in\left[0, \frac{3\pi}{4}\right]$$

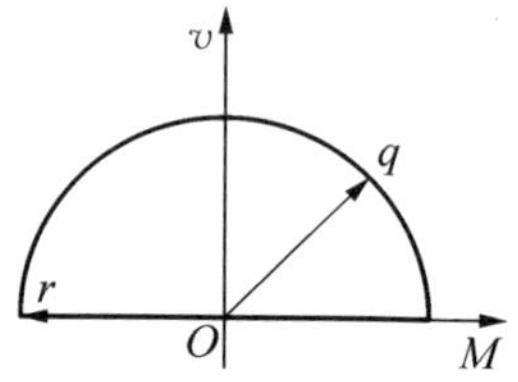

图 2

$f(\theta)=2\sqrt{2}\cos\theta$，$\theta\in\left[0, \frac{3\pi}{4}\right]$，∴ $\theta=0$，

$f_{\max}=2\sqrt{2}$，$x=\sqrt{2}$，$\theta=\frac{3}{4}\pi$，$f_{\min}=-2$，$x=-2$。这里如何构造两个向量是难点，毕竟平时很少接触到，角的范围也容易错。

方法六：根的判别式法

变形 $y-x=\sqrt{4-x^2}\geqslant 0$，两边平方整理后得到：$2x^2-2xy+y^2-4=0$，关于 x 的方程有解，所以 $\Delta=4y^2-8(y^2-4)\geqslant 0$，

∴ $-2\sqrt{2}\leqslant y\leqslant 2\sqrt{2}$，当 $y=2\sqrt{2}$ 可以求出 $x=\sqrt{2}$。

这种方法学生容易想到，但 $y=-2\sqrt{2}$ 是最小值吗？另外关于 x 的方程 $2x^2-2xy+y^2-4=0$ 有解用 $\Delta\geqslant 0$ 是否是充要条件？因为方程的解限制在定义域 $[-2, 2]$ 之间。这种方法没有把问题解释清楚。

2. 六种方法之间的统一认识联系

以上六种解法，各自为政，有局限性，有些困惑疑难点也没解释清楚。我们回归教材高一“两个函数的和函数”研究的方法去重新认识这个问题。

其实这个函数 $y=x+\sqrt{4-x^2}$ 可以看成两个函数 $f_1(x)=x$ 与 $f_2(x)=\sqrt{4-x^2}$ 的和 $y=f_1(x)+f_2(x)$，在同一直角坐标系内分别作出两个函数的大致图像，然后通过列表描点连线作图（图 3），根据观察图像的大致趋势，明显发现函数在区间 $[-2, 0]$ 内是递增的，在

[0, 2] 是先增后减，猜想交点可能是单调性的分界点。

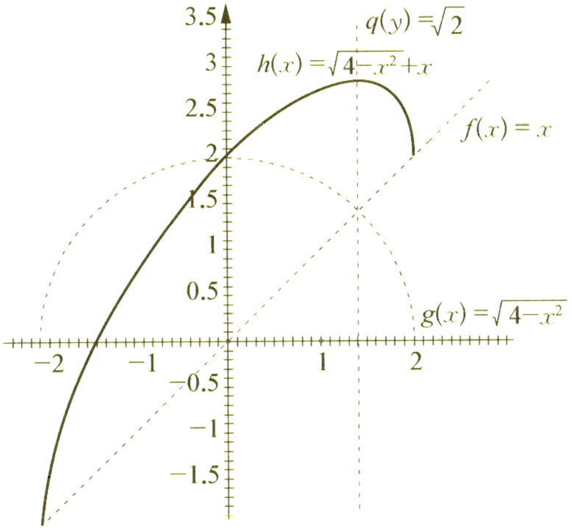

图 3

显然方法二中不能解决的最小值问题可以通过这个方法得到解决，对于方法三中单调性推理环节中设 $1-\dfrac{b+b}{\sqrt{4-b^2}+\sqrt{4-b^2}}=0$ 可以理解恰好是 $x=\sqrt{4-x^2}$ 的解为 $b=\sqrt{4-b^2}$。

由于一个函数是半圆，一个是直线，所以半圆联想到圆的参数方程，可以用三角代换，方法一涉及的问题自然而然也解决了。

方法五、方法六都不是教材中的典型方法，从拓展一下学生的视野可以介绍一下。

其实这个题的数学情景再现如下(2016 年上海高考理科 12 题，填空压轴题)：

在直角坐标系中，点 $A(1,0)$，$B(0,-1)$，P 是曲线 $y=\sqrt{1-x^2}$ 上的动点，求 $\overrightarrow{BA}\cdot\overrightarrow{BP}$ 的取值范围________。

3. 四个角度去深化

(1) 初中无理方程的深化认识

在初中我们研究过无理方程 $x+\sqrt{4-x^2}=0$ 的解，这个问题可以变式为：方程 $\sqrt{4-x^2}+x-m=0$，m 满足什么条件时方程有一个实数解，m 满足什么条件时方程有两个实数解？在初中时只有少部分参加数学竞赛辅导的同学或许能解决，通过这个题目的变式，学生就明白了。

(2) 其他类似带根式的无理函数的研究

由于二次曲线 $ax^2+by^2=1$ 表示的不仅仅是圆，也可能是椭圆与双曲线等，因此类似的问题还可以继续类比巩固研究，例如 $y=x+\sqrt{x^2-4}$，$y=x-\sqrt{x^2-4}$

以下列举两个函数的解析式与对应的图像（图 4）：

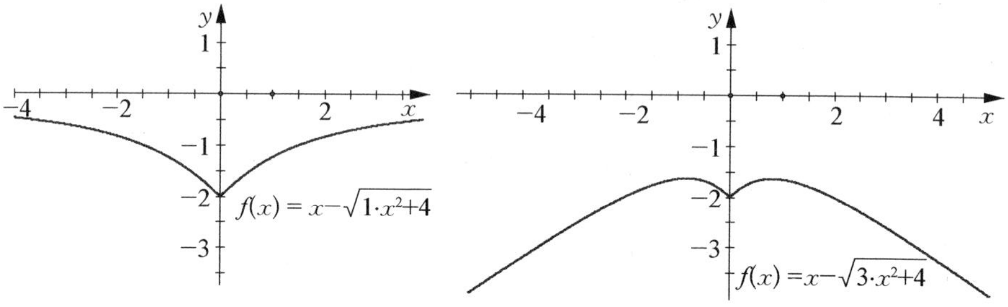

$y=|x|-\sqrt{x^2+4}$　　　　$y=|x|-\sqrt{3x^2+4}$

图 4

请看 2000 年全国高考题 19 题就是属于这一类型题：

求证：$a \geqslant 1$，使得函数 $f(x)=\sqrt{x^2+1}-ax$ 在 $(0,+\infty)$ 上是单调的。

证明：在区间 $(0,+\infty)$ 上任取 x_1，x_2 使得 $x_1<x_2$

$$f(x_1)-f(x_2)=\sqrt{x_1^2+1}-ax_1-\sqrt{x_2^2+1}+ax_2$$

$$=\frac{x_1^2-x_2^2}{\sqrt{x_1^2+1}+\sqrt{x_2^2+1}}-a(x_1-x_2)$$

$$=(x_1-x_2)\left(\frac{x_1+x_2}{\sqrt{x_1^2+1}+\sqrt{x_2^2+1}}-a\right),$$

$\because x>0$，$x<\sqrt{x^2+1}$，$\therefore \dfrac{x_1+x_2}{\sqrt{x_1^2+1}+\sqrt{x_2^2+1}}<1$

$\because a \geqslant 1$，$\therefore \dfrac{x_1+x_2}{\sqrt{x_1^2+1}+\sqrt{x_2^2+1}}-a<0$

又 $x_1-x_2<0$，$\therefore f(x_1)-f(x_2)>0$，即 $f(x_1)>f(x_2)$。

所以，当 $a \geqslant 1$ 时，函数 $f(x)=\sqrt{x^2+1}-ax$ 在区间 $(0,+\infty)$ 上是单调递减函数。

变式训练：求实数 a 的取值范围，使得函数 $f(x)=\sqrt{x^2+1}-$

ax 在 $(0, +\infty)$ 上是单调的。

可以利用和函数的原理（图 5），$y=f_1(x)+f_2(x)$，$f_1(x)=\sqrt{x^2+1}$，$f_2(x)=-ax$

显然，$a\leqslant 0$ 两个函数单调递增（$a=0$ 明显成立），所以和函数单调递增。

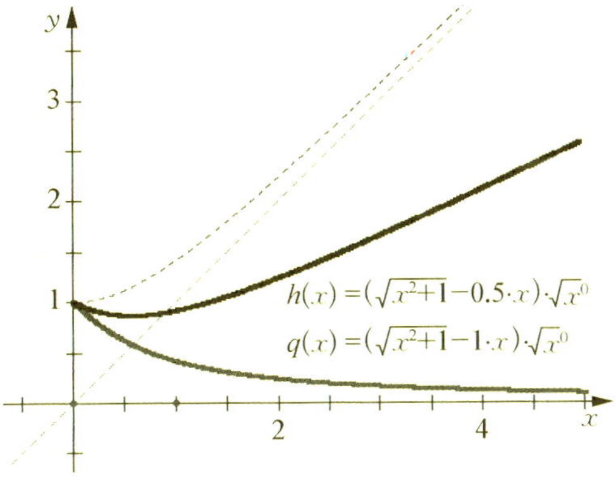

图 5

再结合双曲线渐近线的性质，可以直觉猜想 $a\geqslant 1$，然后用定义推理求证，降低了难度。

(3) 函数与方程

函数与方程是高考永恒的热点。例如下题与本文的主题背景是一致的。

若函数 $f(x)$ 满足下列两个性质：(1) $f(x)$ 在其定义域上是单调函数；(2) 定义域内存在某个区间使得 $f(x)$ 在 $[a, b]$ 的值域是 $\left[\frac{a}{2}, \frac{b}{2}\right]$，则我们称 $f(x)$ 为"内含函数"。若函数 $f(x)=\sqrt{x-1}+t$ 是"内含函数"，求实数 t 的取值范围。

分析：根据题意得 $\begin{cases}\sqrt{a-1}+t=\frac{a}{2}\\ \sqrt{b-1}+t=\frac{b}{2}\end{cases}$，而将问题转化求参数 t 的范围，使得方程组在 $[1, +\infty]$ 有两个不同的解。

这是一道无理方程中求参数取值范围的问题，解决它主要依据方程在 $[1, +\infty)$ 上有两不等实根，合理限制条件，建立参数的不等关系来求解。

(4) 根据最值点（极值点）求单调区间

(2007 · 19 上海高考）已知函数 $f(x)=x^2+\frac{a}{x}(x\neq 0$，常数 $a\in$

R）在 $[2,+\infty)$ 上为增函数，求实数 a 的取值范围。

当 $a>0$ 时，$f(x)=x^2+\frac{a}{x}=x^2+\frac{a}{2x}+\frac{a}{2x}\geqslant 3\sqrt[3]{\frac{a^2}{4}}$。

当且仅当 $x^2=\frac{a}{2x}>0$，$\therefore a=2x^3$，$0<a\leqslant 16$。

当 $a<0$ 时，显然是两个单调递增函数的和函数仍旧是增函数。

当 $a=0$ 时，显然是增函数。

所以 $a\leqslant 16$。

当然，本题可以用函数单调性的定义去求解（过程略）。

总之方法虽不同，但它们之间形成了一条知识链和方法链，在平时的解题和教学中，不断挖掘使用这条知识链与方法链，以其为引线，优化思维方式，锤炼思维品质，使不同孩子数学上得到不同发展。横看成岭侧成峰，远近高低各不同。

（三）一题多解，殊途同归的直线方程

直线的方程是圆锥曲线的"根"与"源"，它与代数、三角、平面几何知识有密切联系，是解析几何综合题的媒介。近年来，高考对直线方程的考查都以小题为主，属容易题或中档题，考查的热点是直线的基本量，直线的方程，有关公式的运用，两直线的位置关系及用直线知识"包装"的创新试题等。直线方程问题是解析几何的基础问题，它就像魔方的第一层，只有得到正确的解才能往下进行，所以解直线方程对我们来说至关重要。

我们学过的直线方程的形式有 7 种：

① 直线经过点 $P(x_0, y_0)$ 的点方向式方程 $\frac{x-x_0}{u}=\frac{y-y_0}{v}$ $(uv\neq 0)$，方向向量 $\vec{d}=(u, v)$。

② 直线经过点 $P(x_0, y_0)$ 的点法向式方程 $a(x-x_0)+b(y-y_0)=0$，法向量 $\vec{n}=(a, b)$。

③ 斜率式 $y=kx+b$，k 为斜率，b 为 y 轴上的截距。

④ 截距式 $\frac{x}{a}+\frac{y}{b}=1$，$a$，$b$ 为坐标轴上截距。

⑤ 两点式：过点 $A(x_1, y_1)$，$B(x_2, y_2)$ 的直线方程为 $(y-y_1)(x_1-x_2)=(y_1-y_2)(x-x_1)$。

⑥ 一般式：$ax+by+c=0$。

⑦ 参数方程 $\begin{cases}x=x_0+t\cdot\cos\theta \\ y=y_0+t\cdot\sin\theta\end{cases}$（直线经过点 $P(x_0, y_0)$，θ 为倾斜角，t 为参数）。

在平面几何里我们知道：经过平面上的两点能且只能确定一条直线，由此可建立以下命题：设 $A(x_1, y_1)$，$B(x_2, y_2)$ 两点坐标满足方程 $ax+by+c=0$，则直线 AB 的方程即为 $ax+by+c=0$。例如 $2a+b=1$，$2c+d=1$，则 $A(a, b)$，$B(c, d)$ 确定的直线方程就是 $2x+y=1$。

例 1：一直线 l 被两直线 l_1：$2x+y+3=0$ 和 l_2：$2x-3y-6=0$ 截得的线段中点恰好是坐标原点，求这条直线的方程。

分析：设 l 分别交 l_1，l_2 于 M，N 两点，又设 $M(x_1, y_1)$，则

$$2x_1+y_1+3=0 \quad (1)$$

又 M，N 关于原点对称，故点 N 坐标为 $(-x_1, -y_1)$，则

$$-2x_1+3y_1-6=0 \quad (2)$$

$2\times(1)+(2)$ 得 $2x_1+5y_1=0$，而原点也在 $2x+5y=0$ 上。由 M 及原点在直线 $2x+5y=0$ 上，知 N 也在其上。故由命题即知，所求直线方程为 $2x+5y=0$。

本题采用的方法是“设而不求”。上述解法的得来，得益于对直线方程的本质的理解。

确定一条直线的几何条件可以有哪些？

两个点确定了就意味着确定了方向，所以求直线方程一般转化为以下两种：

“一点”+“方向”（方向向量或法向量）或“一点”+“斜率”（斜率或倾斜角），其中斜率与方向仅仅是观察角度不同，本质是一样的。

下面谈谈在直角坐标系中满足最值条件下如何求一条直线的方程。

例 2: 在直角坐标系中，经过点 $P(1, 2)$ 的一条直线与坐标轴正半轴交于 A，B 两点，

求满足下列条件各自的方程：① $S_{\triangle AOB}$ 最小；② $|OA|+|OB|$ 最小；③ $|PA|\cdot|PB|$ 最小。

这三小题所求目标不同，既可以用设同一个参数，把三问各自求解，也可以各自巧设直线方程形式进行求解(其中第 1 小问是 2006 年春季高考 11 题)。

四种解法

方法一：点斜式法

由于学生对一次函数比较熟悉，所以大部分学生会用点斜式法：

设直线方程 $y-2=k(x-1)$，$\therefore$ $x=0$ 时，$B(0, 2-k)$；$y=0$ 时，$A\left(1-\dfrac{2}{k}, 0\right)$。

依题意 $2-k>2$，$\therefore$ $k<0$，$\therefore$ $OA=1-\dfrac{2}{k}>0$，$OB=2-k>0$。

① $S=\dfrac{1}{2}OA\cdot OB=\dfrac{1}{2}\left(1-\dfrac{2}{k}\right)(2-k)=\dfrac{1}{2}\left[2+(-k)+\left(-\dfrac{4}{k}\right)+2\right]\geqslant 4$

$\therefore$ $S\geqslant 4$ 当且仅当 $-k=-\dfrac{4}{k}$ 即 $k=-2$ 时，$\triangle AOB$ 的面积最小为 4，

所求直线方程为 $y-2=-2(x-1)$。

② $|OA|+|OB|=\left(1-\dfrac{2}{k}\right)+(2-k)=3+(-k)+\dfrac{2}{-k}\geqslant 3+2\sqrt{2}$

当且仅当 $-k=-\dfrac{2}{k}$ 即 $k=-\sqrt{2}$ 时取到，所求直线方程为 $y-$

$2=-\sqrt{2}(x-1)$。

③ $|PA|\cdot|PB|=\sqrt{1+k^2}\,|x_P-x_A|\cdot\sqrt{1+k^2}\,|x_P-x_B|=(1+k^2)\left(1-\frac{2}{k}-1\right)(1-0)=-2k-\frac{2}{k}\geqslant 4$，当且仅当 $-2k=-\frac{2}{k}$ 即 $k=-1$ 时取到，所求直线方程为 $y-2=-(x-1)$。

方法二：截距式法

又由于所求问题与截距有关，所以可用截距式法：

设直线方程 $\frac{x}{a}+\frac{y}{b}=1$ 交点 $A(a,0)$，$B(0,b)$，$\therefore \frac{1}{a}+\frac{2}{b}=1$。

① $S=\frac{1}{2}OA\cdot OB=\frac{1}{2}a\cdot b$，$\because \frac{1}{a}+\frac{2}{b}\geqslant 2\sqrt{\frac{2}{ab}}$，$\therefore ab\geqslant 8$，$S\geqslant 4$

当且仅当 $\frac{1}{a}=\frac{2}{b}=\frac{1}{2}$ 时取到 $a=2$，$b=4$，所以直线方程为 $\frac{x}{2}+\frac{y}{4}=1$。

② $|OA|+|OB|=a+b=(a+b)\cdot 1=(a+b)\left(\frac{1}{a}+\frac{2}{b}\right)=\left(1+\frac{2a}{b}+\frac{b}{a}+2\right)\geqslant 3+2\sqrt{2}$

当且仅当 $\begin{cases}\frac{2b}{a}=\frac{a}{b}\\ \frac{1}{a}+\frac{2}{b}=1\\ a>0,\ b>0\end{cases}$，所以 $\begin{cases}a=\sqrt{2}+1\\ b=1+\frac{\sqrt{2}}{2}\end{cases}$，所以直线方程为

$$\frac{x}{\sqrt{2}+1}+\frac{y}{1+\frac{\sqrt{2}}{2}}=1。$$

③ 设 $\angle OAB=\alpha$，$PA=\frac{2}{\sin\alpha}$，$PB=\frac{1}{\cos\alpha}$

$$|PA|\cdot|PB|=\frac{2}{\sin\alpha}\cdot\frac{1}{\cos\alpha}=\frac{4}{\sin 2\alpha}$$

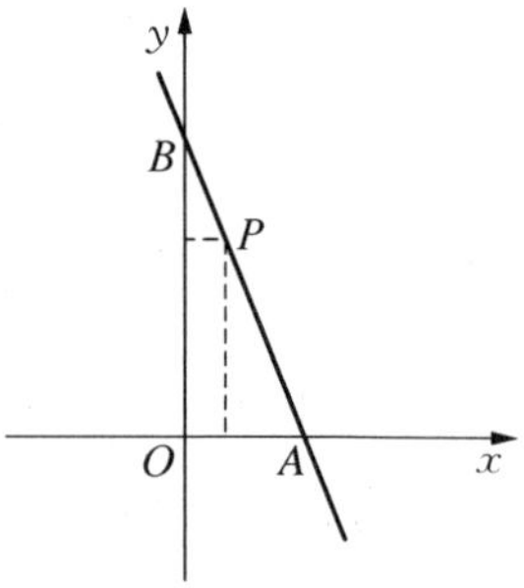

$\therefore |PA|\cdot|PB|\geqslant 4$，$\therefore \alpha=\dfrac{\pi}{4}$，$|PA|\cdot|PB|$ 最小值是 4。

$\therefore k=-1$，直线方程为 $y-2=-x-1$（这里的难点是如何想到设角）。

方法三：参数方程

由于这个问题涉及距离，因此还可以设直线的参数方程：

$\begin{cases}x=1+t\cos\theta\\ y=2+t\sin\theta\end{cases}$，$\theta$ 为大于 $\dfrac{\pi}{2}$ 倾斜角，参数 t 为有向距离。

所以 $y_A=0$，$t_A=-\dfrac{2}{\sin\theta}<0$，$x_A=1-\dfrac{2\cos\theta}{\sin\theta}=1-2\cot\theta$，$a=1-2\cot\theta$。

$x_B=0$，$t_B=-\dfrac{1}{\cos\theta}>0$，$y_B=2-\dfrac{\sin\theta}{\cos\theta}=2-\tan\theta$，$b=2-\tan\theta$。

① $S=\dfrac{1}{2}ab=\dfrac{1}{2}(1-2\cot\theta)(2-\tan\theta)=\dfrac{1}{2}(4-\tan\theta-4\cot\theta)\geqslant 4$，

当且仅当 $-\tan\theta=-4\cot\theta$，$\therefore \tan\theta=-2=k$。

② $a+b=1-2\cot\theta+2-\tan\theta=3+(-\tan\theta)+(-2\cot\theta)\geqslant 3+2\sqrt{2}$，$\tan\theta=-\sqrt{2}=k$。

③ $PA\cdot PB=-t_1t_2=-\dfrac{2}{\sin\theta}\dfrac{1}{\cos\theta}=-\dfrac{4}{\sin 2\theta}\geqslant 4$，$\theta=\dfrac{3}{4}\pi$，$k=-1$。

平时我们做题几乎没有设一般式的解法，给我们学生认为没有用，仅仅是最后化简结果才用到一般式。其实不然，这个题也可以设一般式求解。

方法四：一般式

设直线方程为 $mx+ny+c=0$，$\therefore m+2n+c=0$，

$\therefore A\left(-\dfrac{c}{m},0\right)$，$B\left(0,-\dfrac{c}{n}\right)$，根据题意可以得到 $m>0$，$n>0$，$c<0$。

① $S=\dfrac{1}{2}ab=\dfrac{c^2}{2mn}=\dfrac{(m+2n)^2}{2mn}\geqslant\dfrac{(2\sqrt{2mn})^2}{2mn}\geqslant 4$ 当且仅当 $m=2n$，

所以直线方程 $2nx+ny+(-2n-2n)=0$，$2x+y-4=0$。

② $a+b=-\dfrac{c}{m}-\dfrac{c}{n}=-c\left(\dfrac{1}{m}+\dfrac{1}{n}\right)=(m+2n)\left(\dfrac{1}{m}+\dfrac{1}{n}\right)=3+\dfrac{m}{n}+2\dfrac{n}{m}\geqslant 3+2\sqrt{2}$，

当且仅当 $m=\sqrt{2}n$，所以直线方程 $\sqrt{2}nx+ny+(-\sqrt{2}n-2n)=0$，$\sqrt{2}x+y-2-\sqrt{2}=0$。

以上四种方法形异质同，引入的直线方程虽然形式不同，但最终都转化为可利用均值不等式求最值的形式，实现了“回归课本，夯实基础”这一目标。

例题的“二次开发”

在平面直角坐标系 xOy 中，O 是坐标原点，直线 l：$y=k(x-1)+2$ 与 x 轴、y 轴分别交于不同两点 A、B，给出下列四个命题：

① 存在正实数 m，使 $\triangle AOB$ 的面积为 m 的直线 l 仅有一条；

② 存在正实数 m，使 $\triangle AOB$ 的面积为 m 的直线 l 仅有两条；

③ 存在正实数 m，使 $\triangle AOB$ 的面积为 m 的直线 l 仅有三条；

④ 存在正实数 m，使 $\triangle AOB$ 的面积为 m 的直线 l 仅有四条。

其中所有真命题的序号是（　　）。

A. ①②③　　B. ③④　　C. ②④　　D. ②③④

解析：由例知，当直线 l 与 x 轴、y 轴的正半轴相交时，三角形的面积存在最小值 4。

当围成的三角形落在其他象限时，三角形的面积既不存在最大

值，也不存在最小值。

当 $m=4$ 时，如图 1 所示，在第一、二、四象限内，分别存在一条直线，使得三角形的面积 m，故满足条件的直线有三条。

当 $m>4$ 时，如图 2 所示，在第一象限存在两条直线，在第二、四象限各有一条，使得三角形的面积为 m，故满足条件的直线有四条。

当 $m<4$ 时，如图 3 所示，在第二、四象限各有一条直线，使得三角形的面积为 m，故满足条件的直线有两条。

故正确选项为 D。

点评： 本题中直线与坐标轴的交点不局限于正半轴，因此满足条件的直线有多种情况。其中 $\triangle AOB$ 位于第一象限时，其面积最小值的求得，是问题解决的关键。

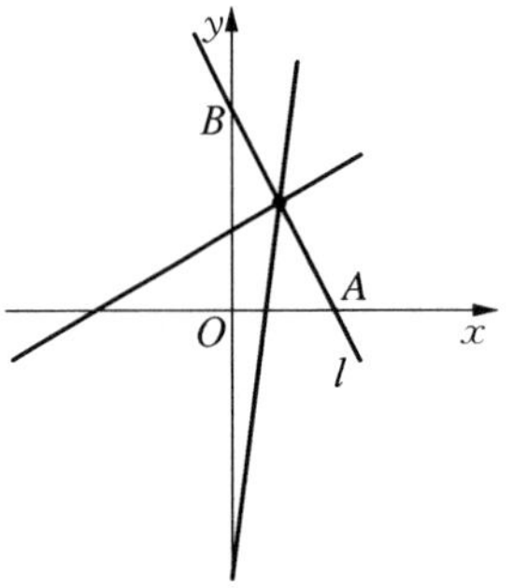

图 1

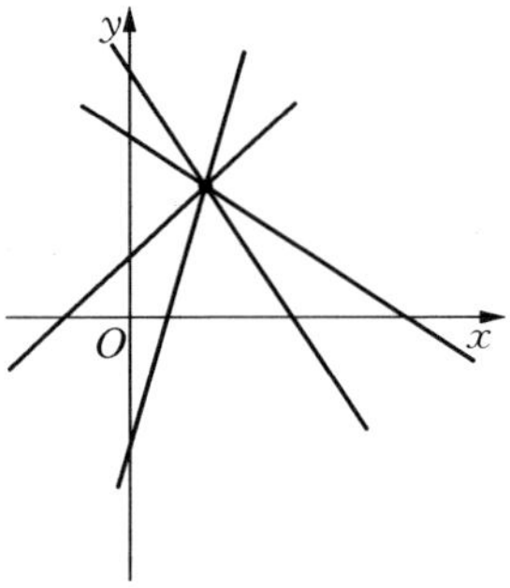

图 2

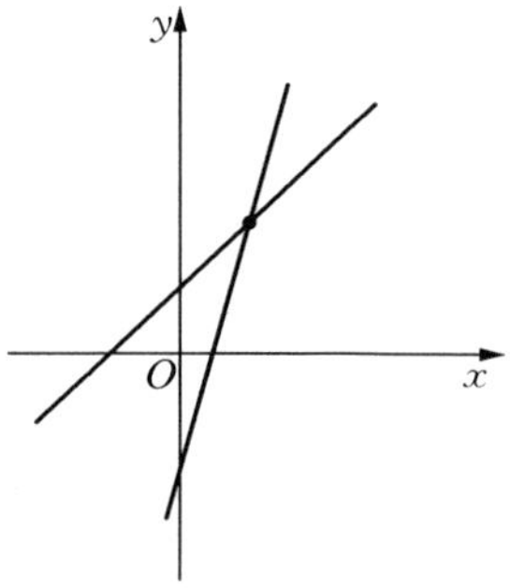

图 3

方法的引申应用

例 3：（2000 · 上海）已知复数 $z_0=1-mi(m>0)$，$z=x+yi$ 和 $w=x'+y'i$，其中 x，y，x'，y' 均为实数，i 为虚数单位，且对于任意复数 z，有 $w=\overline{z_0}\cdot\overline{z}$，$|w|=2|z|$。

（1）试求 m 的值，并分别写出 x' 和 y' 用 x、y 表示的关系式；

（2）将 (x, y) 作为点 P 的坐标，(x', y') 作为点 Q 的坐标，上述关系可以看作是坐标平面上点的一个变换：它将平面上的点 P 变到这一平面上的点 Q，当点 P 在直线 $y=x+1$ 上移动时，试求点 P 经该变换后得到的点 Q 的轨迹方程；

(3) 是否存在这样的直线：它上面的任一点经上述变换后得到的点仍在该直线上？若存在，试求出所有这些直线；若不存在，则说明理由。

(1) 由题设，$|w|=|\overline{z_0}|\cdot|\overline{z}|$，∴ $|z_0|=2$，于是由 $1+m^2=4$，且 $m>0$，得 $m=\sqrt{3}$。因此由 $x'+y'i=\overline{(1-\sqrt{3}i)}\cdot\overline{(x+yi)}=x+\sqrt{3}y+(\sqrt{3}x-y)i$，得关系式 $\begin{cases}x'=x+\sqrt{3}y\\y'=\sqrt{3}x-y\end{cases}$。

(2) 设点 $P(x, y)$ 在直线 $y=x+1$ 上，则其经变换后的点 $Q(x', y')$ 满足 $\begin{cases}x'=(1+\sqrt{3})x+\sqrt{3}\\y'=(\sqrt{3}x-1)x-1\end{cases}$ 消去 x，得 $y'=(2-\sqrt{3})x'-2\sqrt{3}+2$，

故点 Q 的轨迹方程为 $y=(2-\sqrt{3})x-2\sqrt{3}+2$。

(3) 假设存在这样的直线，∵ 平行坐标轴的直线显然不满足条件，

∴ 所求直线可设为 $y=kx+b(k\neq 0)$。

设变换后的直线方程为 $Ax'+By'+C=0$，则变换前的直线方程为 $A(x+\sqrt{3}y)+B(\sqrt{3}x-y)+C=0$ 即 $(A+\sqrt{3}B)x+(\sqrt{3}A-B)y+C=0$。

由于是同一条直线，所以

当 $C\neq 0$ 时 $\dfrac{A}{A+\sqrt{3}B}=\dfrac{B}{A-\sqrt{3}B}=\dfrac{C}{C}$，无解。

当 $C=0$ 时 $\dfrac{A}{A+\sqrt{3}B}=\dfrac{B}{A-\sqrt{3}B}$ 解得 $\sqrt{3}A+B=0$ 或 $A-\sqrt{3}B=0$，

故这样的直线存在，其方程为 $\sqrt{3}x+y=0$ 或 $x-\sqrt{3}y=0$。

还有两种解法：

[法二] ∵ 该直线上的任一点 $P(x, y)$，其经变换后得到的点 $Q(x+\sqrt{3}y, \sqrt{3}x-y)$ 仍在该直线上，∴ $\sqrt{3}x-y=k(x+\sqrt{3}y)+b$，

即 $-(\sqrt{3}k+1)y=(k-\sqrt{3})x+b$，

当 $b\neq 0$ 时，方程组 $\begin{cases}-(\sqrt{3}k+1)=1\\ k-\sqrt{3}=k\end{cases}$ 无解，故这样的直线不存在。

当 $b=0$ 时，由 $\dfrac{-(\sqrt{3}k+1)}{1}=\dfrac{k-\sqrt{3}}{k}$，得 $\sqrt{3}k^2+2k-\sqrt{3}=0$，解得 $k=\dfrac{\sqrt{3}}{3}$ 或 $k=-\sqrt{3}$，

故这样的直线存在，其方程为 $y=\dfrac{\sqrt{3}}{3}x$ 或 $y=-\sqrt{3}x$。

[法三] 取直线上一点 $P\left(-\dfrac{b}{k},0\right)$，其经变换后的点 $Q\left(-\dfrac{b}{k},-\dfrac{\sqrt{3}b}{k}\right)$ 仍在该直线上，

$\therefore -\dfrac{\sqrt{3}b}{k}=k\left(-\dfrac{b}{k}\right)+b$，得 $b=0$ 故所求直线为 $y=kx$，取直线上一点 $P(0,k)$，其经变换后得到的点 $Q(1+\sqrt{3}k,\sqrt{3}-k)$ 仍在该直线上，$\therefore \sqrt{3}-k=k(1+\sqrt{3}k)$。

即 $\sqrt{3}k^2+2k-\sqrt{3}=0$，得 $k=\dfrac{\sqrt{3}}{3}$ 或 $k=-\sqrt{3}$，

故这样的直线存在，其方程为 $y=\dfrac{\sqrt{3}}{3}x$ 或 $y=-\sqrt{3}x$。

直线方程 7 种形式，形式之间都可以相互转化，这就导致一道直线方程题有多种解法，每一种解法都可以得到正确答案，但好的解法可以让我们的解题效率事半功倍。从一道课本例题出发，通过对题目条件、结论及背景的变换，在探究中培养学生灵活解题的能力。

四、学科育人渗透适时

《普通高中数学课程标准 2017 版》强调“体现数学的文化价值”，并指出“数学是人类文化的重要组成部分。数学课程应适当反映数学

的历史、应用和发展趋势，数学对推动社会发展的作用，数学的社会需求，社会发展对数学发展的推动作用，数学科学的思想体系，数学的美学价值，数学家的创新精神”。

教师善于寻找适合的渗透数学文化教与学的着眼点，适时渗透数学文化。在章引言情境创设中渗透数学文化，在概念及结论的教学中渗透数学文化，在思想方法的析理挖掘中渗透数学文化，在评价反思中适时渗透数学文化。在数学作业中出现错误、在回答问题时出现障碍、在解决问题时出现困难等利用一些数学家的故事及艰苦探索的精神去激励学生、感染学生。

教学内容的设计中，不但要向学生传授数学知识，更要挖掘数列知识中蕴含的数学文化，帮助学生了解数列在人类文明发展中的作用，如数列章节中呈现的问题——第七届国际数学教育大会会徽、斐波那契数列等都体现了数学的文化价值。教师应通过培养学生分析问题和解决问题的能力，认识到数学文化的发展和传承，充分利用数列的教学开发学生的思维，进而使数学文化的教育功能更加充分地发挥出来，更好地体现数学的价值。

ICME-7

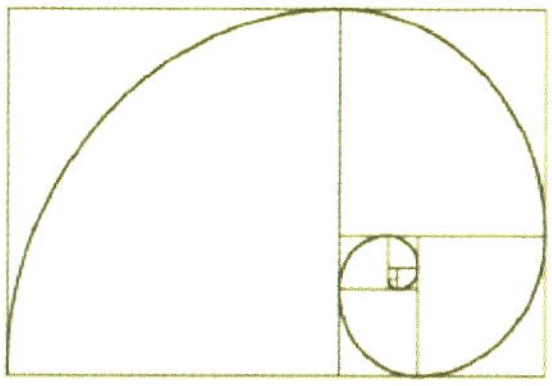

斐波那契螺旋线

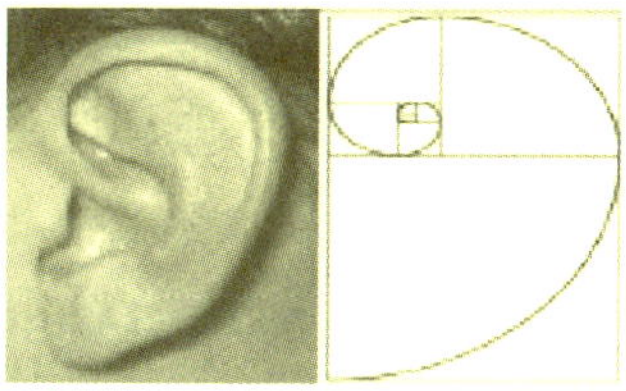

（一）由春考题中的阿贝尔变换

书到用时方恨少，这是在做许多两个数列积的和数学竞赛难题给人感觉高深莫测，好像没学过数学，有种被虐的感觉。这里从 2008 年上海春季高考 11 题填空题为话题浅谈阿贝尔变换。

1. 上海春季高考题

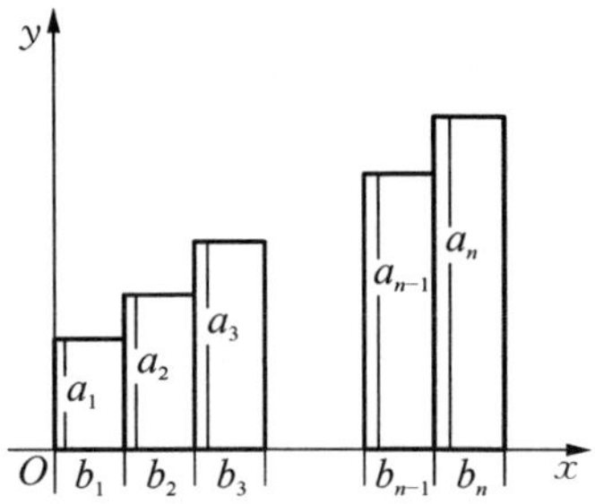

已知 a_1，a_2，…，a_n，b_1，b_2，…，b_n（n 是正整数），令 $L_1=b_1+b_2+\cdots+b_n$，$L_2=b_2+b_3+\cdots+b_n$，…，$L_n=b_n$。某人用右图分析得到恒等式：

$$
\begin{aligned}
&a_1b_1+a_2b_2+\cdots+a_nb_n\\
&=a_1L_1+c_2L_2+c_3L_3+\cdots+c_kL_k+\cdots+c_nL_n,
\end{aligned}
$$

则 $c_k=$________（$2\leqslant k\leqslant n$）。

这个数学题的背景就是挪威天才数学家阿贝尔（年仅 27 岁）曾提出这样一个恒等式：

$$
\begin{aligned}
&a_1b_1+a_2b_2+\cdots+a_nb_n\\
&=a_1(b_1-b_2)+(a_1+a_2)(b_2-b_3)+\cdots\\
&\quad+(a_1+a_2+\cdots+a_{n-1})(b_n-b_{n-1})+(a_1+a_2+\cdots+a_n)b_n。
\end{aligned}
$$

这是传播数学史、数学文化很好的素材，在高三紧张的学习压力背景下，介绍数学家阿贝尔的数学贡献，介绍渗透蕴含的数学思想，减轻学生学习压力同时，又激励学生勇攀数学高峰，真正实现学科育人价值。

2. 恒等变换的数学思想——图形面积法

上面这个恒等式看似有点难和抽象，为了明白这个道理，从一个最简单的图形面积恒等式去开始认识。

如图 1、图 2、图 3，三个不同正方形各自被十字分成四个长方形，根据面积相等原理从三个图中分别得到有关多项式相对应的三个乘法公式：

图 1 式子 $(a+b)(c+d)=ac+bc+ad+bd$；

图 2 式子 $(x+y)^2=x^2+y^2+2xy$；

图 3 式子 $x^2-y^2=2\cdot\dfrac{1}{2}(x+y)(x-y)=(x+y)(x-y)$；

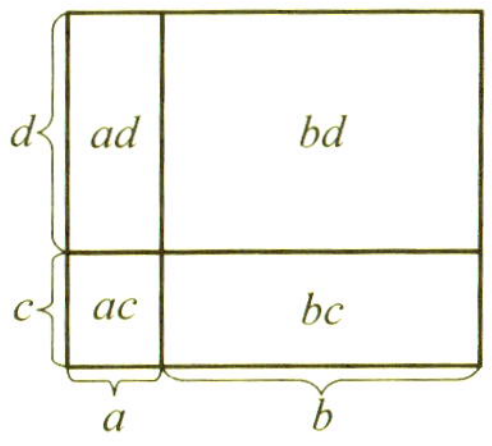

图 1

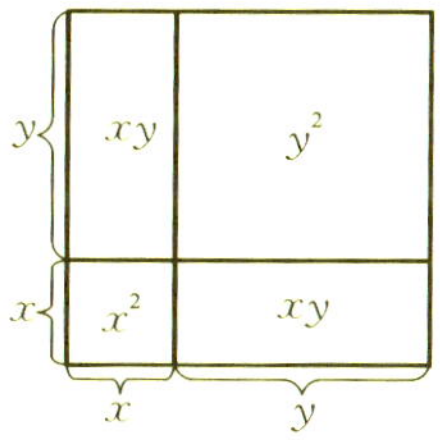

图 2

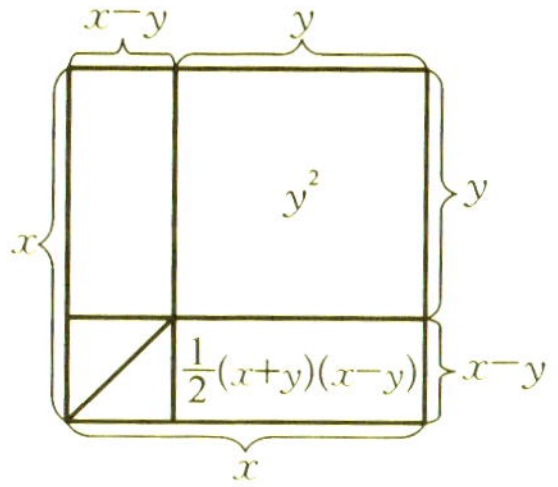

图 3

把左边图 4 重新分割组合成图 5，左右两个图形面积相等可以得到等量关系式：

$$
\begin{aligned}
&a_1b_1+a_2b_2+a_3b_3+a_4b_4+a_5b_5\\
=&a_1(b_1-b_2)+(a_1+a_2)(b_2-b_3)+(a_1+a_2+a_3)(b_3-b_4)\\
&+(a_1+a_2+a_3+a_4)(b_4-b_5)+(a_1+a_2+a_3+a_4+a_5)b_5
\end{aligned}
$$

而这图就是阿贝尔变换 $n=5$ 时具体的数学模型解释。

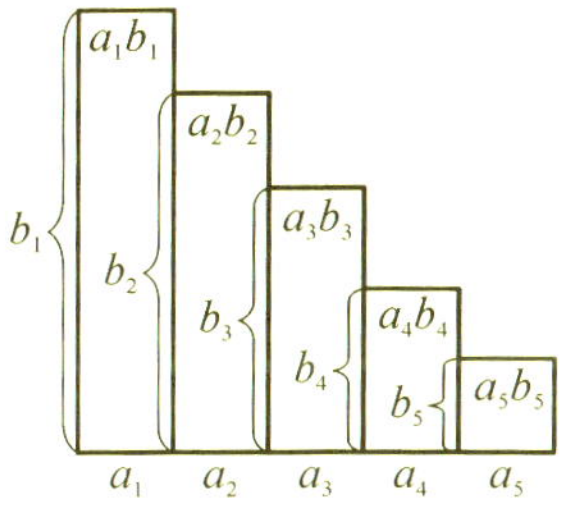

图 4

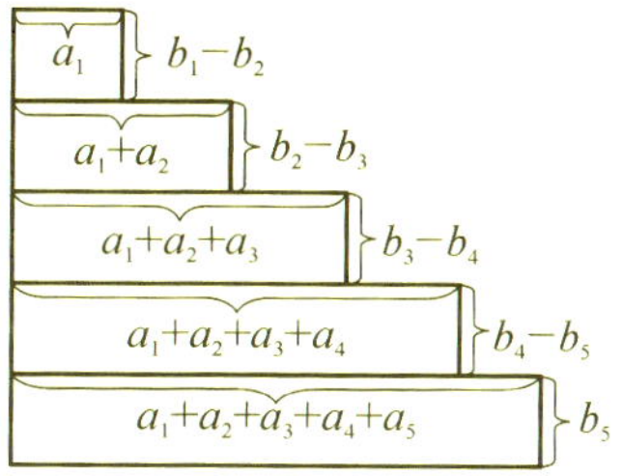

图 5

类推春考答案是：a_k-a_{k-1}。

分析：恒等式 $a_1b_1+a_2b_2+\cdots+a_nb_n=c_1L_1+c_2L_2+c_3L_3+\cdots+c_kL_k+\cdots+c_nL_n$，且 $L_1=b_1+b_2+\cdots+b_n$，$L_2=b_2+b_3+\cdots+b_n$，…，$L_n=b_n$。又由图 6、图 7 的面积

$$
\begin{aligned}
S=&a_1b_1+a_2b_2+\cdots+a_nb_n=a_1(b_1+b_2+\cdots+b_n)\\
&+(a_1+a_2)(b_2+\cdots+b_n)+\cdots+(a_{n-1}-a_{n-2})(b_{n-1}+b_n)\\
&+(a_n-a_{n-1})b_n。
\end{aligned}
$$

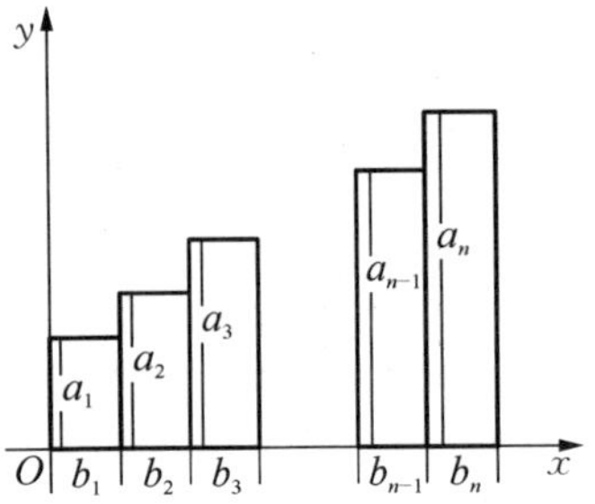

图 6

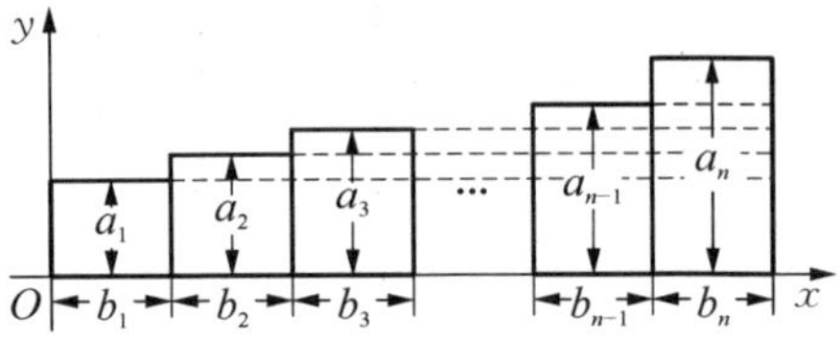

图 7

3. 高大上的阿贝尔变换

设 $S=\sum_{i=1}^{n}a_ib_i=a_1b_1+a_2b_2+\cdots+a_nb_n$，$B_1=b_1$，$B_2=b_1+b_2$，$B_3=b_1+b_2+b_3$，$B_n=b_1+b_2+b_3+\cdots+b_n$，则 $b_1=B_1$，$b_2=B_2-B_1$，$b_3=B_3-B_2$，…，$b_n=B_n-B_{n-1}$，

那么 $S=\sum_{i=1}^{n}a_ib_i=a_1b_1+a_2b_2+\cdots+a_nb_n=a_1B_1+a_2(B_2-B_1)+\cdots+a_n(B_n-B_{n-1})=(a_2-a_1)B_1+(a_3-a_2)B_2+\cdots+(a_n-a_{n-1})B_{n-1}+a_nB_n=a_nB_n+\sum_{i=1}^{n-1}(a_i-a_{i-1})B_i$。

阿贝尔公式的特点在于把数列的 $\{a_nb_n\}$ 前 n 和转化为 $\{b_n\}$ 与前 i 项的和 S_i 来处理,其中要求 a_i-a_{i+1} 与 S_i 容易求得。联想到我们所学的等差和等比数列,若 $\{a_n\}$ 是等差数列,$\{b_n\}$ 是等比数列,那么 a_i-a_{i+1} 与 S_i 容易求得,此时阿贝尔公式就大有用处。

4. 阿贝尔变换应用

(1) 错位相减法

例 1: 已知 $\{a_n\}$ 是首项是 a_1,公差是 d 的等差数列,$\{b_n\}$ 是首项是 b_1,公比是 $q(q\neq1)$ 等比数列。求 $\{a_nb_n\}$ 的前 n 项和。

$$a_n=a_1+(n-1)\cdot d,\ a_i-a_{i+1}=d,$$

$$S_i=\frac{b_1(1-q^i)}{1-q},\ i=1,\ 2,\ 3,\ \cdots n$$

代入阿贝尔公式得

$$
\begin{aligned}
S &= a_1b_1 + a_2b_2 + \cdots + a_nb_n \\
&= a_nS_n + \sum_{i=1}^{n-1}(a_i - a_{i+1})S_i \\
&= a_n\frac{b_1(1-q^n)}{1-q} - d\sum_{i=1}^{n-1}S_i \\
&= a_n\frac{b_1(1-q^n)}{1-q} - d\left(b_1\frac{1-q}{1-q} + b_1\frac{1-q^2}{1-q} + \cdots + b_1\frac{1-q^{n-1}}{1-q}\right) \\
&= [a_1 + (n-1)d]\frac{b_1(1-q^n)}{1-q} - db_1\left[\frac{n-1}{1-q} + \frac{q(1-q^{n-1})}{1-q}\right]。
\end{aligned}
$$

(2) 高次幂求和

例 2: 求证:$1^2 + 2^2 + 3^3 + \cdots + n^2 = \frac{n(n+1)(2n+1)}{6}$。

$$
\begin{aligned}
S &= 1^2 + ^2 + 3^3 + \cdots + n^2 \\
&= 1\times1 + 2\times2 + 3\times3 + \cdots + n\times n \\
&= a_1b_1 + a_2b_2 + a_3b_3 + \cdots + a_nb_n
\end{aligned}
$$

设 $a_i = i$,$b_i = i$,$1 \leqslant i \leqslant n$,$n$,$i \in \mathbf{N}^*$ 根据阿贝尔变换可得:

$a_1b_1 + a_2b_2 + \cdots + a_nb_n = a_1B_n + \sum_{k=1}^{n-1}(a_i - a_{i+1}) \cdot B_i$,

$B_i = b_1 + b^2 + \cdots + b_i$,

$S = n(1+2+3+\cdots+n) + (1-2)B_1 + (2-3)B_2 + \cdots + (i-i-1)B_n$

$S = n \cdot \frac{n(n+1)}{2} - [1 + (1+2) + (1+2+3) + \cdots + (1+2+3+\cdots+n-1)]$

$S = n \cdot \frac{n(n+1)}{2} - \left(\frac{2^2-2}{2} + \frac{3^2-3}{2} + \frac{4^2-4}{2} + \cdots + \frac{n^2-n}{2}\right)$

$S = n \cdot \frac{n(n+1)}{2} - \frac{1^2+2^2+3^2+\cdots+n^2}{2} + \frac{1+2+3+\cdots+n}{2}$

$S=n\cdot\frac{n(n+1)}{2}-\frac{1}{2}S+\frac{n(1+n)}{4}$，整理得 $S=1^2+2^2+3^2+\cdots+n^2=\frac{n(n+1)(2n+1)}{6}$。

（3）高考新视野

例 3： 数列 $a_n=\left(\frac{1}{2}\right)^{n-1}$ 前 n 项和 T_n，$b_n=\frac{T_{n-1}}{n}+\left(1+\frac{1}{2}+\cdots+\frac{1}{n}\right)\cdot a_n(n\geqslant 2)$，$b_1=1$，$S_n=b_1+b_2+\cdots+b_n$，求证：$S_n<2\left(1+\frac{1}{2}+\frac{1}{3}+\cdots+\frac{1}{n}\right)$（2015 广东高考略有改编）。

证明：可求得 $T_n=2-\left(\frac{1}{2}\right)^{n-1}<2$，设 $l_n=\left(1+2+3+\cdots+\frac{1}{n}\right)$

则 $T_i-T_{i-1}=a_i$，$l_i-l_{i-1}=\frac{1}{n}$，所以 $b_i=\frac{T_{i-1}}{i}+l_ia_i(i\geqslant 2)$，$b_1=1$，

$b_i=T_{i-1}\cdot i+l_i(T_i-T_{i-1})=T_il_i-T_{i-1}l_{i-1}(i\geqslant 2)$，$T_1l_1=1$，

用累加法 $S_n=b_1+(b_2+\cdots+b_n)=1+T_nl_n-1=T_nl_n<2\left(1+\frac{1}{2}+\cdots+\frac{1}{n}\right)$。

（4）竞赛显威力

例 4： 已知实数组（x_1，x_2，…，x_n）满足两个条件：① $\sum_{i=1}^{n}x_i=0$；② $\sum_{i=1}^{n}|x_i|=1$。

求证：$\left|\sum_{i=1}^{n}\left(\frac{x_i}{i}\right)\right|\leqslant\frac{1}{2}-\frac{1}{2n}$。（1989 年全国高中数学联赛题）

证明：设数列中的非负数之和为 A，全体负数之和为 B，则 $A-B=1$，$A+B=0$。

所以 $A=\frac{1}{2}$，$B=-\frac{1}{2}$，记 $S_i=\sum_{k=1}^{i}x_k$，$k=1$，2，3，…n，规定 $S_0=0$。

则 $|S_i| \leqslant \frac{1}{2}$，$i=1, 2, 3, \cdots n$，根据阿贝尔变换得

$$\sum_{i=1}^{n} \frac{x_i}{i} = \frac{1}{n}S_n + \sum_{i=1}^{n-1}\left(\frac{1}{i} - \frac{1}{i+1}\right)S_i = 0 + \sum_{i=1}^{n-1}\left(\frac{1}{i} - \frac{1}{i+1}\right)S_i$$

$$\therefore \left|\sum_{i=1}^{n}\left(\frac{x_i}{i}\right)\right| \leqslant \sum_{i=1}^{n-1} |S_i| \left|\frac{1}{i} - \frac{1}{i+1}\right| \leqslant \frac{1}{2}\sum_{i=1}^{n-1}\left(\frac{1}{i} - \frac{1}{i+1}\right)$$

$$= \frac{1}{2}\left(1 - \frac{1}{2} + \frac{1}{2} - \frac{1}{3} + \cdots + \frac{1}{i} - \frac{1}{n}\right) = \frac{1}{2} - \frac{1}{2n}。$$

变式推广：已知：实数组 $(x_1, x_2, \cdots, x_n)$ 满足两个条件：

① $\sum_{i=1}^{n} x_i = 0$；② $\sum_{i=1}^{n} |x_i| = 1$。

当 $a_1 \geqslant a_2 \geqslant \cdots a_n$，$a_1 > a_n$，则 $\left|\sum_{i=1}^{n} a_i x_i\right| \leqslant \frac{1}{2}(a_1 - a_n)$。

（二）随风潜入夜、润物细无声

——结合数学教材内容，加强德育渗透教学案例一则

在“函数的概念及其函数的表示方法”这一课时教学设计中，精选实例，从不同的角度去渗透德育教育，作了一些有益的尝试。

【本节课的学科知识目标有两个：1. 进一步理解函数的定义；2. 通过实例理解函数的表示方法有三种：解析法、列表法、图像法，并能在实际情景中根据不同的需要选择恰当的方法来表示一个函数。】

以下是本节课从以下五个角度去设计的教学方案：

设计一：挖掘实例蕴藏着的丰富内涵，不失时机地进行多方位的爱国主义教育

介绍函数图像表示法时，突出运动变化的观点，加强数形结合的思想方法。设计两组三个实例：

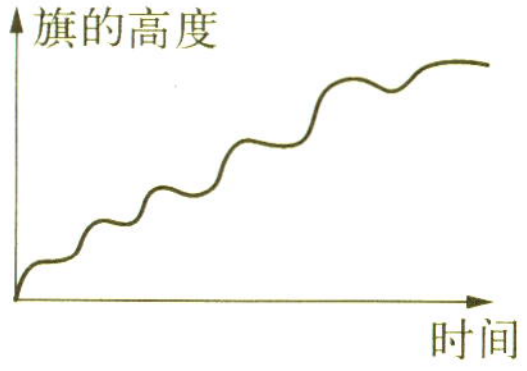

事例 1：每次升国旗的时候，旗帜沿着旗杆上升的高度与时间对应的图像。

设计意图：让学生通过旗的高度与时间这两个维度之间存在一个函数关系，这个关系通

过图像表达出来后，让学生想象和交流表达出当时的实际升旗情景。这里数学的交流成为重要的部分，在师生互动性的教学中，无意识地进行了一次爱国主义教育，顺其自然，效果极佳。

事例 2：密切关注社会，增加生活实例，引导学生关心生活，树立理论与实践相结合的观点。

A. 上海市近 50 年来各年份与人均住房面积对应的图像。

B. 近 10 年上海城市绿地面积的数据所对应的图像。

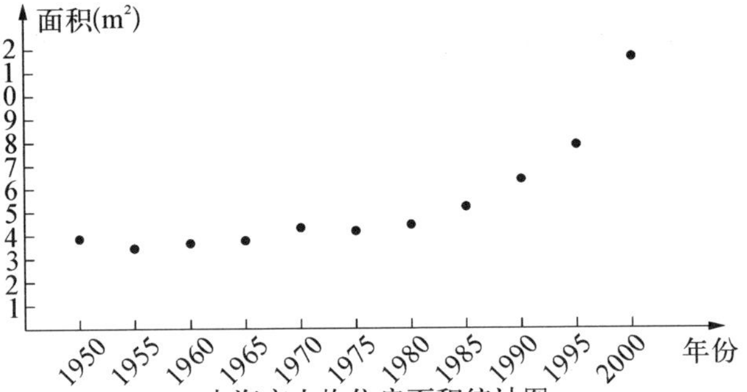

上海市人均住房面积统计图

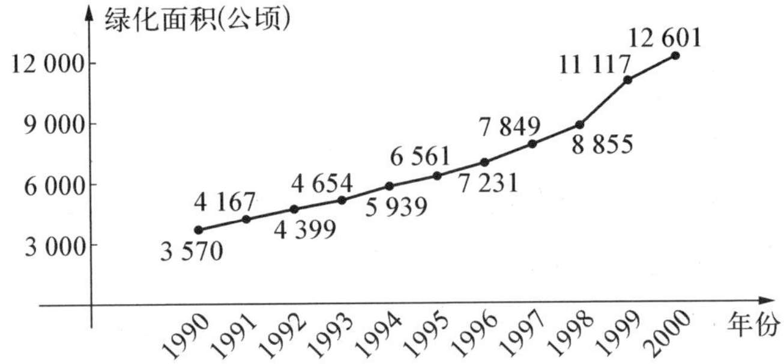

B 设计意图：通过一组数据使学生感受到了国家的发展，人民的生活水平有了很大的提高，我国社会主义建设和社会主义市场经济取得的伟大成就，增加学生的民族自豪感和爱国主义思想，从而进一步使学生明确要为国家富强、人民富裕而努力学习，将来为社会主义现代化建设服务。

设计二：结合数学内容，创设故事情景，进行德育渗透

在介绍函数的解析式表示方法时，列举两个实例：

年份	1950	1955	1960	1965	1970	1975	1980	1985	1990	1995	2000
面积（m^2）	3.9	3.6	3.8	3.9	4.4	4.2	4.4	5.4	6.6	8.0	11.8

节约用水：学校的某个水龙头没有拧紧，每一秒滴一滴水，每滴水的体积是 5×10^{-5} 升，设滴水的时间为 x 秒，流失掉的水为 y 升，

(1) 试建立 y 与 x 的函数关系式；

(2) 计算如果全校 1 500 个师生，每人节约一滴水，可以节约多少水？我国有 13 亿人口，如果人人节约一滴水，可以节约多少水？

设计意图：目前全球已形成水危机，而节约用水又不被学生所重视，通过此例让学生去体验“积少成多，滴水成河”的哲理，教育学生从我做起，随时把水龙头关紧，激发学生节约用水保护水资源的意识，树立环保意识，培育学生关心社会，关心生态环境，关心可持续发展的社会责任感。

乘出租车的一段录像：一天下午放学后，天正下着大雨，一些教师和学生（均没带雨具）在校门口等候乘出租车回去（某种出租车价格规定：起步费 10 元，可行驶 3 千米，3 千米以后每千米 2 元计价），一辆车驶过，车还未停稳，几个互不相识的学生在抢同一辆车，学生甲先争到了……到达目的地时甲用假币付车钱被发现，最后付了钱狼狈中又忘记索取发票，也忘拿了书包，最后是驾驶员发现后提醒了学生甲……

设计意图：(1) 培养学生的细心观察的能力、捕捉信息、数据的能力；(2) 掌握一方面车费 y（元）与行车路程 x（千米）之间的函数关系：$y=\begin{cases}10(0<x\leqslant3)\\2x+4(3<x)\end{cases}$，(3) 教育学生要文明候车、要谦让、做人要诚实，同时要加强安全意识和消费者维权意识（索取车票），让学生在故事中潜移默化的感悟德育教育。

设计三：同一问题，运用辩证法的观点，应寓思想教育于数学教学之中

在探索函数不同表示方法的过程中，同一问题，还可以从其他的

角度去理解。例如上面所介绍过的两个实例：

出租车车费与里程的关系也可以用图像法表示。

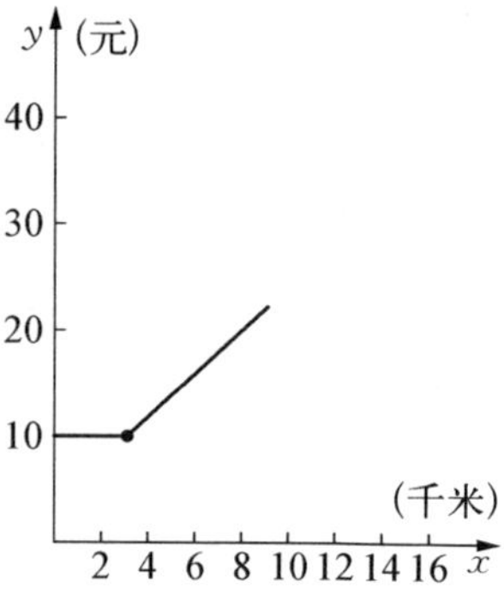

上海市人均住房面积可以用列表法表示。

设计意图：利用数学教学内容揭示数学概念中蕴含着事物的运动变化，以及事物间依一定规律相互联系和相互转化的观点，让学生树立科学的世界观、人生观。

设计四：利用函数的发展史，宣传数学在社会主义建设中的作用，增强学生的社会责任感

通过学习函数的三种表示法后，从而进一步理解把握“函数概念”，利用互联网多媒体信息技术，配大量的图文资料给学生讲述函数概念的发展史是漫长的发展过程，再结合数学家们在函数发展中所做的巨大贡献，对于刚接触到函数的初中同学来说，虽然不可能有较深理解，但无疑对加深理解课堂知识、激发学习兴趣将是有益的。

设计意图：(1) 以数学发展史创设情境，不但可以教育学生而且可以增强学生对数学的认识，丰富数学知识，开拓思维，提高学生学习中的智力参与度，使学生增强社会责任感和使命感。

(2) 函数定义的发展实质是运动和变化的思想在数学中的具体体现，培养学生的批判性思维，不盲从、不迷信、不唯书、不唯上、不唯师，努力学习，成为有用的人。

设计五：利用课堂小结，交流体会感想，使思想教育得到升华

通过自主小结和教师的点拨，使学生明白了生活中多姿多彩的函数实例可以用不同的方法来表示，由此联想我们每个人的人生的道路并不是一帆风顺的，有同学就如同函数图像一样，有时平坦，有时崎岖；有时高潮迭起，有时低潮绵延，应始终保持冷静向上的人生态度，去经受成功与失败的考验。

教学反思：

“十年树人，百年树木”，人的思想道德教育的过程是潜移默化的长期过程。

一、充分发挥教师在教学中体现的人格魅力

教师自身的形象、其体现出来的一种精神对学生的影响是巨大的，也是直接的。教师的板书设计、语言表达、仪表等都可以无形中给学生美的感染，从而陶冶学生的情操。

就这节课而言，为了达到德育教育的有效性，课前精心准备，收集信息，关注社会、关注生活（如现代社会中的人口问题、资源问题、环境问题、生活起居问题等与数学关联紧密），自己所体现的敬业精神、社会的责任感，直接影响着学生，这样对他们以后的学习工作都有巨大的推动作用。

二、充分利用教材、关注和挖掘数学教材中的德育素材

在现行数学教材中，大部分思想教育内容并不占明显的地位，这就需要教师认真钻研教材，充分发掘教材中潜在的德育因素，结合改革开放国家取得的辉煌成就，列举典型事例充实到数学课堂教学中去，把德育教育贯穿于知识的分析中，时时抓住每一个教学环节、每一个教学知识点蕴涵的德育因素，适时渗透思想品德教育，让学生在学习知识技能的同时，接受德育的熏陶，让学生的内心去真切地体验数学来源于实践又反过来作用于实践，关注他们的健康成长。

三、德育渗透做到自然妥帖，切实可行

在教学中，结合学生思想实际和知识的接受能力，注意策略，点点滴滴，提高渗透的自觉性、把握渗透的可行性、注重渗透的反复性。

在进行德育渗透的同时要注意与时俱进、文道结合，使数学学科诸因素与德育内容和谐统一，恰如随风潜入夜的春雨，滋润万物，以达到德育、智育的双重教育目的。

总之，德育教育本身就是一个永恒而内涵丰富的概念，作为数学教师，如何在数学教学中渗透德育是一个重要并且需要进一步研究和探索的课题。

点评：

本节课的教学设计从学生的生活实际出发，通过大量生动的事例以及蕴涵的哲理，通过教师有层次性地教学，非常自然地对学生进行了德育教育。

学生也在课堂中学到了很多书本以外的知识、非数学的知识，数学课堂中时时处处无不涌动着德育渗透，学生在学习中能感受到学习过程是自己的成长过程。

这节课处处体现了新的教育理念，其特点与价值在于：

1. 设计了生动的教学情景

教学与学生的知识与经验产生紧密的联系，有利于学生的学习和发展，并且在情景的设计中德育渗透、思想教育。

2. 积极注重情感体验，发展学生的积极情感

借助数学丰富的语言表达形式，利用现代多媒体信息技术的力量，对学生进行德育教育——渗透国情教育、环保教育、安全教育、诚信教育、辩证唯物主义哲理教育，树立科学的人生观、世界观等。

3. 介绍有关的函数史背景知识，体现数学的育人价值

学生了解数学知识的产生与发展首先源于人类生活的需要，体现数学在人类历史发展中的作用，激发学习数学的兴趣。

4. 小结与众不同，画龙点睛

出彩的小结，心灵的启迪，师生的情感再次无形中受到了教育和熏陶，思想教育得到升华，推向高潮，学生在一定心理需求下的自发道德行为会有助于他完成由自发到自觉的飞跃，从而形成高尚品质。

5. 体现用教材而不是学教材的观点，有创新性

不拘泥于已有教材，而是根据实际需要适当地改变教材，注意了数学问题本身与社会的联系，是社会价值的体现，同时也进行了德育的渗透，这是一种积极的努力与尝试。

第四章

教研活动中六个适合数学教学平衡的案例研究

同一模块内容在不同年级中六个适合数学教学平衡的实践案例

——一副三角板的探究

工作室活动教研培训策略的思考

在工作室活动中，除了对执教者进行磨课，手把手指导以外，更需要在教研活动举行期间不能仅仅让参加活动者关注执教者与众不同的教案与教法，更应该给学员们展现教研的思想，展现备课组、教研组、师徒们一起思考一起磨课一起教学研讨活动的轨迹，要让工作室的学员们直观感受到如何磨炼课的过程，让学员体会到关注研究过程比看到课更重要。

教研主题从零散走向聚焦，教研形式从随机走向预设，教研重点由表征走向实证，把教研活动培训策略定位在“磨课过程中关注教师的行动轨迹，寻找一个适合的呈现方式”——同一个老师的磨课过程前后两份教案的设计思考对比分析同时呈现在教案中，让观课者去思考、去探讨、去研究。因而形成联系紧密、前后呼应的自觉、理性、有序的动态发展教研机制。

以“六适数学教学平衡”指引下的研修行动，规范了教师们教学环节，教学行为反思有了依据，教研实效得以增强。形成“思路清晰、目标明确、团结协作、作业实在、研训有效”的模式。

本案例介绍围绕工作室的六适数学教学平衡主题教研活动的过程：“命题——展示——备课——试教——磨课——展示——研讨——反思作业——再实践”。

以下是系列活动的流程图：

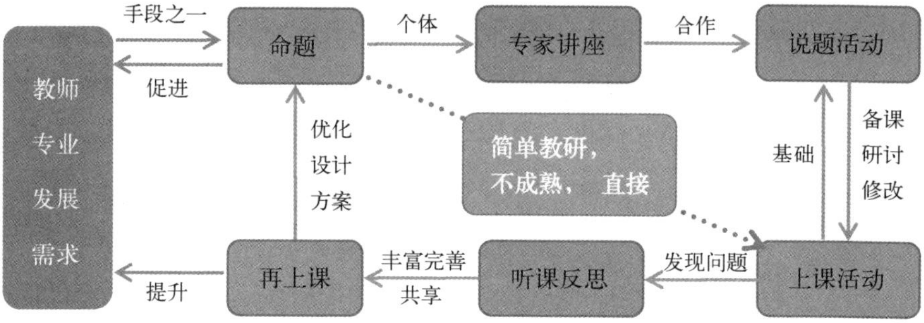

一、开展命题活动，提升专业素养

为了充分发挥考试评价对教与学的导向作用，引导数学教师透彻地领悟数学教材内容，精准把握教学重点，准确把握数学学科教学的本质和规律，提升教师对数学题目的甄别、筛选、评价、命制和开发研究试能力，促进教师专业学科专业提升。奉贤区教育学院教育研究中心初中数学于 2019 年 3—5 月开展了“数学命题能力测评展示活动”。

（一）原题重现

三角板是学生最常用的学习工具之一，此次命题测试的题目之一“以一副三角板为载体，辅以重叠、旋转、翻折等图形运动，编制一个数学问题（题型不限），写出简单的解答过程，并说明所编题目考查的学科目标”。

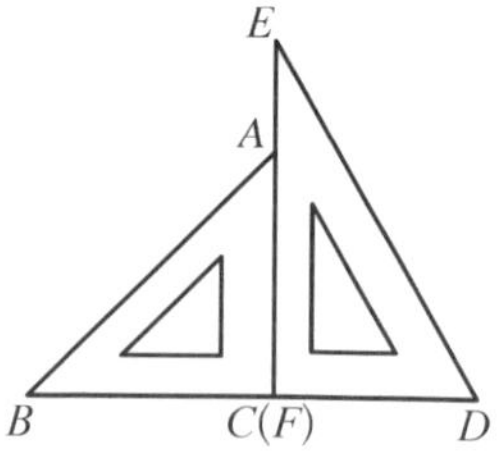

例如：一副三角尺按如图的位置摆放（顶点 C 与 F 重合，边 CA 与边 FE 叠合，顶点 B、C、D 在一条直线上）。将三角尺 DEF 绕着点 F 按顺时针方向旋转 n° 后（$0 < n < 180$），如果

$EF \parallel AB$，那么 n 的值是________。

（二）专题培训

3 月 22 日，在相关教研员组织下，报名参加测试活动的老师聆听了静安区教育学院数学教研员沈老师的讲座。教师们再次体会到：命题不仅仅是为了考试，同时为评价课堂教学，提高效率提供了很好的指导作用，教师们学会区分教师做题和学生做题之间的差异，善于在平时的教学中积累数学命题的素材。

（三）抽签分组

专题讲座结束后，张海君工作室学员袁晓婷、李刚、陆燕迪与头桥中学李老师、汇贤中学赵老师抽到了同一个组，通力合作，一起研究。

（四）研讨展示

1. 确定方向，说题内容研究适合

该小组充分酝酿后确立了以一副三角板为模型的说题内容。

基于学情，以课程标准和教材为依据、立足课堂教学为准则，设计一系列符合初中阶段各个年级、不同层次可教、可练、可测的题，以重点数学知识为载体、突出数学思想、方法和学科育人价值。

2. 研讨交流，活动目标定位适切

本次展示是前期命题比赛后的一个活动。大家对这次活动目标定位十分适切，围绕如何开展命题，不仅仅展示命的最后的题，而是题目命制的过程中的困惑、疑难与灵感，展示命题的痕迹。

认识一副标准三角板的构成；会研究一副三角板在静态位置时重构的新图形，输理探究新图形的性质所涉及的数学知识方法；感悟体会三角板在三类图形运动过程中存在的“变”与“不变”的量，编制与学生水平相适配的问题。

3. 思维碰撞，两个思路确立适当

一副三角板是两个“不变”的图形，边、角都已经确定。当我们将这副三角板按照这个位置进行图形的运动变化，那么可以有很多数学量值得挖掘探究，例如边、角、边的比值、面积周长、图形的形状、图形间的关系。研究者将“不变”与“变”两个关键词进行梳理研究。

（1）一副三角板中的“不变”

一副三角板，从角上看，30°、60°、90°和 45°、45°、90°，这些角的大小是不变的；从边上看，在一个含 30°角的直角三角板中，三条边的比是 $1:\sqrt{3}:2$；另一个含 45°角的直角三角板中，三条边的比是 $1:1:\sqrt{2}$，三条边的长度可以变化，但是三边的比是不变的。对于一副标准的三角板而言，有两条边的长度一定是相等的。因此，如果已知三角板中的任意一边的长，就能求出另外五条边的长度。基于以上这些不变的元素，可以将一副三角板的两条相等的边重合，如图摆放，然后针对不同年级的不同知识点，进行命题。

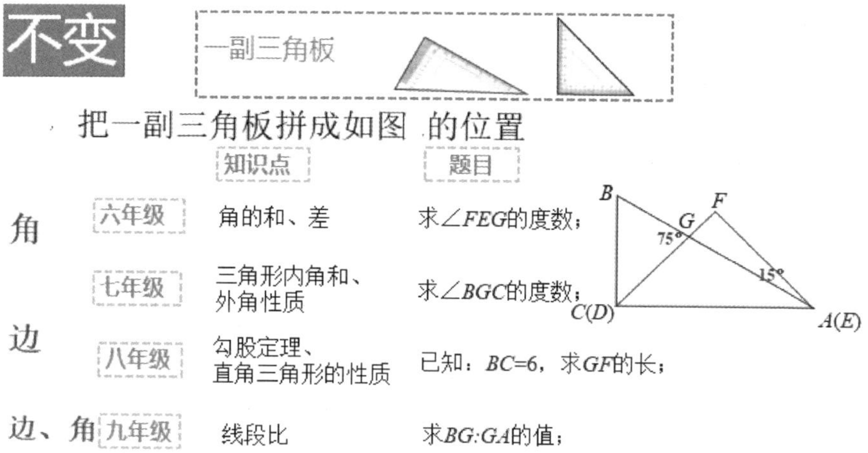

对于六年级的学生，可以利用三角板的确定的角度进行命题，如求$\angle FEG$ 的度数，主要考查的知识点是角的和差；对于七年级的学生，在学习了三角形的内角和、外角性质后，可以求$\angle BGC$ 的度数；对于八年级的学生，利用勾股定理和特殊的直角三角形的性质，可以进行一些关于求边长的命题，如已知 $BC=6$，求 GF 的长；对于九年级的

学生，可以综合边、角的条件进行命题，如求 $BG:GA$ 的值等，考查的知识点相对比较综合。

一副三角板在边、角确定的情况下，基于一些不变的元素，可以对不同年级的学生进行命题。在七年级时，学生已经学习了图形的运动，平移、翻折和旋转，如果将一副三角板和图形的运动相结合，使图形位置发生变化，又可以进行一些其他的命题。

（2）一副三角板中的“变”

一副标准的三角板是有两边相等的，也就可以拼成图 2 的位置，通过三种图形的位置的变化，可以编制不同的题目：

- 翻折

通过把等腰直角三角形沿直线 DE 翻折后，可以和另一个三角形重构成一个四边形，这个图形的特征是形状确定，但大小不确定的。这个时候我们可以求其中一个角的三角比。

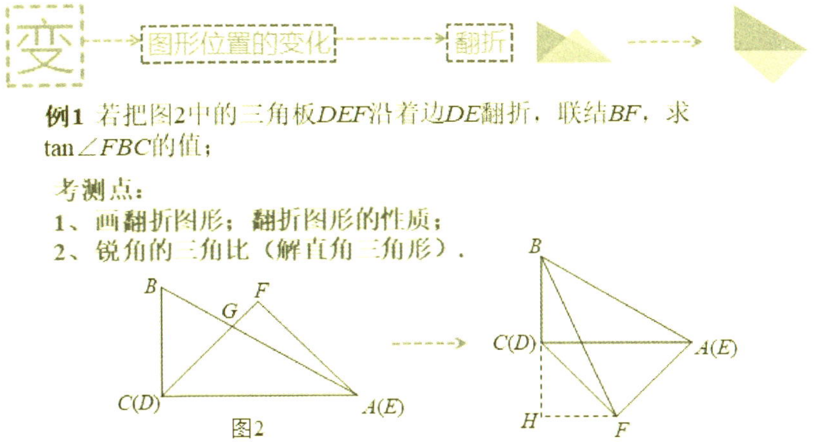

- 平移

当 $BC=6$ 时，通过把等腰直角三角形沿着射线 AC 平移后，可以把这个三角形平移到一个特殊位置，这时候可以求平移的距离以及重叠部分的面积。如果把平移距离设为一个变量时，重叠部分的面积也是一个变量，这时也可以建立这两者的函数关系式。

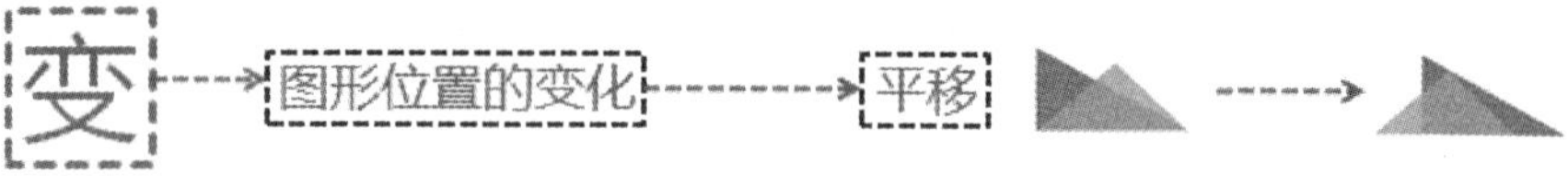

例2 当$BC=6$时，若把三角板DEF沿着射线AC方向平移，当点F落在线段AB上时

（1）求平移的距离；

（2）求此时两块三角板重叠部分的面积.

考测点：

1、画平移图形；
平移的性质；
2、面积割补法.

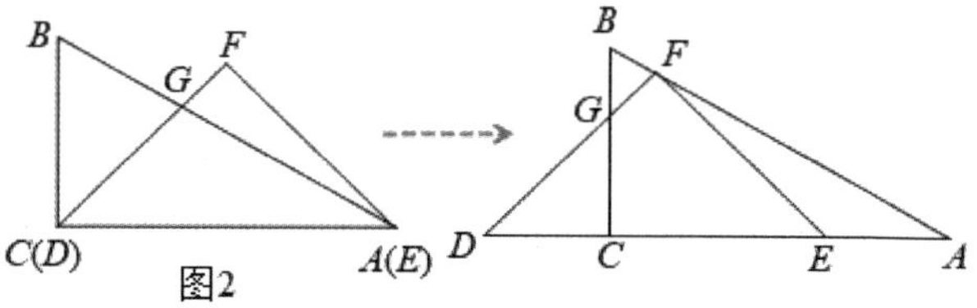

图2

- 旋转

把等腰直角三角形绕着点 D 旋转，同样可以落到一个特殊位置，如：当点 F 恰好落到线段 AB 上时，旋转角是确定的，所以编题的时候可以求旋转角。如果给定一条边长时，还可以求点 E 经过的路径的长、线段 DE 扫过的图形的面积、EF 扫过的图形的面积。

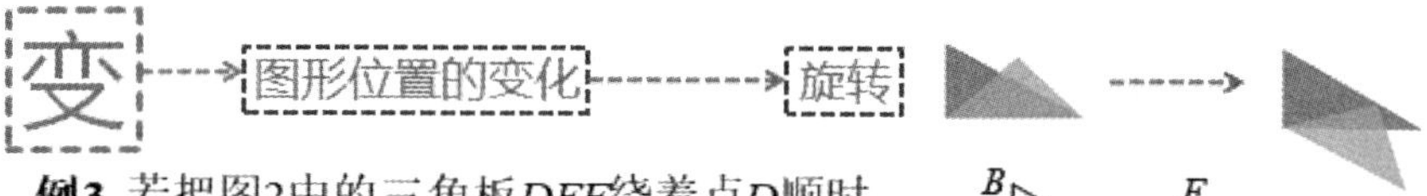

例3 若把图2中的三角板DEF绕着点D顺时针旋转α（$0\leq\alpha<360$）度，当点F恰好落在射线BA上时

（1）求α的值；

（2）当$BC=6$时，

① 求点E经过的路径的长；

② 求线段DE扫过的图形的面积；

③ 求线段EF扫过的图形的面积.

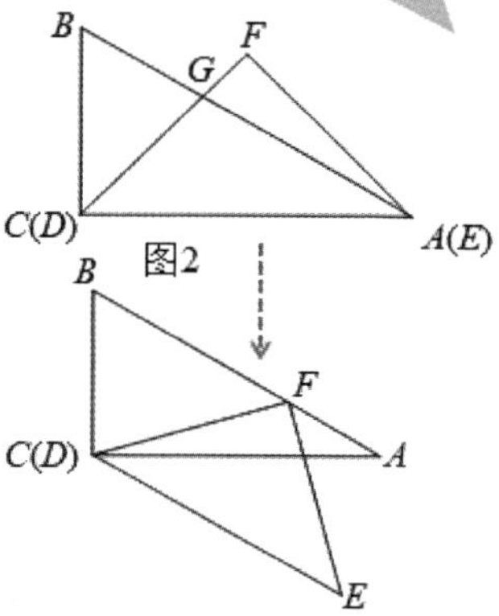

考测点：

1、画旋转图形；旋转的性质；
2、弧长公式；扇形面积公式；面积割补法；

上述三种不同的位置变化最后考测的都是综合内容，但却又都是在学生会画图的基础上进行的。一副三角板也有一对直角相等，可以利用这对相等的直角继续编制不同位置的题目。对高中教师、学生来说也可以组成空间图形的研究。

前期的说题研究，可以说教师们专业素养得到了一定提升，进步很大，自我也很满意。按照以往教研机制，这个活动告一段落，也达到了预期目的。

方案设计很丰满，在教学实践中是否可行？这毕竟是教师们的纸上谈兵，凭的是经验，课堂教学中学生会遇到什么样的新问题，并非命题者所成完全所考虑周到的，又该如何完善弥补？

教师、教材、学生之间有很多的不平衡。教师对教材解读定位的不到位，把文本知识当作静态，忽视教学过程中的生成性、情境性和不可预测性；教师和学生之间是把一个容器中储存的知识倒入另一个可接受知识的容器，是知识之间单向的传输，没有关注以人为本的教学理念，忽略了学生作为学习主体的情感因素；教学过程受教学时间有限性的制约，尤其课堂生成的时间更加少，假如过分关注生成，那么教学过程远离原先预设的目标和教学任务，教学的主要目标就会落空，这需要教师的教学智慧，需要一个适合的处理方法，需要在预设与生成之间寻找平衡，才能达到适合的教育要求。

二、实践操作验证，检验课堂效果

工作室开学初计划围绕六适数学教学平衡主题研究于 5 月中旬举行一次教学实践研讨活动，课题拟定“平行四边形的复习”。刚参加过命题比赛、展示活动的两位上课教师，把课题改成“一副三角板的研究”，试图将研究成果转化为上课内容，两位教师积极准备试讲，邀请同行、导师试听，一起磨研完善。

（一）主题阐释

探寻展现教与研磨课整个活动轨迹的适合载体

同一模块内容在不同年级中

六个适合数学教学平衡的实践案例

以下是一份展示研讨过程的对比式案例。

原课题：一副三角板中的几何计算

现课题：一副三角板中的四边形探究

栢林学校　李刚　2019.5.22

一、教学目标	
修　改　前	修　改　后
通过对直角三角形有关的定理和性质复习，灵活运用其进行计算和证明；探索问题的解决过程中，体会图形中的变与不变，渗透从特殊到一般的数学研究思想，培养学生解决问题的能力；在独立思考、小组讨论的活动中，进一步提升数学逻辑思维能力，体现育人价值。	通过对含30°和45°的直角三角形三边之间关系的计算，复习勾股定理及部分直角三角形的性质定理，结合最近所学四边形，将一幅三角板拼成一些四边形，探究四边形中的一些性质，如四边形对角线、特殊图形的判定（梯形的判定方法）等，探索问题的解决过程中，将四边形问题提转化为三角形，体会转化的思想，在图形的运动变换中，锻炼学生的空间想象能力，解决问题的能力；在独立思考、小组讨论的活动中，进一步提升数学逻辑思维能力，体现育人价值。

二、教学重点和难点	
修　改　前	修　改　后
重点：掌握直角三角形定理和性质，运用直角三角形定理、性质计算和证明。 难点：运动变化中掌握变与不变，灵活运用知识解决问题。	重点：围绕四边形中的几何量问题转化为寻求适合的三角形问题求解。 难点：（保留）

教学过程：

教学环节	原来设计	修改后	六适的比较分析
一、复习回顾引入	已知：如图 1，三角板 ABC 与三角板 DEF 是一副三角板（$\angle C=\angle F=90^\circ$，$AC=DE$） 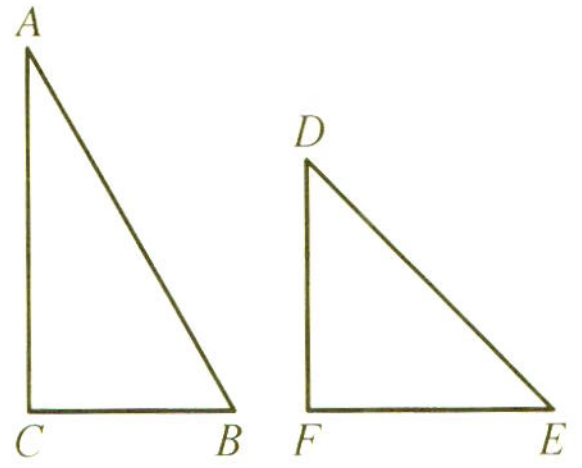 图 1 若最短边 BC 的长为 6，求这副三角板的其他五条边的长度。	已知：如图 1，三角板 ABC 与三角板 DEF 是一副三角板（$\angle C=\angle F=90^\circ$，$AC=DE$） 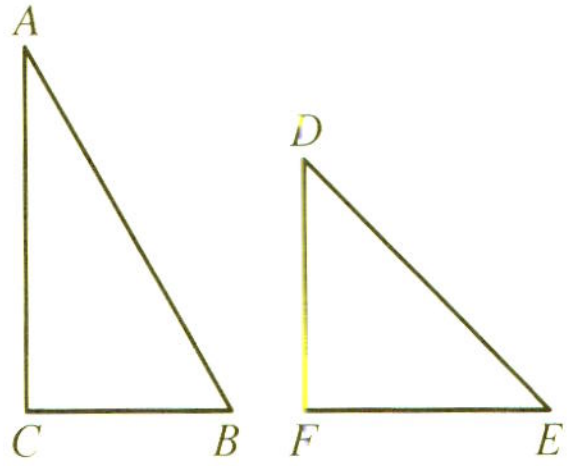 图 1	原来：通过对以前的所学的知识的回顾，结合本节课的探究发现两个三角板一边相等的特性，已知一边可求剩余五边，并为后续铺垫。 现在：通过知识回顾的同时，将重要的特殊结论 $1:\sqrt{2}$，$1:\sqrt{3}:2$，适当重要的结论记忆，也为后续做好铺垫
二、问题探究 1	如图 2，把两块三角板的直角顶点重合在一起，如图，将三角板 DEF 绕着点 F 旋转，当点 D 落在边 AB 上时，求 BD 的长。	如图 2，将一副三角板的相等边重合在一起，求四边形 $ABCF$ 的对角线 BF 的长。	原来：在图 1 的条件下利用图形的运动来研究运动后的线段长度，体会在非直角三角形情况下对特殊角的敏感性，构造适当的直角三角形。

（续表）

教学环节	原来设计	修改后	六适的比较分析
二、问题探究 1	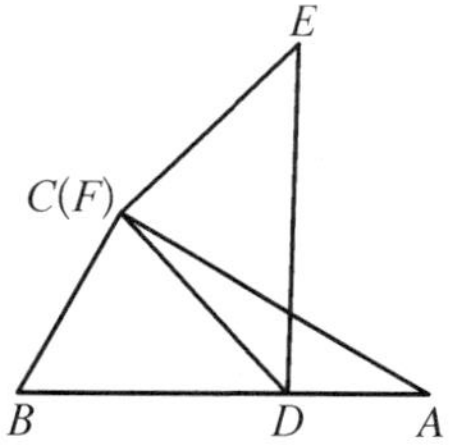 图 2	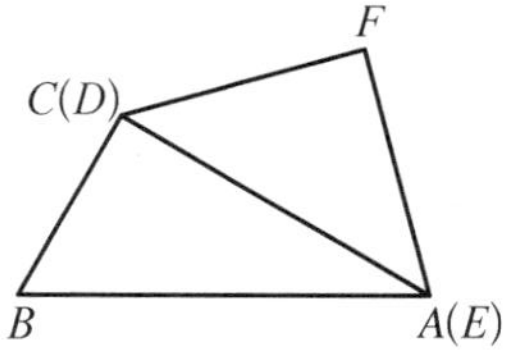 图 2	现在：利用图 1 探究观察到的相等特性进行拼图，适当借助教具帮助我们理解画图，培养空间想象能力，并结合了我们最近学习的四边形中的对角线，再构造适合的直角三角形利用边之间关系，来帮助解决问题。
问题探究 2	如图 3，$\triangle ABC$ 中，$CD=\sqrt{2}$，$\angle B=45^\circ$，$BA=3$，点 D 是边 BA 上的一个动点，若 $CD=CE$，且 $\angle DCE=90^\circ$，设 $BD=x$，$ED=y$，建立 $y=f(x)$ 的函数关系式。 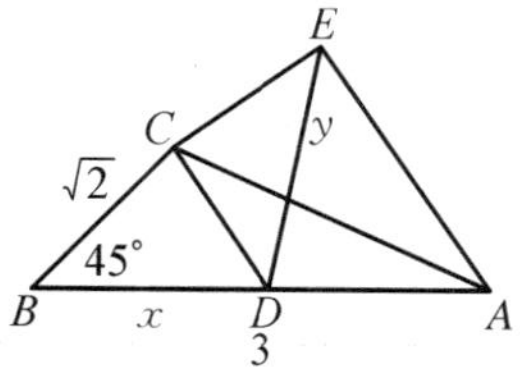 图 3	如图 3，将图 2 中三角板 DEF 绕着点 A 旋转，当点 D 落在边 AB 上时，连接 CF，你能求 CF 的长吗？ 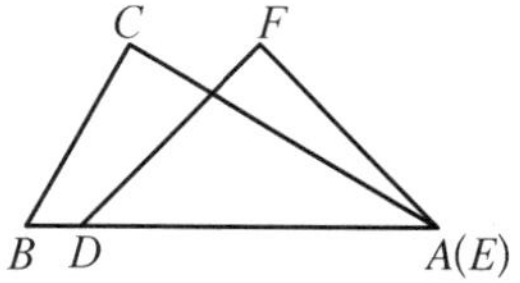 图 3	原来：在运动变化过程中蕴含着函数关系，并且弱化条件，将原来的一副三角板转化成一个定三角形（含特殊角）和一个定形而不定大小的等腰直角三角形，感悟运动变化中的函数关系。 现在：根据探究的方法，在探究 1 的基础上定旋转点将斜边旋转重合的情况，得到特殊的四边形，和我们的梯形知识吻合，让

(续表)

教学环节	原来设计	修改后	六适的比较分析
问题探究 2			研究的内容更加贴近我们最近所学内容。并且将问题解决的通解通法再次巩固。 可以通过平移操作，猜想，计算推理论证 $ABCF$ 是梯形，跳出了教材中几何证明的题海训练模式，是真正的探究。
问题探究 3	探究 2 的基础上，若 $\triangle CBD$ 是等腰三角形，求 BD 长。	如图 4，把两块三角板的直角顶点 C、F 重合在一起，将三角板 DEF 绕着点 C 旋转，当点 D 落在边 AB 上时，连接 AE，你能求边 AE 的长吗？ 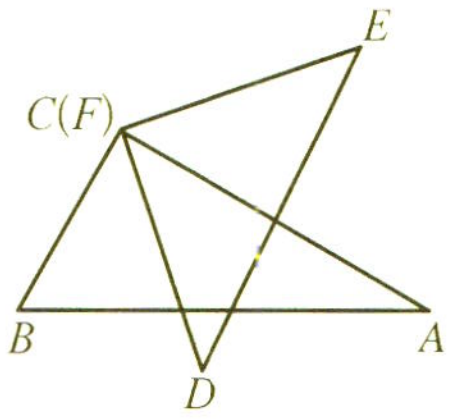 图 4	原来：在探究 2 的基础上，通过多媒体的演示三角形还存在其特殊的图形，产生分类讨论的思想，进一步巩固本节课对于构造直角三角形并利用其性质解决问题。 现在：前面对边重合探究，接下来点重合运动探究对应的特殊位置，进一步拓展和提高学生的空间想象能量和运动变化过程中画图、识图能力，提高学

（续表）

教学环节	原来设计	修改后	六适的比较分析
问题探究 3			生几何辩证能力，并进一步引导学生适当利用教具辅助画图。教给学生对于重要问题的分析以及重要的解题方法的总结。
三、小结	小结： 1. 知识点 2. 在解决具体问题中你的收获与困惑是什么？ 3. 运动变化中可以继续探究。		
四、作业布置	(1) 完成工作单中探究的解题过程； (2) 思考：完成探究 3； 若$\triangle CBD$是等腰三角形，求 BD 的长。	(1) 完成工作单中探究的解题过程；如图 3，$\triangle ABC$ 中，$CD=\sqrt{2}$，$\angle B=45°$，$BA=3$，点 D 是边 BA 上的一个动点，若 $CD=CE$，且$\angle DCE=90°$，设 $BD=x$，$ED=y$，建立 $y=f(x)$ 的函数关系式 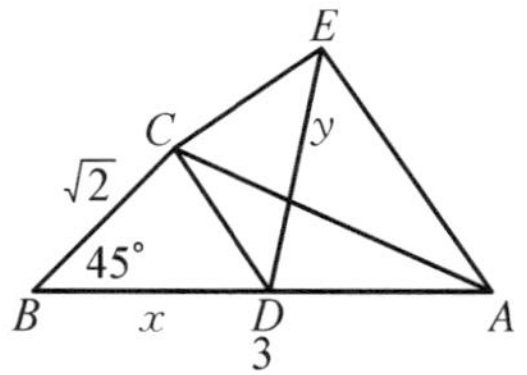 若$\triangle CBD$是等腰三角形，求 BD 的长。	

教案设计说明

修　改　前	修　改　后
本节课是以一副三角板为主要背景下，设计一些有关直角三角形的定理和性质的计算证明问题。教学设计中安排了基本的定理和性质的回归，通过对一副三角板的不同拼法，在运动变化中体会变与不变。达成本节课的目标，突出教学的重点。通过问题的设计，层层引导，达到知识的生成和运用，让学生一步步了解探索问题思路。 1. 由浅入深，低起点 首先，由学生熟悉的一副三角板出发，再次认识其中的元素，从中发现可能以前一直没有发现的一个就是等腰直角三角形的斜边等于另一个三角板的较长直角边的长，从而为本节课探究一副三角板中蕴含的数学知识拉开序幕。进而给出其中最短的一条直角边长，就可以求出其他剩余五边的长度，这样设计是为了照顾到班级中的学困生。 2. 由不变到变，通思想 给出一副三角板，让学生从特殊的图形中得到角和边的特殊关系。然后选择运动的角度进行简单变化，在问题解决中体会到不变到变的研究问题的数学思想方法。让学生合作交流，促进合作学习的意识，老师在其中要注意问题的引导，特别是添加辅助线的指导。对特殊图形中的特殊角度的敏感度。进而在变化过程中利用不变的特殊条件来解决变化的问题。 3. 注知识衔接，重课本 通过前面变与不变的问题探索，结合具体问题进行分析和运用并注意知识的结合。让学生体会到针对直角三角形，以及出现特殊角度的情况下，我们可以结合书本中哪些知识点来解决问题，在非直角三角形有特殊角的情况下，我们如何去转化。	本节课的设想是以一副三角板为主要背景下，在学生已有的直角三角形中，借助勾股定理求解边长，在特殊直角三角形（含有30°、45°的直角三角形）的边长求解，以及在求解过程中适当构造直角三角形等已有知识基础上，借用中考中重要的一个模型将两边一角的解三角形问题转化为直角三角形，运用两次勾股定理进行求解三角形是本次教学的重点内容。 一、整合学生所学的知识，开发适合的学习素材 最近八年级下学期学生刚结束对四边形章节的学习内容，对于四边形的计算和证明思想有一定的基础，也是四边形教学的重难点，三角形又是几何图形中最简单的封闭图形，针对这个内容，联系已有的知识网络，更好地将以往的知识进行衔接，深刻体会三角形和四边形之间的紧密联系，探索三角形与四边形之间的相互转化，体会转化思想，更好地帮助学明白探究四边形中的一些知识需要转化为三角形，转化为直角三角形。 二、适合的数学基础铺垫是课堂教学探究的基石 整个教学设计中从一副三角板独立存在的时候开始回顾其中包含的相关知识点，不仅对知识点的回顾，更将知识点进行深化，将特殊直角三角形中的边角之间的重要性的结论给学生更加明确，适当的地对特殊结论记忆化，也为后续的几何教学做好良好的铺垫作用。 三、构造适合的直角三角形，体会数学的转化思想 在观察分析中引出探究1，发现一副三角板中等腰直角三角板的斜边与另一三角板的较长直角边相等的情况下，将两个三角板相拼，得到相应的四边形的探索过程，并且在四边形的对角线的求解过程中，针对所要求解的线段，回归到方法的引领，构造适合的直角三角形这个重要的图形，然后利用特殊的角度进行相应的求

（续表）

修改前	修改后
本节课着重对一副三角板为前提下的几何计算的探索，层次清晰、主线明确；注重对知识的研究过程，体会研究数学问题的方法。立足于自主学习和共同研讨的课堂模式，努力创设富有研究气息的数学课堂教学。其实还有其他的拼法和运动变化下的计算和证明，有待大家继续探究。	解，让学生体会其中的重要数学转化思想，在操作讨论中，适当地借助我们身边的教具（三角板）来辅助我们做出相应的图形，进而得到结论的求解。在探究 2 的教学中，也是在探究 1 的基础上，要利用运动的思想将图形进行旋转到一个特殊的位置。让学生在运动变化过程中体会其中的变与不变，仍然让学生借助我们的教具（三角板）来具体操作感受这个过程，形成一个梯形，进而求解梯形的底边长度，这里选取适当的辅助线方法，将四边形的问题转化成三角形的问题，再利用其中不变的三角板中的特殊角度，使问题得到解决，其中重要的通解通法要适当地给学生总结归纳。在边的重合情况下的探究转到点的重合探究，体现对问题探究的一般方法，进入探究 3 的研究，使两个三角板的直角顶点重合，使等腰直角三角形的一锐角顶点通过旋转运动到另一个斜边的特殊位置，形成一个两条斜边出现特殊的位置关系——垂直。进而在利用相应的方法构造特殊角下的直角三角形，求出相应的边，再通过相应的边得到角的关系，体会图形中的重要边角之间的相互转化，体会运动变化的思想。 四、适当使用教具，体会图形的形成过程，体现学科育人价值 本节课在这个教学设计中，主要就是利用这一副三角板来体会图形的形成过程，针对学生在考试过程中的运动变化题型，不可能出现像几何画板等媒体呈现出运动变化的清晰的结果，所以在这里尝试尽量利用我们身边适当的教学用具，来引导学生得到相应的运动和图形，其中锻炼了学生的画图能力和空间想象能力。在这样的教学引导下更加训练学生的学习能力。然后合理利用媒体的功能来演证我们结论的正确性，进一步提高了学生对数学学习的信心。

（二）展示研讨

导师张海君总结大家的一些初步的共识：

以一副三角板为教具背景进行命题开发，基于学情，以课程标准和教材为依据、立足课堂教学为准则，设计一系列符合初中阶段各个年级、不同层次可教、可练、可测的题，以重点数学知识为载体、突出数学思想、方法和学科育人价值，并在课堂中能进行教学实践。为此要立足以下四个角度：

首先设计过程中整合学生最近所学的知识，开发适合的学习素材；其次适合的数学基础铺垫是课堂教学探究的基石；再次是解决问题的策略要适当，构造适合的直角三角形，利用特殊的角度进行相应的求解，让学生体会其中的重要数学转化思想；最后教具的适当使用，在体会图形的形成过程，关注过程，尊重学生，学科育人价值得到充分体现。

刘达老师指出问题解决应该关注"四能"，即：发现问题、提出问题、分析问题和解决问题。我们要会用数学眼光观察世界，会用数学思维思考世界，会用数学语言表达世界。同时，刘达老师充分肯定了李刚老师的教学设计完全把研究的过程、思考过程体现在了教案上的做法。他认为，对于教学研究过程的保留，既提升了教学质量，又为教研组保存了学习资料。这种比较式的教案更有研究的价值。刘老师指出，教学设计需要有任务驱动，需要价值回归，回归课堂、回归学生的思维，要有目标的导向，要让学生从解题的过程中学会数学的思想方法。

三、两个探究零思路的探讨与分析

柘林学校的李刚老师借班在塘外中学八年级，课题《一副三角板中的四边形探究》，李老师当堂复习一副三角板中有关直角三角形边角关系的计算，学生也能够熟练在单一图形中求解，教学可谓非常顺利，接下去依次进行两个有关四边形问题的探究，而学生近期恰好在学习四边形的性质，梯形已结束新课，梯形中的计算常见的辅助线作高，构建两个直角三角形是最近所学的重要思想方法。

听课者拿到教案，感觉探究 1 和探究 2 的设计非常出彩，在根据八年级学情的基础上把一副三角板的特点挖掘得淋漓尽致，比如三角板中有一条边是相等的，三角板可以拼成不同的四边形进而可以求相关线段的长。设计的探究 1 和探究 2 之间联系十分完美。

两个新的探究问题（对学生而言）先后在学生自主探究 2—3 分钟过程中全班均出现的零思路（课堂巡视员观察一圈），那么学生到底卡在哪里？为什么会卡？对这个现象引起大家思考，究竟什么原因造成了这种情况？是教学设计有问题？是问题太新没接触过，太难？还是课堂执教者的策略没把握？该班的数学教师前期四边形的教学尤其梯形的知识目标思想方法是否落实？八年级上的直角三角形的有关性质学生是否熟练掌握？综合这些课堂中众多教学因素，真的很有必要探讨一下谁之过，如何破？

为便于说明，将探究问题单独放置如下：

探究 1：如左图，将一副三角板的相等边重合在一起，求四边形 $ABCF$ 的对角线 BF。

探究 2：如右图，将左图中三角板 DEF 绕着点 A 旋转，当点 D 落在边 AB 上时，连接 CF，探求四边形 $ABCF$ 的边 CF。

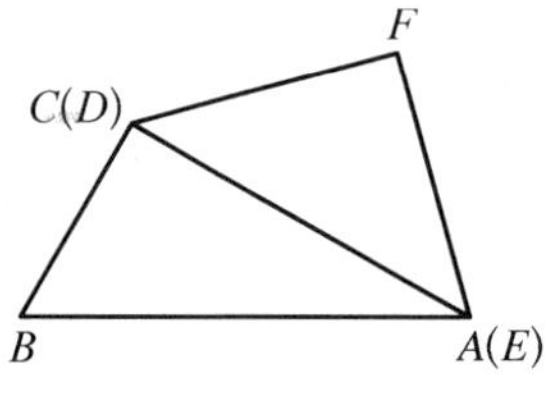

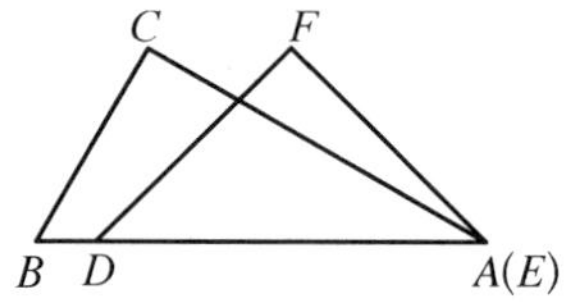

探讨成果摘录：

- 执教者李刚：

也许是前面的引入分析过程中对学生的归纳程度还不太够，思想和方法学生没有达到这个程度。学生没有从较复杂的图形中去找到解决问题的方法，心理上产生了一个畏难情绪。在图形运动变化过程当中，学生没有掌握到量与量之间变与不变的相互关系，让问题感觉上更加复杂。求解梯形问题要强化转化为作高、转化直角三角形模型意识，通解通法必须在平时课堂中加强学生的归纳和掌握，所谓基础不牢，难以憾难题。

学生对于 30°、45°、60°这些特殊角认识度和敏感性还是存在不够，而且对于直角三角形的理解不是很强，特殊角的应用在上学期的知识有相当一部分遗忘，进而考虑如何利用这些特殊角来解决边长求解问题的思考就达不到这个高度，也许这也是八年级与九年级学生在认知结构和知识积累上不一样，造成的一个困难。

- st 韩瑾：培训作业研究适时

培训作业只有在教师自身需求时，教师才会真正适时参与研究，才能使教研活动生命得到延续和提高。本次工作室活动的作业是以课堂上出现的一个现象为讨论的切入口，每位听课老师对于课堂中出现的情况都有所思、有所谈，培训作业人人都有感而发。

- jsy 邵彩燕：培训方法选择恰当

修改以后的教案在探究两个新的问题先后在学生自主探究 2—3 分钟过程中全班均出现零思路？原以为这样的培训方式到评完课就结束了，学员已经看到了磨课的整个思路，但是导师却抓住了为什么学生会在 2—3 分钟内零思路这个现象进行再次培训。一次的有效培训比自己摸索两年，悟两年还要多，一次培训不仅打造课堂教学的过程，有效创设了一个平等对话、真诚交流的教研平台，同时辐射到了学员的教员组，提升了教研组的教研能力。

- Jxgz 陆青：学法指导介入适时——基于教学实践的两份数据分析

对于“全班零思路”的情况，我认为首先，四边形基本性质和通性通法介入指导铺垫不够；其次，在学生思考这一题思路前，能适当给予在四边形中“一般三角形变直角三角形”也就是构造直角三角形的基本引导；甚至可以先“抛砖引玉”，给出一点点思路，并且鼓励学生给出更多的思考和构造的可能性。同样的题在高中进行了再次教学实践。

四、同一模块知识在不同年级的比较分析

一副三角板作为数学学习工具，学生从小学就开始接触，而从小学、初中、高中，在不同学段里，学生对于三角板的认识也在不断地深刻，从开始作为认识三角形形状到测量边角大小再到发现三边关系，以及边角之间的关系，但一副三角板中的奥秘还远不止于此，教师则通过图形变换后形成的新图形来进一步研究三角板。

小　学	利用三角板直观认识三角形中的角，边
六年级	三角板用于测量边的长度，画 30 度、60 度、90 度、45 度、15 度、75 度、105 度、135 度等特殊角
七年级	学习图形三种运动后，变换后的图形产生了更为丰富多样的边角关系，但更多的仍旧是在对角度的求解上
八年级	勾股定理的学习为解决边与边之间的关系提供了方法，知道了 30 度角和 45 度的直角三角板的三边关系，通过图形变换，形成新的图形如四边形等，求解与四边形有关的边角、面积、两个变量之间的函数关系等问题
九年级	基于一副三角板的图形变换后产生的新图形与勾股定理、锐角三角比等方法的运用去解决线段长、三角比、两个变量的函数关系、面积等问题
高　二	组成空间几何体，计算体积表面积，空间的有关距离、角的计算

在开展本次教研活动中，以"一副三角板"为主线，设计不同题目、活动于八九年级的课堂实践中。

	八年级	九年级
引入部分	已知：如图 1，三角板 ABC 与三角板 DEF 是一副三角板（$\angle C=\angle F=90°$，$AC=DE$） 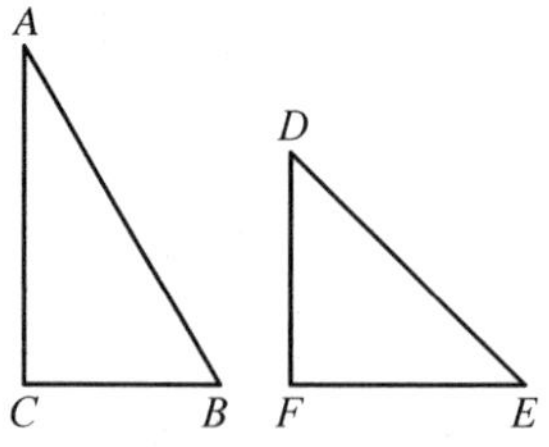 **图 1** 若最短边 BC 的长为 6，求这副三角板的其他五条边的长度。	已知：三角板 ABC 与三角板 DEF 是一副三角板，如图位置摆放，边 AC 与边 DE 重合，若最短边 BC 的长为 6； 1. 你可以得到哪些结论？ 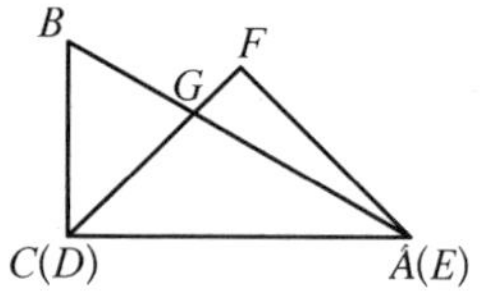

（续表）

<table>
<tr><th></th><th>八年级</th><th>九年级</th></tr>
<tr><td rowspan="2">探究一</td><td>如图 2，将一副三角板的相等边重合在一起，求四边形 $ABCF$ 的对角线 BF 的长。
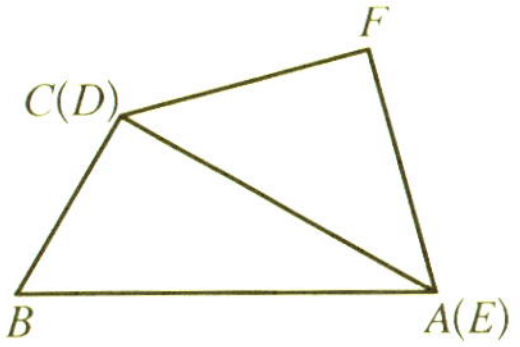
图 2</td><td rowspan="2">2. 若把图中的三角板 DEF 沿着边 DE 翻折，联结 BF，BF 与 AC 相交于点 G，求 $\tan\angle FBC$ 的值。
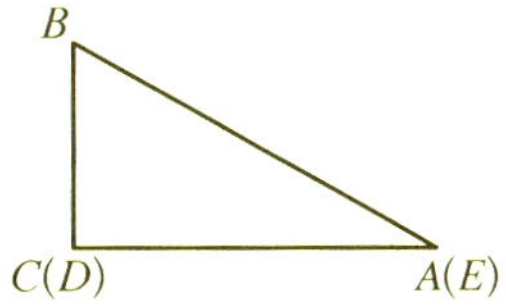
3. 若把图 1 中的三角板 DEF 沿着射线 AC 方向平移，当点 F 落在线段 AB 上时，那么平移的距离为________。
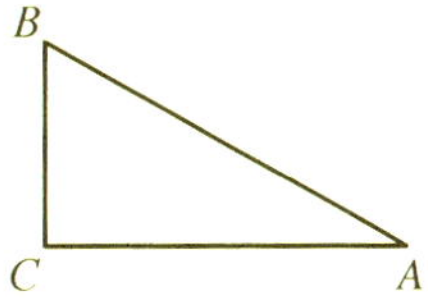
4. 若把图 1 中的三角板 DEF 绕着点 D 顺时针旋转 α（$0<\alpha<360$）度，当点 F 恰好落在射线 BA 上时，且 EF 与 AC 相交于点 G，那么 $AF:FB$ 的值为________。
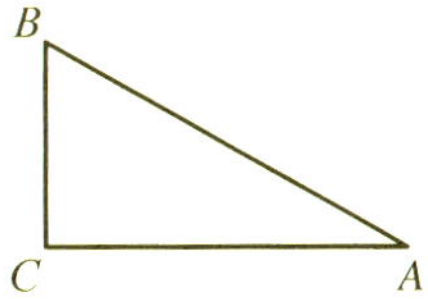</td></tr>
<tr><td>如图 3，将图 2 中三角板 DEF 绕着点 A 旋转，当点 D 落在边 AB 上时，连接 CF，你能求 CF 的长吗？
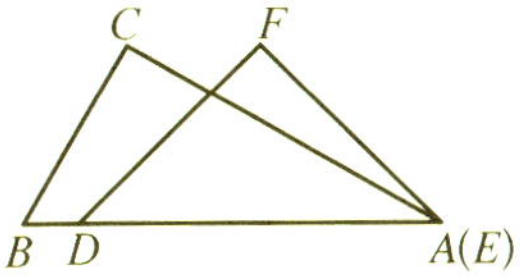
图 3</td></tr>
<tr><td>探究二</td><td>如图 4，把两块三角板的直角顶点 C、F 重合在一起，将三角板 DEF 绕着点 C 旋转，当点 D 落在边 AB 上时，连接 AE，你能求边 AE 的长吗？</td><td>一副三角尺如图所示摆放（顶点 C 与 F 重合，边 AC 与 EF 叠合，边 CB 与 DF 叠合），将 $\triangle DEF$ 绕着点 C 旋转，点 D 的对应点是点 K，点 E 的对应点为点 J，JK 交 AC 于点 H，当 CH 为________时，$\triangle JCH$ 为等腰三角形。</td></tr>
</table>

（续表）

<table>
<tr><th></th><th>八年级</th><th>九年级</th></tr>
<tr><td>探究二</td><td>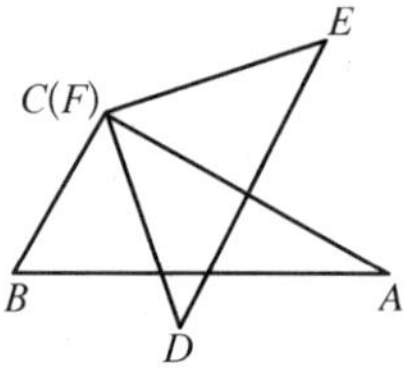

图 4</td><td>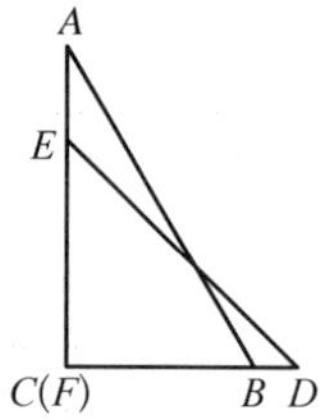
</td></tr>
<tr><td>作业部分</td><td>(1) 完成工作单中探究的解题过程；
(2) 如图，$\triangle ABC$ 中，$CB=\sqrt{2}$，$\angle B=45°$，$BA=3$，点 D 是边 BA 上的一个动点，若 $CD=CE$，且 $\angle DCE=90°$。设 $BD=x$，$ED=y$，建立 $y=f(x)$ 的函数关系式。
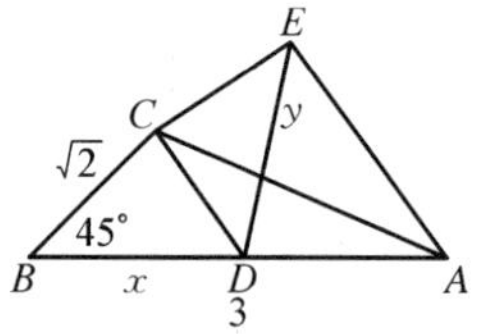

若 $\triangle CBD$ 是等腰三角形，求 BD 的长。</td><td>1. 一副三角尺按如图的位置摆放（顶点 C 与 F 重合，边 CA 与边 FE 叠合，顶点 B、C、D 在一条直线上）。将三角尺 DEF 绕着点 F 按顺时针方向旋转 $n°$ 后 $(0 < n < 180°)$，如果 $EF \parallel AB$，那么 n 的值是________。
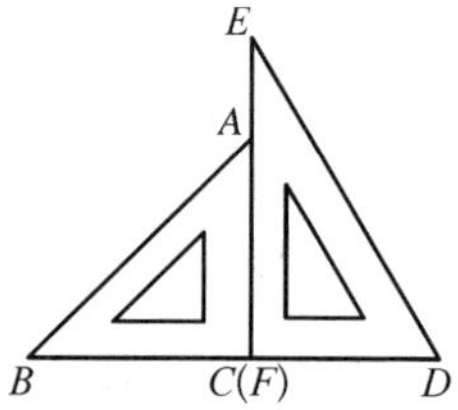

2. 一副三角尺如图所示摆放（边 AC 与边 DF 叠合），边 AB 与边 EF 相交于点 G，已知 $EF=3$，则重叠部分面积为________。
变式：一副三角尺如图所示摆放（边 AC 与边 DF 叠合），将 $\triangle ACB$ 绕着点 A 旋转，使得点 C 的对应点 M 落在边 FE 上，点 B 的对应点为点 N，MN 交 DE 于点 O，若 $AF=1$，$AC=\sqrt{3}$，则 $EO:EA$ 的值为________。
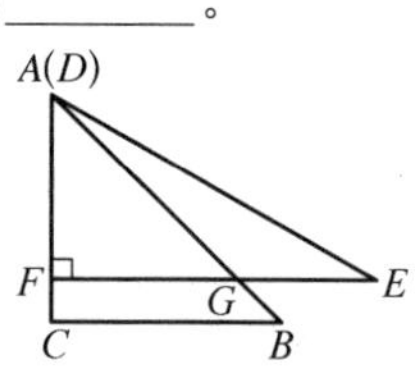

3. 尝试摆放一副三角板的位置，自主编题并进行求解。</td></tr>
</table>

（一）引入部分开放程度的差异

在八、九年级两节同一模块，都以一副三角板为主题切入中，两节课的引入部分的开放程度不太相同，在八年级的课中，教师则是将一副三角板分开摆放，复习了 30°角的三角板具有 $1:\sqrt{3}:2$ 的三边关系，45°角的三角板具有 $1:1:\sqrt{2}$ 的三边关系，已知 BC 边长为 6，求其他的边长，而在九年级的课中则是将一副三角板的按照一定位置摆放，已知 BC 边长为 6，可以得到哪些有关边的结论。八年级则更注重巩固前期学习的特殊的直角三角形中的知识，而九年级学生则是更关注在不同学情下，学生个体的差异所导致的求解边的长度的能力，学困生更多的会去求解 AC、AB、DF、EF，在方法的选择可能会与八年级学生相同，利用勾股定理进行求解，而大部分九年级的学生则会采用锐角三角比更快地解决边的长度问题，而对于部分学优生而言，会去尝试求解 BG、AG、GF、CG 的长度，教师可根据学生的情况及时地进行课堂调控。同时，九年级课堂教学中把两把三角板重叠位置放置后构成的新图形相较于八年级的分开放置更为复杂，对高年级的学生在几何直观的认识上提出了更高的要求。

（二）探究部分新图形生成与问题解决方法的差异

在两个年级的探究活动设计中，八、九年级都是关注图形变换过程中产生新图形后的线段或线段比值的求解。在八年级的课堂中，教师示范以实物三角板的运动后构成的新图形，而九年级的课堂教学中关注学生通过文字语言描述转化成图形语言，画出图形运动后的新图形，八年级的作图由教师完成，九年级的作图由学生完成。

在构成的新图形后，八年级将一副三角板运动后构成四边形，如一般四边形与梯形，学生在八年级第二学期中学习了四边形，所以八年级对于一副三角板的研究是通过运动后形成的四边形作为研究对象，去研究对角线的长与梯形的相关判定与形状。八年级在解决边的长度的时候方法单一，基本采用勾股定理方法、方程思想解决有关线段的长或比值。

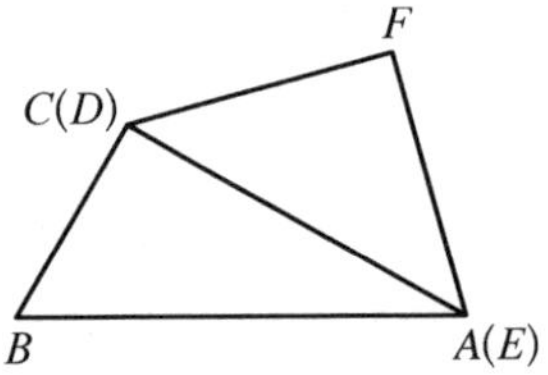

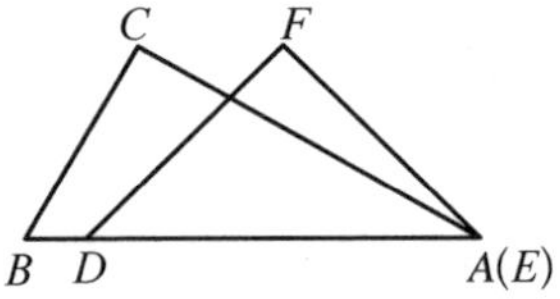

在九年级的课堂中，三角板通过运动构成的新图形则更多样。

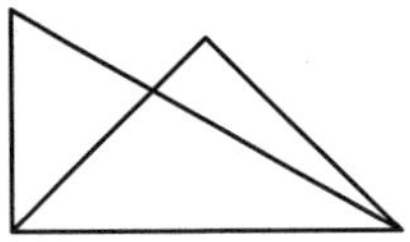

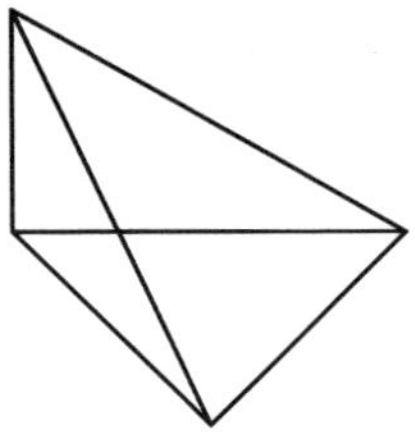

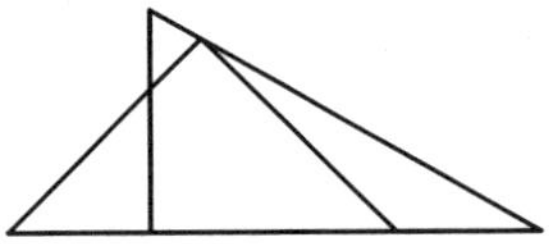

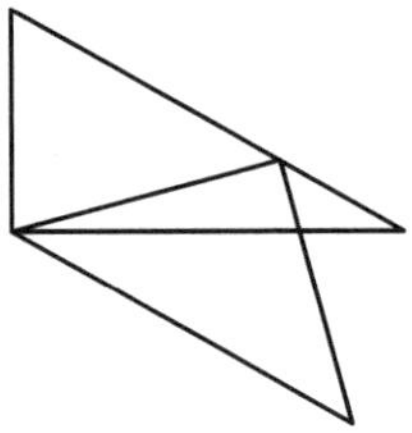

可以求解的线段长或比也更丰富，九年级学习了锐角三角比以相似三角形与三角形一边的平行线，学生在解决线段长或线段比时方法更多样，而通常所采用的方法有勾股定理、锐角三角比、A 字图或 8 字图、面积比、建立平面直角坐标系等方法。在九年级学生中，在第一个图形求解 $BG : AG$ 的比值中，大部分同学仍倾向于利用勾股定理分别求出 BG 与 AG 的长，也有 30% 的同学想添加平行线构造 A 字或 8 字

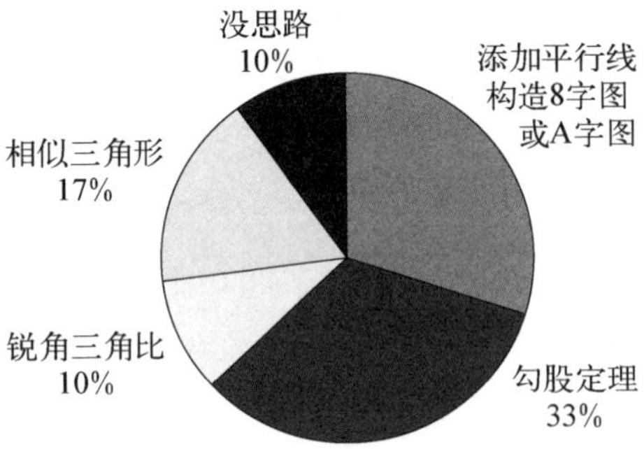

图解决，只有少部分学生会通过边的转化再用锐角三角比的方法解决。

（三）不同层次差异学生的测试数据分析

将八年级教学活动中的探究 1、2 给 4 所不同普通高中薄弱学校不同年级学生尝试进行解答、进行分析。

学　校	人数	对象	问题	平均得分（10 分）	初中几何法人数	高中斜三角形法人数	建立坐标系	不会	满分人数
区重点(ZY)	40	高 1	探究 1	7.25	16	22		2	21
普高(FC)	37	高 1	探究 1	6.75	7	30	0	0	11
普高(JX)	32	高 2	探究 1	7.81	5	23	4	0	21
普高(SF)	32	高 2	探究 1	6.2	19	11	0	2	9
普高(JX)	26	高 2	探究 1	8.3	4	18	4	0	20
普高(JX)	24	高 3	探究 1	8.27	5	20	1	1	18
区重点(ZY)	40	高 1	探究 2	5.25	12	9	0	2	14
普高(JX)	32	高 2	探究 2	6.68	7	17	5	0	13
普高(JX)	24	高 3	探究 2	7.77	7	9	2	6	8
普高(SF)	32	高 2	探究 2	2.9	8	1	0	23	2
普高(JX)	26	高 2	探究 1	8.3	10	15	1	0	19

该题满分 10 分，按评分标准，得分有 6 种情况：0 分，2 分，4 分，6 分，8 分，10 分。为了解学生解题方法的选择和得分情况，随机抽取高一某班级进行测验，学生出现的解答方法主要有两种：初中几何法和高中解斜三角形法，具体情况如图。

测验对象：FCGZ 高一（ * ）班全体学生，37 人

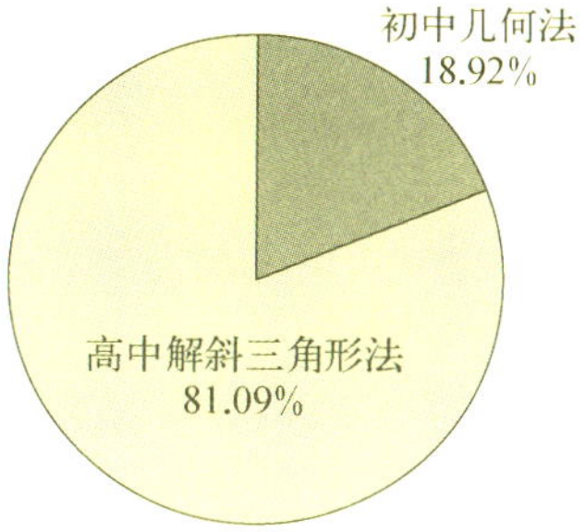

图 1　学生解题方法选择情况

表 1　题目得分具体情况

分数	0 分		2 分		4 分		6 分		8 分		10 分	
	初	高	初	高	初	高	初	高	初	高	初	高
人数	1	0	1	0	3	5	0	8	2	6	0	11

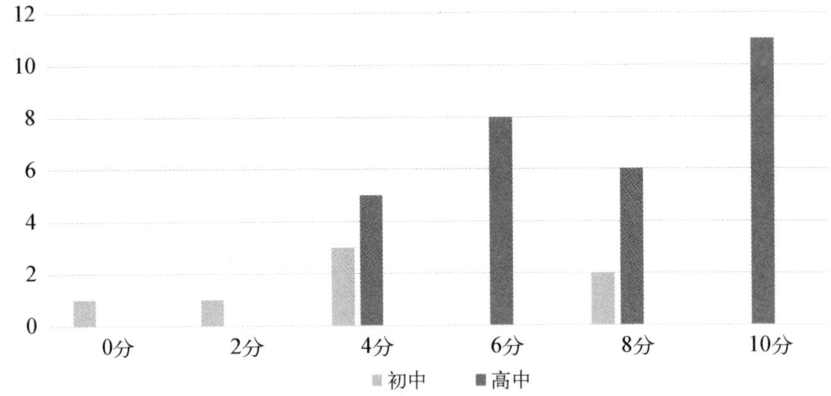

图 2　题目得分情况柱形图

表 2　题目平均分情况

	人　数	平均分
总　体	37	6.70
初中几何法	30	4.29
高中解斜三角形法	7	7.26

该题为八年级《一副三角板》中的题目，测验对象为普通高中高一学生，学生已有解斜三角形的知识储备，所以视自身情况可以选择初中几何法，也可通过高中解斜三角形法进行解答。通过测验与具体情况分析可得：

从图 1 可知，选择高中解斜三角形法的学生人数占总人数的 81.09%，远远超过选择初中几何法的人数，说明学生运用新方法解决问题的意识较强。

从表 1 和图 2 可知，0—10 分的得分段中的人数得分普遍较低，主要集中在 0—4 分内，而选择高中解斜三角形法的人数得分较高，主要集中在 6—10 分内；并且选择初中几何法的学生中有 1 人该题未得分，没有人得满分，选择高中解斜三角形法的学生中有 11 人得满分，没有人得零分。说明选择高中解斜三角形法解决该题的得分率较高，且学生解答过程更简洁、用时更短，当然不排除初中方法时间久知识遗忘的原因。

由表 2 可看出，总体均分为 6.70 分，选择初中几何法的学生均分为 4.29，低于总体平均分，选择高中解斜三角形法的学生均分为 7.26 分，高于总体平均分。

总体来说，从两个题目来看，第二个问题更多的学生使用初中的添加辅助线方法。这两个题目从初中角度来说，添加辅助线的方法是不同的，但是本质上都是利用构造直角三角形进行求解。

总之，在学习了高中的解斜三角形知识后，学生不局限于直角三角形，绝大部分同学选择了运用正余弦定理解决该问题，解题过程较初中方法简洁，高二、三学生少部分会选择建立坐标系，高二相对多，因为他们最近在学习建立空间直角坐标系法求解空间角与距离问题，而高一没有的原因是还没接触过这种数学思想方法。虽然学生的解题能力比较差，计算能力也有不足，尽管是普通薄弱高中，但是比起初中同学来说学科能力明显是有优势的，再次说明扎实的数学基础知识对解决新问题的重要性。

五、探索形成适合的主题单元设计

“一副三角板的外包装设计”这一单元的设计是基于学生在九年级学习完解直角三角形的应用后的课外实践探究的活动。学生已经掌握解直角三角形的基本方法，会解决在仰角俯角、坡角坡比、方位角、工件设计中的实际生活问题，本单元则是挖掘学生身边素材——一副三角板为话题展开研究。

课　时	主　　题	活　动　目　标
1	一副三角板中的几何计算	通过对含 30°和 45°的直角三角形三边之间关系的计算，复习直角三角形的相关性质定理，掌握一副三角板中六边的长度关系；经历三角板位置的再摆放，体会图形运动变化中可能产生的新图形，在几何变换中提升直观想象能力
2	一副三角板外包装的设计	通过身边三角板包装的再现，重新认识三角板包装与尺寸大小；通过设计三角板外包装，计算包装面积与冗余面积，初步体会设计方案与流程
3	一副三角板包装设计成果的课堂展示	通过一副三角板不同位置的摆放，设计不同的外包装，运用解直角三角形、勾股定理等方法求解相关线段长、面积等问题，在解决包装设计时，培养学生利用数学知识解决现实问题的能力

第一课时前面已介绍（略）

第二课时——一副三角板外包装的设计（塘外中学袁晓婷老师开发）

1. 三角板包装的简介

一副三角板是我们学习数学的学习工具，从小学开始一直到高中，三角板是数学学习不离手的工具，市面上的三角板套装大都以直尺、量角器、三角板一起贩售，有些也会融入圆规、铅笔等设计，大都以长 18 厘米、宽 8.5 厘米矩形为外包装，设计简洁、使用方便。

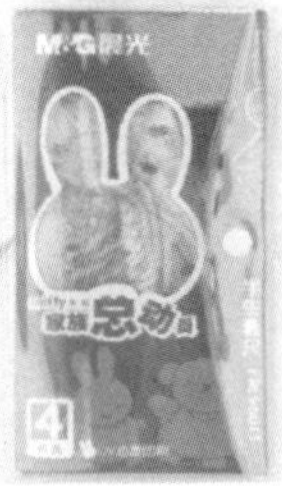

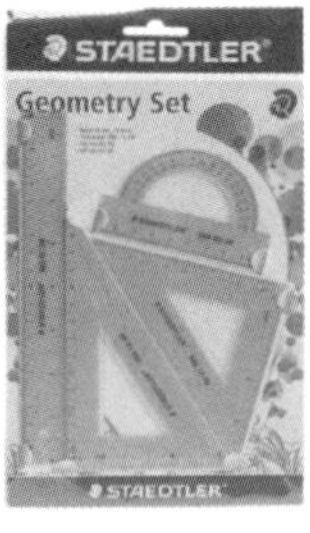

其中，若将含 45°角以及 60°角的直角三角板单独设计包装，其中三角板的尺寸如下图：

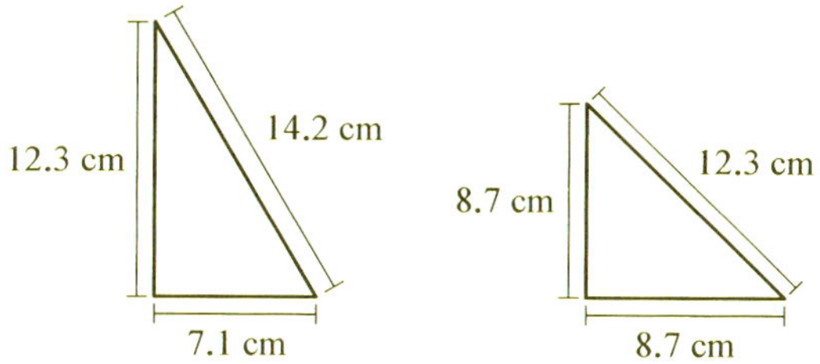

2. 计算包装面积与冗余面积

若一副三角板如下位置摆放，我们为三角板可以设计梯形的外包装，尝试计算包装设计面积以及冗余面积（产品外包装与产品实际面积间的多余面积）。

（1）包装设计需要考虑哪些方面？

（2）如何设计外包装面积最小？

（3）如何设计冗余面积最小？

（4）如何来评价你的包装设计是合理的？

3. 设计一个你专属的三角板外包装

为包装方案设计合理化和减少冗余包装材料，可以建议进行如下设计流程：

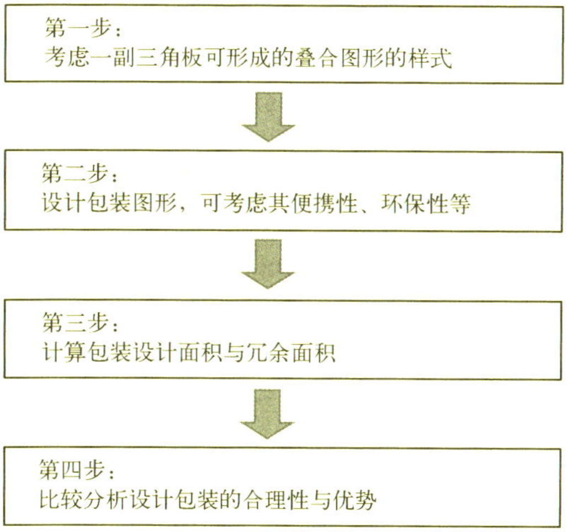

范例：

一副三角板的外包装设计

设计团队：×××团队

主要分工：

设计方案：

1. 设计图：

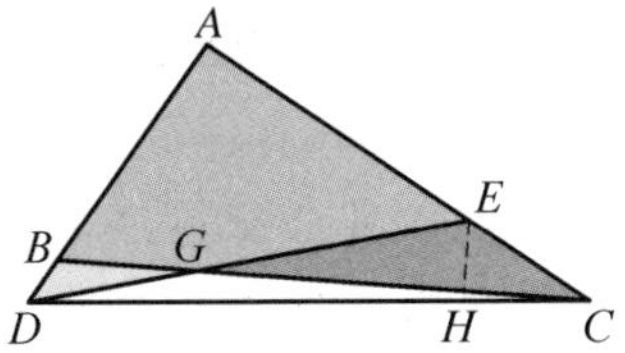

2. 将一副直角三角板的两个直角顶点重合，直角边重合，并以 45°角的直角三角形的直角边 AD 和 30°角的直角三角形的直角边 AC 为新的直角三角形的两条直角边，设计包装：$AD=8.7\text{ cm}$，$AC=12.3\text{ cm}$，$CD=15.1\text{ cm}$，为便于将三角板装入包装里，其中将较长边 CD 为包装开口处。

3. 包装总面积：$S_{总}=\dfrac{1}{2}\times AD\times AC=\dfrac{1}{2}\times 8.7\times 12.3=53.505\text{ cm}^2$

$$S_{\triangle ADE}=\frac{1}{2}\times AD^2=\frac{1}{2}\times 8.7^2=37.845\text{ cm}^2$$

4. 冗余面积：$S_{\triangle CGE}=\dfrac{1}{2}\times CG\cdot EH=\dfrac{1}{2}(1.8\sqrt{3}+1.8\cot 15°)\times 1.8=8.852\text{ cm}^2$

$$S_{冗余}=S_{总}-S_{\triangle ADE}-S_{\triangle CGE}=53.505-37.845-8.852=6.808\text{ cm}^2$$

设计说明

【本节课从学生身边常见的三角板的外包装引入，引发学生思考三角板的外包装是否只能是长方形，是否有其他不同形状的存在，教师以“探究二”为例，设计梯形产品包装，指导学生认识并计算产品设计面积与冗余面积，并引导学生提出质疑思考，在设计包装时需要考虑很多因素如设计面积和冗余面积最小、包装的形状、制作的便利性、使用的舒适性等。在学生讨论过程中，激发学生自主设计属于自己的三角板外包装，并给出在设计一副三角板外包装时可以参照的流程，要求学生先独立设计方案，然后分小组开展合作学习和交流各自成果，并推荐小组具有代表性的作品进行全班交流，并交流自己的设计

理念以及包装设计的合理性。】

设计评价

活动主题	有关《一副三角板外包装》的单元设计		
活动评价	目标达成度	□很好 □较好 □一般 □需改进	
	活动过程	学生参与活动的程度	□很好 □较好 □一般 □需改进
		计算过程的准确性	□很好 □较好 □一般 □需改进
		包装设计的多样性	□很好 □较好 □一般 □需改进
		包装设计的合理性	□很好 □较好 □一般 □需改进
	活动效果	学生任务完成水平	□很好 □较好 □一般 □需改进
		数学问题解决水平	□很好 □较好 □一般 □需改进
		学生能力表现水平	□很好 □较好 □一般 □需改进

设计说明

【本案例的活动为问题探究活动，学生对熟悉的三角板及其外包装有了更深入的认识。因此本单元活动除了关注目标达成度以外，还关注了学生在活动过程中的表现，包括了学生独立参与设计与团队合作中的参与程度、包装设计的多样性与合理性、实际问题解决中的数学计算的准确性，以及活动的效果，包括学生任务完成水平、数学问题解决水平、学生能力表现水平。】

六、多维度教研活动反思与经验

（一）收获与共识

纵观从 3 月到 5 月的活动，从命题比赛、说题活动、上课、听评课、再上课，以往每个活动都是独立的一次教研活动，教研主要以单次若干小时的活动为主，教师听课后的想法与认可的理念很难转化成再次有效的课堂实践，教师的反思行动比较少，收获进步少，也正是教师对培训有不同的声音。

2019 年 5 月 20 日到 5 月 23 日一项数据调研结果不容乐观，样本

604，调查形式网络化，涉及面广，数据真实可性，符合统计学原理，教师对培训的原因近 33.2％的老师认为是行政业务部门制定而并非是自发，但同时近 60％的老师认为需要或很迫切需要，只有 6％的老师认为不需要。下面两个是培训调查问卷两个数据。

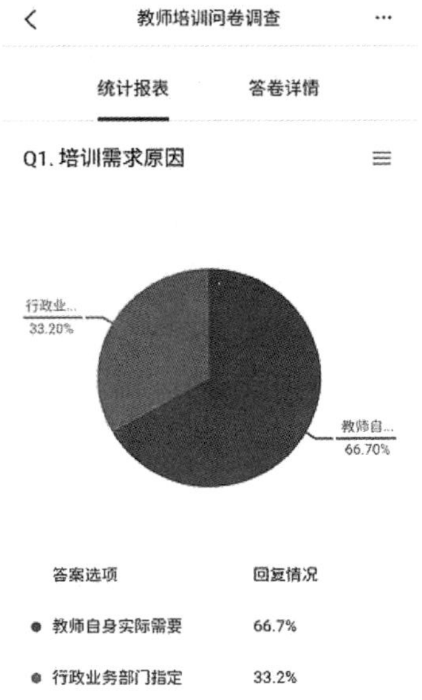

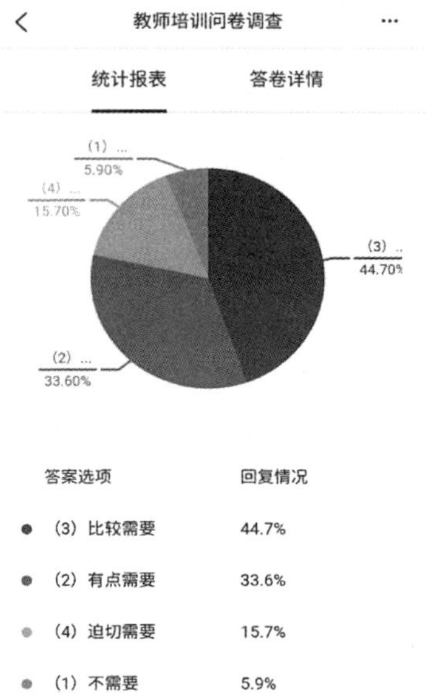

不同的载体，机遇的巧合，把这两个月的活动串联起来，把理论的想法付诸到实际的课堂实践中，把听课后的想法反思再次落实到课堂中再次进行实践。

命题是教师专业发展的手段之一，通过教师参与命题活动，感受命题的思路与过程，之后由专家开设关于命题的专题讲座，对试卷题目的编排、难度、双向细目表进行了全面的系统介绍，同时对于原创题的编写角度进行了详细分析，为教师命题提供了思考路径。之后由团队合作形式开展“说题活动”，组建 4 个团队，分别进行合作在 1 个月后进行展示，教师在合作过程中碰撞出思维的火花，命题呈现出统一性、多元性。而理论的研究终究是纸上谈兵，将理论的题目研究转化为实际的课堂教学，在实际的课堂教学中发现问题，并丰富改善，在团队中进行共享，在团队成员的各自班级中再上课，同时也再次优化了命题的设计方案，在教师参与的整个主题教研活动下，教师的专业素养得以不断提升。

1. 碎片教研整合，形成动态发展教研机制

受原有教研工作机制的局限以及当前知识与信息获取渠道零散多元的影响，当前教研活动“碎片化”的问题愈发突出，包括同课异构、课题研究、专家讲座等。有效的教研工作应整合资源，关注一个动态发展的过程，但目前教研还是由相对独立的专题组成，各次活动的内容主题和工作形式的选择往往基于组织者的任务需求甚至个人偏好，一定程度上缺乏整体规划和系统设计，教师仅收获碎片化的知识与技能，如何整合各类形式化的教研活动，使其与适宜的内容主题发展成“品质的提升”，是改进教研活动组织需要解决的关键问题。

通过整合研学资源，调研本区域、本学科的教师的实际需求，通过顶层设计和实践创新，合理规划教研的重点、目标，形成整体的序列安排和完整的环节设计。从而使教研主题从零散走向聚焦，教研形式从随机走向预设，教研重点由表征走向实证，形成联系紧密、前后呼应的自觉、理性、有序的动态发展教研机制。

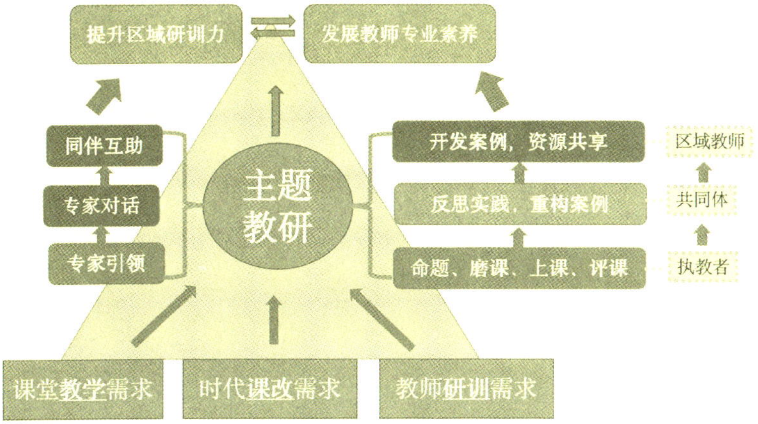

2. 研训过程重构，提炼可推操作研训模式

以本案例为例，将碎片化的教研活动进行整合重塑，探索了一套

新的研训模式，为其他学科提供范式。有三个经验值得借鉴：一是给老师的培训目标定位“探寻展现教与研磨课整个活动轨迹的案例修改对比分析这一适合载体”；二是学员培训作业切合教师教学实际，趋于目标明确下的深层次反思与行动，既不是形式主义的培训总结，也不是泛泛而谈的大道理，在学习的道路上研训相长，相互促进；三是同一模块知识在不同年级的教学的成功经验做法与失败策略的总结，为其他教师成长提供了第一手培训资料。以此类推，在新授课中的学习内容、单元复习时的学习内容、学业考前的复习内容，同一内容在不同时期、不同学段里教学，甚至不同学科都可以去实践，那就是以课程标准为依据进行教学设计，基于学生学情、以课本为主要参考资料选择适当的教学内容、教学材料，组织开发进行教学设计，平衡实施适切的目标与学科育人价值。

3. 问题驱动培训，提升研训成效满意度

在本次研训活动中注重了任务的驱动，通过集体参与、教学反思、案例对比分析等多种形式，每一位教师在置身于真实的教研活动情境中，介入其中，以均等机会主人翁的态度积极参与，真正促进教师专业可持续发展地提升了教师对当下教研活动的满意度。这在一定程度上促进了培训内容的内化和实践，同时也形成了丰富的教学资源有助于资源共享，对提升培训的成效有较好的帮助。

关键是如何组织有关内容，如何以适合的方式和方便的途径呈现给广大教师，当然还得足够吸引教师们的关注和参与。

（二）问题与分析

如何整合各类形式化的教研活动，关注一个动态发展的过程，使其与适宜的内容主题发展成“品质的提升”，是改进教研活动组织需要解决的关键问题。

但目前教研活动还是由相对独立的专题组成，“碎片化”的问题愈发突出，各次活动的内容主题和工作形式的选择往往基于组织者的任务需求甚至个人偏好，一定程度上缺乏整体规划和系统设计，教研活动缺少深层次的精准分析和问题归因，教师仅收获碎片化的知识与技能。

（三）完善与推进

在传统的教研活动中，教研员主讲依然是教师接受培训的主要学习方式，是浅层学习。有效的教研工作应整合资源，关注一个动态发展的过程，解决教师“怎样教”的深度教学和解决学生“怎样学”的深度学习才是核心素养这一教育目标的落地之路。创设教师参与展现教与研整个活动轨迹的适合载体，推动教师、教研员、专家的多向合作，实现多方共赢。

1. 基于主题明确培训，建立合作式教研活动

从专业视角出发，以主题教研为抓手是一种教师专业发展新模式。本次活动，教师经历从题目设计挖掘，对学科知识的认识更为深刻，教师之间的协作意识增强，互助式的研讨氛围浓烈。在本次研训活动中主题明确，注重任务驱动，通过集体参与、教学反思、案例对比分析等多种形式，每一位教师在置身于真实的教研活动情境中，介入其中，以均等机会主人翁的态度积极参与，真正促进教师专业可持续发展，提升了教师对当下教研活动的满意度。这在一定程度上促进了培训内容的内化和实践，同时也形成了丰富的教学资源有助于资源共享，对提升培训的成效有较好的帮助。

2. “教师与教师对话”形式在改变，品位在提升

“教师与教师的对话”具体化、文本化、深入化，参与率100%。“教师参与教研活动主要是听课”，听课后的感受与上课教师对话、与同行、专家对话，由于原因种种，交流只是泛泛而谈，而且涉及面很窄。基于这样的思考，在本次活动中，导师对探究2活动中发起全班“零思路，谁之过”的后续讨论，听课教师关于这个问题的思考以文本的形式进行互相的对话，很多教师亲自实践后再写反思，好几个教师围绕这两个探究与教研组老师一起深层次开展八年级几何教学研讨活动，备课组教研活动很到位。

3.“教师与专家对话”是智慧的碰撞，共同的进步

从课题确定、教案修改、题目编制、听试教课、再对话调整。在整个对话中，原创性开发了教师过程性的教案设计历程，对比式的教案设计呈现，再现教师教案设计的心路历程，修改原因，一一呈现，而不是简单教案设计结果。

重视教师过程性思考，分析过程性修改原因，在研磨的过程中产生智慧碰撞，在专家参与的课堂实践，紧扣本主题的点评，提出问题与教师共同研讨，并引发教师思考。

以“六适指引下的课堂教学”的研修行动，让教师们规范了教学环节，提高了课堂效率，教研实效得以增强。

通过“课堂教学改进”的实践，认为作为教师，不仅要备教材，还要明白上课要干什么，最重要的是要备学生，要让学生明白该干什么，教师首先要自己明白要干什么，而且要让学生容易明白该干什么。让学生明白就要讲科学性、适切性，让学生容易明白就要讲策略，通过这样的实践，逐渐形成了研修活动的特点：思路清晰、目标明确、团结协作、作业实在、研训有效。

第五章 六个适合数学教学平衡研究的相关成效

教科研的问题源于教学的问题，教科研为教学提供有效理论和实践支持和指导，最终为学生的发展服务。

在课题研究过程中，把“方法与问题相适应”作为研究原则，注重研究方法的整合，适时调整研究方式，要根据不同课题内容适当延长研究时间，做力所能及的教科研，结合教学实际，选取研究方向，适当调整，适时延长，下面是自己多年的研究成果逐步脉络清晰的一个轨迹。

2000 年 8 月撰写的处女作中学高 B 级鉴定论文《改革课堂教学，推进素质教育》增加了我对科研的信心，在 2000 年 9 月—2006 年从事教研期间，2001 年 9 月“例谈高一第一学期数学学法指导”上海市中学数学教研论文评选二等奖；总结二期课改理念下的数学教研，聚焦课堂教学，推动课程改革于 2004 年 1 月发表于《现代教学》、2005 年 5 月让“学生在参与、体验中学习数学”上海市中学数学教研论文评选、全国中学数学教育优秀论文三等奖，2006—2009 年从事一线期间，撰写《提高高三复习课效益的途径之一——利用类比迁移法》发表于《现代教学》2007 年 12 期；2008 年 10 月《现代教学》——高三数学复习课的一点探索；在以上研究的基础上，2008—2009 年在市二中学，积极参与徐汇区“聚焦课改决战课堂，课堂教学中的课题研究”，立项《高中数学课堂教学中改善教师教学行为与教学有效性的研究》，2009 年 9 月起将这一课题研究继续在奉贤区作深入研究，形成的报告于 2011 年获得上海市中学数学教研论文评比二等奖，2013—2015区级课题“建设区数学学科基地行动的研究”，开发了区级校本课程，2016年11月《通过普通高中区域校本教材开发促进教师学科队伍建设》市教研论文三等奖，2018年11月《基于学科核心素养的高中合适数学教学的研究》市教研论文二等奖。

研究成果1:《基于学科核心素养的高中合适数学教学的研究》

一、数学教育的认识与困惑

作为数学教师只以“知识”为目标，“考试成绩”优异为目的进行教学，教学活动变成了一种机械的“训练”，刻板的“操作”，数学教育的价值也就荡然无存了。

“照本宣科”式的教学就是学生做题，教师讲题，没有适合的情境设置，也谈不上教法，按着事先安排好的顺序完成教学的任务，生动的课堂被做题和讲题所替代，没有了问题带来的思维的悬念而丧失了思维交流的乐趣。

以平面解析几何教学中的“椭圆几何性质”教学为例，经常出现如下教学方法是：教师在黑板上或电脑上演示椭圆的图形，然后让学生观察椭圆，引导学生结合观察的结果得出椭圆关于 x 轴、y 轴或坐标原点对称，之后，再利用椭圆方程验证。这种教学行为与解析几何学科思想相违背的，没有教学的学科价值意义！

有的时候是教师认为学生数学的基础差，只能接受记忆型的知识，在这种错误的理念下，教师长期进行的教学活动是没有深度的思维活动，不断地重复“知道”“记住”及“练习”。由于学生不理解所学的知识的内涵，没有掌握研究问题思考问题的方法，靠记忆得到的知识终将遗忘，而得到的几乎为零，这种形态下的教学毫无意义。

二、学科核心素养视角下的教师专业发展的意义与价值

不同的孩子对数学的需求是不同的，数学核心素养要求下的教学更应该是开放的、多元的，与学生认知基础相契合的。教无定法、教学有法，适合学生的发展才是最好的教学。

（一）数学教学的含义

在“数学教学”中，“合”是教育要符合数学学习认知规律，从学生探究数学知识的角度出发，在学习过程中指导学生掌握探究数学思维的方法；“适”是我们的教学要适应学生成长发展对数学知识掌握的内部需求。数学教学的理念、方法落实在教学的主体学生身上，遵循针对性、主体性、适合性、发展性四个原则。根据不同的数学学习内容，要适合学生的发展认知、理解、运用、综合的不同能力水平，满足学生兴趣、爱好特长培养和发展的需要，满足学生了解自我、塑造自我、完善自我、发展自我的数学化过程的需要。

关注主体，用学生的眼光设计教学思路，努力创设最适合学生的发展心理特点和认知规律的数学化的教学情境，能按照自身发展过程获得进步的途径，采取掌握、接受、探究、体验等多样的学习方式，找出各章节之间的联系和共同点，结合具体内容把数学方法逐渐渗透，使学生在潜移默化中掌握“学”数学的方法，教师依据课程标准，依据学生的认知实际，创造性地分层开发使用校本教材。教学中在数学知识概念混淆时、疑难处、开放性综合性强的问题采用小组合作讨论学习这种的教学方式，师生相互沟通和交流，给学生积极适宜的评价。

（二）数学教学的内容

1. 调查核心素养下的高中数学课堂教学现状。

2. 核心素养下，高中数学课堂的教学评价与特征解析。

3. 高中数学课堂教学中，教师课堂教学行为与教学的因素探析，

包括教师的教学理念、方式、过程、评价以及新型师生关系建立。

4. 对教师课堂行为进行合理分解，探索践行学科核心素养下的数学教学的课堂路径，总结借团队力量实践核心素养下的数学教学的培训路径。

三、学科核心素养视角下教师专业发展的途径

在区级课题《建设区数学学科基地行动的研究》基础上，采用“边学习、边研究、边实践、边完善”的行动策略适合在行动中研究、反思与提炼，在研究中深化教学实践，体现研究成果，为课堂教学服务。具体体现在以下几个方面：通过文献研究法，观察研究法，案例研究法，经验总结法，开发区级校本培训课程。

（一）组建团队，创建特色

区内有 3 个特级教师工作室，一个数学名师工作坊，区域卓越教师名师高中 10 人。奉贤智慧教育云平台的建设，带动了智慧课堂建设，将“适合学生的发展才是好的”教育理念深入人心。

（二）提炼经验，整合资源

这两年来，区级课题着重围绕核心素养下的高中学科建设，下图是围绕学科建设为中心的四个方面建设。

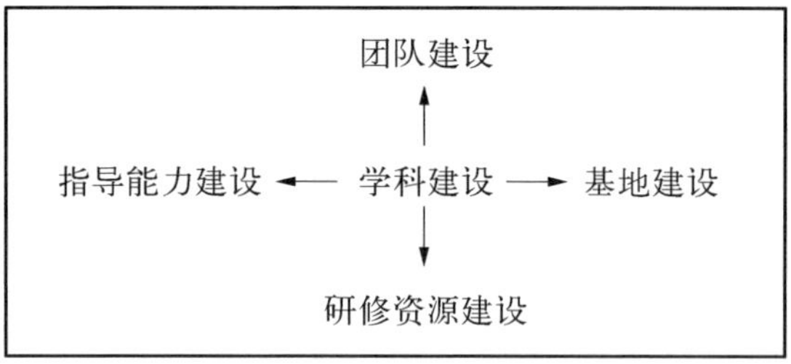

1. 经验之一：以点带面，有序推进，构成体系

2. 经验之二：依据课程标准，编写相关资料

四、践行学科核心素养视角下的数学教学的课堂路径

（一）依托数学化的教学过程，改进教师的教学行为

案例 1：直角坐标系中，直线的倾斜程度如何用坐标去刻画？

两点确定一条直线，除了点方向式，点法向式以外，还有什么量可以刻画？如何用数学的符号语言刻画直线的方向？在直角坐标系中，经过一点可以画无数条直线，为了区别它们的位置关系，用角来区别比较方便，这就需要定义倾斜角。明确了定义的目的、作用，也就明确了定义的必要性以及如何定义这个概念。有了倾斜角已经可以刻画直线在直角坐标系中的倾斜程度，为什么还要定义“斜率”呢？这是为了对倾斜角进行代数刻画，便于以后参与运算，用代数的方法处理几何问题。这是解析几何的本质。

创设情境：探究两个楼梯的倾斜度（图 1、图 2）

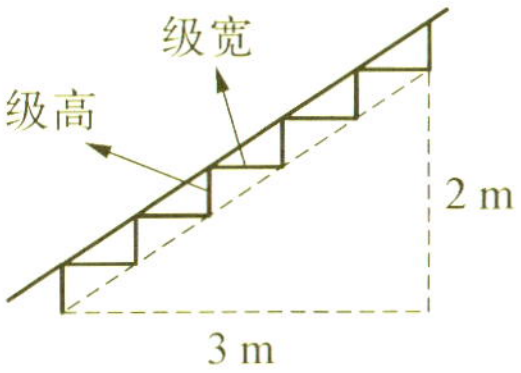

图 1

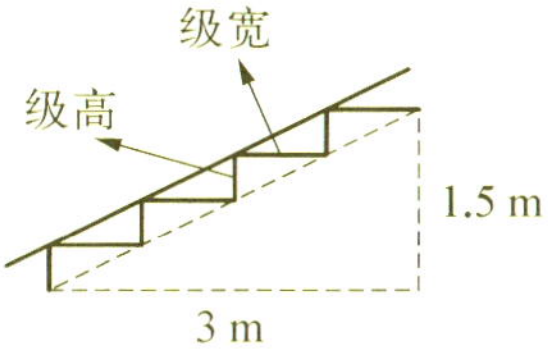

图 2

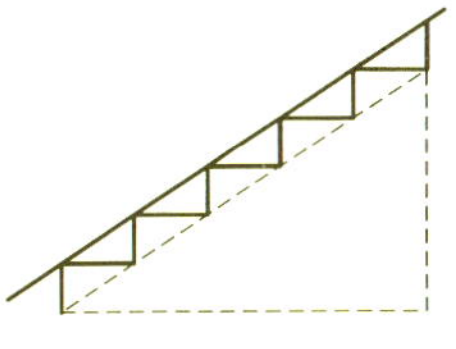
图 3(楼梯简图)

类比

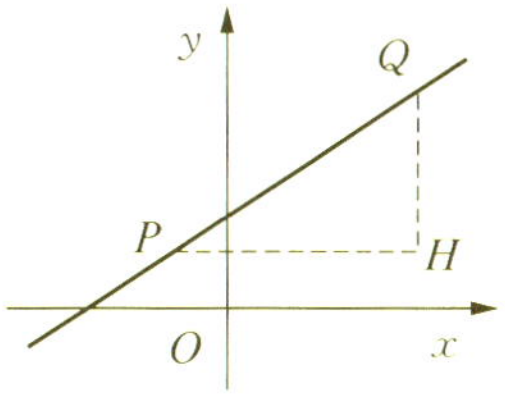

图 4(直线)

由图 3、图 4 可以看出，如果楼梯台阶的宽度不变，那么每一级台阶的高度级高越大，楼梯越陡。也就是说：坡度越大，楼梯越陡，初中已掌握坡度概念，而坡度与斜率本质是相同的，因此从坡度引入斜率

概念是比较合理的切入点。斜率是坡度的发展，如何在坡度概念的基础上构建斜率概念，是本节课教学的核心问题之一。

把楼梯坡面抽象为直线，楼梯坡度为直线的倾斜程度，类比研究直线上任意不同两点 $P(x_1, y_1)$，$Q(x_2, y_2)$，它们类似的级高和级差是什么，之间的联系如何表示？$\frac{\Delta y}{\Delta x}=\frac{y_2-y_1}{x_2-x_1}$（用数学的语言表达世界）定义为斜率（如图 5），规定直线的斜率 $k=\tan\alpha(\alpha\neq 90^\circ)$。但是，斜率有一个缺点，就是不能表示与 x 轴垂直的直线。对于一条与 x 轴不垂直的定直线，比值从与 P、Q 两点的位置有关吗？让学生自己发现并证明斜率的唯一性，培养学生的数学推理核心素养。

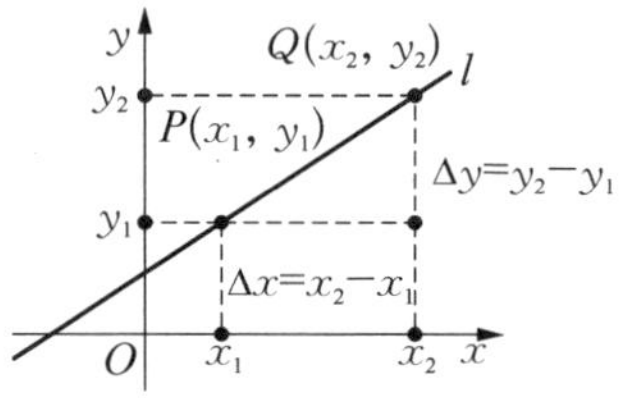

图 5

本课用数学教学理念进行组织教学。教学起点“从现实引入”的，重点是斜率概念的数学化过程，难点是推理概念的合理性与唯一性。核心素养方面蕴含了数学抽象，逻辑推理和数学运算。

从数学知识发展的发展过程需要去考虑，在逻辑必然性中提出问题，使学生在掌握数学知识的过程中学会思考，培养用数学眼光观测世界，用数学思维分析世界。这个案例很符合这一观点。

（二）依托好的“真正的数学题”，促进学的行为

案例 2：“糖水加糖变甜了”（参见本书第 3 章第一节情景问题设置适切中创设的教学情境，提出恰当的数学问题）

（三）依托高考新的分层评分模式，改变教学评价观念

案例 3：（参见第 2 章第六节案例分享）

（四）依托核心素养视角，尝试数学测评研究

数学解题既是教师教学成长的助推器，也是学生学习的加油站。

这是数学的学科特点，也是数学教学中更加具体的教学任务。解题中，应以发展推理能力为核心目标。跳出题海，学会核心素养下的原创题开发，为研究性学习积累大量的素材。

案例4：共焦点的“椭双抛曲线”（在第2章学会编题作业训练作为案例介绍了）

（五）依托用数学模型解决实际问题，发展数学建模素养

由于在常规的纸笔测试中较难反映数学建模的完整过程，因此，在编制考查数学建模的测试题时，通常依据数学建模的各个环节来命题。如设置一个实际情境，重点考查学生发现和提出数学问题的能力，或者给定一个初步的数学模型，要求学生依据实际情况对模型进行修正等。

案例5：用水清洗一堆蔬菜上残留的农药，对用一定量的水清洗一次的效果作如下假定：用1个单位量的水可洗掉蔬菜上残留农药量的 $\frac{1}{2}$，用水越多洗掉的农药量也越多，但总还有农药残留在蔬菜上。设用 x 单位量的水清洗一次以后，蔬菜上残留的农药量与本次清洗前残留的农药量之比为函数 $f(x)$。

（1）试规定 $f(0)$ 的值，并解释其实际意义；

（2）试根据假定写出函数 $f(x)$ 应该满足的条件和具有的性质；

（3）设 $f(x)=\frac{1}{1+x^2}$。现有 $a(a>0)$ 单位量的水，可以清洗一次，也可以把水平均分成2份后清洗两次，试问用哪种方案清洗后蔬菜上残留的农药量比较少？说明理由。

（六）依托课题研究，改变学习方式，提升数学素养

两年来，我一直跟踪指导上师大四附中黄老师的区级课题《普通高中学生数学笔记对于数学学习影响的研究》，提炼研究成果发现：有选择性地记录笔记是数学课堂笔记的有效策略之一，合理利用笔记，

<table>
<tr><th>题号</th><th>情境</th><th>题型</th><th>内容维度</th><th>核心素养</th><th>水平要求</th><th>分 值</th></tr>
<tr><td></td><td rowspan="4"></td><td rowspan="4"></td><td rowspan="4">1
2
3</td><td>数学情境</td><td>现实情境</td><td>2</td></tr>
<tr><td></td><td>数学抽象</td><td>二</td><td>6</td></tr>
<tr><td rowspan="2"></td><td>数学运算</td><td>二</td><td>4</td></tr>
<tr><td>逻辑推理</td><td>三</td><td>4</td></tr>
<tr><td colspan="7">题(1)是考查学生能否在熟悉的情境下，理解的 $f(0)$ 含义，数学两种语言的转换，达到数学直观一的水平。
题(2)是考查学生能否在关联情境下，提炼出函数的性质，达到数学抽象的水平。
题(3)是考查根据实际问题建立数学模型，以及运用函数的知识解决实际问题的能力。达到数学运算二逻辑推理三的水平。</td></tr>
</table>

是提高数学能力的有效途径，尤其重视对数学概念、公式、定理的理解是学好数学的基础。

“你、我、他”笔记模板，改善了学生学习方式；对比类数学整理笔记，有利于理清数学学习的脉络；综合类数学整理笔记，有利于增强学生学习数学的兴趣。项目的研究提高了课堂效益，提高教师的教科研能力，促进教师发展，夯实了学生的数学基础与素养。

下面一组数据足够说明两年的研究效果是显著的(这里用最能反映数学双基核心素养覆盖面全的有说服力的填空选择题来进行分析)。

1 班是艺术、体育和文化生的结合班级，3 班大部分都是文化生。2 班和 4 班是同类型同基础的艺考班。1 班和 2 班是首次带高三的做课题研究的黄老师，3 班和 4 班的任课教师是连续 8 年的高三经验丰富的组长，1 班的数学成绩基础要比 3 班低 3—5 分左右。以下所有数据的对比分析，都是在同样的两位老师教授的情况下得到汇总的。规范化了学生的上课记录情况和课后笔记整理情况，进步是显著的。

	1	2	3	4	5	6	7	8	9	10	11	12	13	14	15	16
区小题平均分	3.64	3.41	3.65	3.24	3.19	2.86	3.67	4.39	3.89	3.03	1.07	1.22	4.66	4.09	3.02	2.91
1 班	3.59	3.03	4.00	2.34	2.48	1.93	2.24	3.62	3.45	1.90	0.17	0.86	4.48	3.10	1.55	1.21
2 班	3.33	2.00	3.60	2.13	1.73	0.53	1.50	2.83	3.17	0.50	0.17	0.33	4.33	1.83	0.50	1.83
3 班	3.41	3.65	2.94	2.94	2.12	1.76	3.24	3.97	3.38	0.74	0.00	0.59	4.12	3.68	1.62	2.21
4 班	3.06	3.53	3.18	2.35	1.76	0.59	2.35	2.79	2.06	0.44	0.00	0.59	3.82	2.65	1.03	1.32

这是所带 2018 届学生在 2017 学年区一模考试的各班填空选择题分数和区平均分的对比。

可以看到有 7 个题目的平均分较高，因为从高二接手开始研究实践，让学生对课上课下的笔记整理有了较强的规律性，一学期的时间内，学生的笔记整理效果明显。

区	3.49	3.81	3.34	3.73	3.85	3.86	3.94	3.13	2.22	2.71	0.93	0.49	4.34	3.89	3.19	3.32
1 班	2.91	3.45	2.73	3.45	3.82	3.64	2.5	1.36	0.91	0.68	0.45	0	4.09	2.73	1.14	2.73
2 班	3.00	3.71	2.57	3.71	4.00	3.71	2.50	0.89	0.71	0.36	0	0	3.04	2.86	0.71	1.79
3 班	2.93	3.73	2.13	3.2	3.73	3.87	2.17	1	0.67	1.17	0	0	3.5	2.17	0.83	2.83
4 班	1.88	3.5	2	3.5	3.88	3.5	1.09	0.78	0.31	0.63	0	0	1.88	1.88	1.25	1.5

这是所带 2018 届在 2017 年二模考试的各班填空选择题分数和区平均分的对比。

	填空 1—6	填空 7—12	选择
1 班	19.2	11.67	13.87
2 班	18.3	7.3	12.3
3 班	18.7	10.4	13.1
4 班	18.2	6.9	13.4
年级	18.606 7	9.074 03	13.2

这是所带 2018 届在某一次月考中各班填空选择平均分对比。

五、借团队力量实践核心素养视角下的数学教学的培训路径

（一）市级名师讲座学习，实现三个转变

邀请市内外区县教育教学专家和学科专家到基地举办核心素养下的学术讲座，对教研活动进行指导，准确解读学科课程标准，实现以下三个转变：从育分到育人，从甄别到展示的理念转变；突出学科核心素养、学科本质、学科思想方法的价值追求转变；课程、教学、评价的内容和方式等转变。

在我们团队教师的课堂中经常会出现这样的师生互动："老师，我是这样思考的，对吗？""老师，我还有和你及其他同学与众不同的解法，正确吗？"

……

经常有学生对老师说："老师，虽然我的数学成绩不是最优秀，但是你带领我在数学课堂中领悟'适合的才是好的'内涵，你的课是为我量身定做的，是适合的。"

（二）基于素养下的课堂教学指导

通过大量课例实践研究，无论何种类型课，梳理了学科核心素养下的"适合数学教学"的六适合：

创设适合的问题情景，紧扣目标激发兴趣；

提出适合的数学问题，明确方向发展认知；

提供适合的探究时空，指点适时适当启发；

给予适合的数学交流，多元评价个性发展；

拓展适合的变式类比，分层作业实际需求；

运用适合的教育技术，开发内容改变方式。

以适合的"问"启发学生思考，以适合的"变"诱导学生灵活善变，以适合的"梳"的方式来引导学生总结，以知识内容变式、题目结构变式、思维方法变式等基本途径，提高学生思维品质。

(三) 基于素养下的工作坊指导

关注教师的业务素养的成长过程，与基层教研组进一步完善充实并丰富"情景，自主，交流，变式"数学教学模式，分层专题教研活动。

作为区名师，学科带头人，工作坊主持人，积极主动研究把在基地学到的经验辐射全区。以青年教师骨干研修班为点，开展六个核心素养下数学专题教研活动为线，拓展丰富基层教研组备课组的活动。

通过两年来的教师培训，奉贤区的高中数学教师专业素养进步显著，多方面评估数据证明数学教育是有效的，普通高中四校后进生的进步是明显的，对教育均衡发展是功不可没的，各个学校教研组活动与建设找到了平台。

奉贤区偏远薄弱学校景秀高中的陆青教师等 2 人 2016 年度 TI 论文获市一等奖，2 人三等奖，2017 年度 3 个老师二、三等奖，蔡悦老师 2018 年市高中数学青年教师评选一等奖，沈健老师 2016 年市高中数学青年教师评选二等奖（唯一一个来自农村薄弱学校的老师），景秀沈健、致远高中袁兰英等论文收集在市名师基地中学数学 3 组成果华东师范大学出版社《谈数说理，论教悟道》中，四附中黄老师的课题研究指导课堂教学成果显著。沈健、陆青、蔡悦等在市名师基地活动中积极参与上研讨课、展示课。

在促进学生核心素养发展的当下，随着教育改革不断深入，新的问题会接踵而来。学科双基内容相对来说容易落实到位，但是在训练中如何加强数学抽象，逻辑推理，认识模型，数据分析等还有很多需要做的事。

国家 2017 版高中数学新课标将数学核心素养的培养作为重要内容，学习落实高中数学核心素养、寻找合适的教研方式和途径成为区域教研工作的重要任务。本论文的选题是有意义的，作者本着"用数学眼光观察世界，用数学思维思考世界，用数学语言表达世界"的理念，思考新时代区域高中数学有效教研活动设计，提出了"数学教学"

模式：即通过数学化的教学过程、好的数学题、新的分层评分模式、开发原创题、数学模型、课题研究等教研平台，找到数学教师的专业发展途径，提炼经验，开发资源。

数学教学的理念、方法体现在数学教师专业发展的培训中，落实在学生的数学学习上，遵循针对性、主体性、适切性、发展性四个原则，在数字化平台建设中，从数学知识的发展过程需要考虑，在逻辑必然性中提出问题，在培育掌握数学知识的过程中学会思考，培养用数学眼光观测世界，用数学思维分析世界。在问题研究中，依托好的“真正的数学题”，促进学的行为，通过数学问题的分层思维划分，体现不同思维水平评价。作者通过不同的项目设计积极践行核心素养的培养，为教师专业发展提供具体、可操作的研究行为，观点是正确的，案例比较翔实，提供的附件进一步佐证了研训工作的现实性，论文较强的实践性具有一定的推广价值。

在后续研究工作中，需要认真思考“数学教学”名称的合理性，需要从理论建树上进一步完善几个平台的实践研究，需要从实践和理论两方面解释教师专业发展的有效性，特别是相关案例需要进行教师培训的实证研究。

（点评人：王华）

研究成果 2：高中数学课堂教学中改善教师教学行为与教学有效性的研究

一、问题提出

我们认为，教学的有效性是在实现基本教学目标的基础上，追求更大的教学效率与教学效益。提高课堂教学有效性是实现“以学生的发展为本"这一核心理念的有效途径之一。教学有效性的追求是在完成教学任务的同时，培养学生的学习兴趣、学习意识和自我教育能力，为学生的可持续发展打下坚实的基础。数学作为一种有明确目的性的认知活动，其有效性是教育工作者所共同追求的，有效教学是教师在达成教学目标和满足学生发展需要方面都很成功的教学行为，它是教学的社会价值和个体价值的双重体现。

新课改把"以学生的发展为本"和"由基础性学力、发展性学力、创造性学力组成的基础学力体系的新学力观"作为课程改革的基本理念，特别强调教与学方式的变革，提出师生互动、有效学习，强调师生的共同互动、共同成长。然而，受高考升学率的影响，传统的教学观念仍束缚着教师的教学行为。高中数学课堂教学中还存在着许多与新课程标准极不适应的教学理念和教学方式。传统的"师问生答，师讲生练"的教学模式仍占领了我们的课堂教学，教师一遍遍不厌其烦地讲解，学生一道道习题的演算，被动接受知识，这种注入式的教学方法，使学生的智力处于半开放状态，学生无法体验数学和经历数学学习过程，学生的创新能力、个性发展、自主意识等受到了很大的遏止，教师教得很累，学生学得很苦，教学效率低下，已成为高中数学教学中一个非常突出的问题，这不仅摧残了学生数学的学习兴趣和学习热情，而且窒息了学生的思维和智力，我们的学生没有得到真正地有效发展。因此，如何使我们的教师拥有新课程背景下的课堂教学有效性的理念，掌握新课程背景下的课堂教学有效性的策略或技术，是摆在我们面前的一个难题。

本课题研究侧重于"改善教师教的行为"方式的研究与实践，着重探讨在二期课改理念下改善教师的"教学行为"，从而服务于学生的"学习行为"(即"改善教法"为"学法"服务)，从而实现教学有效性，以促进学生主动学习，培养学生的创新意识和实践能力，让学生成为课堂上真正的主人，使他们从知识的被动接受者转变为知识的主动发现者和探索者，全面提高教学质效。

二、高中数学课堂教学中教师教学行为与教学有效性的策略

（一）聚焦课堂教学，改善课堂教学行为，提高教学有效性的方法

教师依据《上海高中数学课程标准》，源于教材的原则，以一切为了学生的发展为指导思想，通过“理念学习、情景设计、行为反省”三环节，通过“三个阶段和两个反思”的实践，根据不同课型、不同水平的学生，以教材为教学内容，以“问题情境——建立模型——解释与应用”的基本模式为教学结构框架，提高教学效果。

三个阶段是指：原行为阶段关注个人已有经验的教学行为；新设计阶段关注新理念的课例设计；新行为阶段关注学生获得的行为调整。

两个反思是指：更新理念——寻找自身与他人的差距；改善行为——寻找设计与现实的差异。

1. 把握课程标准与教材，丰富数学教学内容（案例1：源于生活，创设情景，激活思维）

学生的数学学习内容是有趣的、富有挑战性的，教学内容成为学生主动地从事观察、实验、猜测、验证、推理与交流等数学活动的主要素材。

2. 把握课程标准与教材，转变数学教师教学行为、完善学生的学习方式（案例2：同一问题的三种处理，三种教学方式的对比——合作交流、师生互动、共同发展）

教师根据教学内容的实际需要、学生的认知规律和思维特点，合理安排学生进行讨论动手操作，有助于学生理解概念、算法、法则、公式、性质等知识。可以体现以下三个方面的优势：① 合作讨论使学生学习变被动为主动；② 学生间的合作互助，可以弥补教师一个人不能面向每一个学生的不足；③ 合作讨论能使课堂气氛轻松愉快，同时使学生自学能力、辨析评判能力、语言表达能力等多方面的素质得到训练和提高；合作讨论使学生更加自信，教师自身也得到提高。这样，数

学概念的形成、数学知识的学习、数学规律的揭示是在教师的有效组织下、引导下的学生自己的感悟学习、创新学习。

3. 把握课程标准与教材，转变教师对数学学习的评价方式（案例3：课题《人口预测问题》）

教学过程中采取教师评价、自我评价和他人评价相结合的多元化评价模式，将评价融于学习过程本身，解决问题的过程本身就是对学习效果的评价和奖励，这种源于学习过程本身的评价有利于激发内部动机，又能使教师在教学中及时了解学生的进步，促进学生的自我监督、调节和提高。

4. 把握课程标准与教材，突出过程，引导探究，感悟过程（案例4：《等和数列与等积数列及其通项公式的求法》）

教学中重视概念的提出过程，知识的形成过程、发展过程，注重解题思路的探索过程，解题方法和规律的概括过程。

（二）聚焦课堂教学，提高课堂教与学有效性的途径

1. 落实双基，夯实基础，掌握通性通法，提高学生的解题能力（案例5：函数周期性）

教师采用探究性学习方法，即学生在教师创设的问题情境中，主动去探究学习，在问题解决中理解数学概念，掌握基本数学思想方法，达到夯实基础的目标。

组织学生进行探究性学习，即把一堂课设计为如下两个步骤，第一步围绕教学内容，设计问题组，引导学生主动复习基础知识，掌握基本方法。第二步让学生通过独立思考或通过与同学合作讨论解答，对学生的解答成果，师生共同进行评价，与学生一起分析解答过程中的得与失，总结提炼数学思想方法，在这一过程中教师的角色是：为学生创设探究性学习的情境提供资料，参与学生的讨论，解答学生的疑问，组织学生进行评价总结，使学生在教师创设的问题情境中，主动去探究学习，在问题解决中理解数学概念，掌握基本数学思想方法，达到夯实基础的目标。

2. 利用例题的分析，在体验数学思想的过程中提高学力(案例 6：一个试题的分析)

在例题教学后，有时会听到学生说“听是听懂了，就是不会做”，产生这种情况的主要原因之一，就是教师没有引导学生参与分析思考的过程，不重视教学生怎样思考。要改变上述情况，教师必须要从“解题者”和“主讲者”转变成“引导者”和“组织者”。

3. 利用典型题目，由“误”到悟，进行变式训练，培养学生思维感悟能力

例题是数学教材的核心内容，概念的形成、规律的揭示、技能的训练、智能的培养，往往要通过例题教学来进行。

(1) 形异质同的题，集中评讲(案例 7)

所谓形异质同的题是指教学情景相异但数学过程本质相同或处理方法相似的试题。“形异质同”的核心是“质”，抓住了问题的“质”，就是找到了解决问题的钥匙。

(2) 形似质异的题，集中评讲(案例 8)

所谓形似质异的试题是指，数学情景貌似相同，但数学过程本质大相径庭的试题。对于这类试题也宜集中评讲。要指导学生透过表面现象看内在本质，注意比较异同，防止思维定式产生的负迁移。必须指出，形似质异的试题，通常仅差异在数言片语之中，稍有不慎，便会陷入误区。因此必须提醒学生细心审题，以防出错。

4. 深入研究高考中的重点热点试题，拓展知识，培养学生的发散思维能力(案例 9：功课不妨做得再细点——用耐克函数 $y=ax+\frac{b}{x}$ 合成的原理研究两个函数的和函数的关键点)。

一般来说，高考题属于典型的题目。但对以前考过的试题不能只看题表，对于一道“陈题、老题”，应该看到的是它的外延——数学思想方法的作用，要看到他的知识价值，而不是简单的题型结构，鉴于这一点，采用一题多变的教学形式，引导学生积极思维，改变静止孤立地思考问题的习惯，逐步使思维向广阔的方向联想，向纵深方向发展，达到

由此及彼，触类旁通的目的。在例题教学中，从一个题目入手，通过不断变换题目的条件和结论，由浅入深，循序渐进，举一反三，层层深化的做法，在学生开拓和发展思维的灵活性和深刻性方面能发挥积极作用。常见的变换方式有：题目变式包括条件的探究（增加、减少或变更条件）、结论的探究（结论是否唯一）、数与形的探究、引申探究（命题是否可以推广）等。在解题学习课或试卷讲评课的教学过程中，利用此类变式问题可使学生掌握姊妹题甚至一类题的解法，培养学生运用数学思想方法去分析问题和解决问题的能力、探究创新的能力以及灵活多变的思维能力。

5. 合作交流、师生互动、共同发展（案例10：这样的菱形有几个）

同一题目由于教师采取不同教学方法带来的异常效应。教师根据教学内容的实际需要合理安排学生进行讨论动手操作、有助于学生理解概念、算法、法则、公式、性质等知识，甚至这也正符合学生的思维特点和认知规律。可以体现以下三个方面的优势：① 合作讨论使学生学习变被动为主动；② 学生间的合作互助，可以弥补教师一个人不能面向每一个学生的不足；③ 合作讨论能使课堂气氛轻松愉快，同时使学生自学能力、辨析评判能力、语言表达能力等多方面的素质得到训练和提高；合作讨论使学生更加自信，教师自身也得到提高。

三、效果

通过研究，促进了教师对教育理论的学习，促进着教师教育观念的转变、角色的转变、教学行为的改变及学生学习方式的完善；通过整合教学资源更科学精练化，优化教师教学行为、渗透科学方法，将探究性、研究性学习等学习方式与传统接受性学习方式整合，实现优势互补，构建和完善将相融合的操作系统，以促进学生主动学习，培养学生的创新意识和实践能力，让学生成为课堂上真正的主人，使他们从知识的被动接受者转变为知识的主动发现者和探索者，课堂教学效率得到有效提高。

（一）在教学行为中教师角色的转变

1. 树立新的学生观念

2. 改变教师即“权威”的观念

3. 创设民主、安全的学习环境

4. 学法指导得到加强

5. 成为教学的研究者、成为学习者

（二）在学习过程中学生学习行为的完善与学习效果的提高

由于课堂教学中体现了教师的引导主体与学生的学习主体，教向学发生了重大转移，学生的参与性与主动性得到提高；学生间互相问问题、学生向教师提问题的数量呈显著增长；学生的数学思维品质得到了训练与提高。

（三）新老教师的互帮互学共同的提高

中老年教师深入研究大纲，认真钻研教材，尤其是老教师能准确把握教学的重点与难点，掌握本课知识与前后知识之间的内在联系，分清了解、理解、掌握和运用四个层次的具体要求，制定各课时的明确的具体的教学目标。在教学过程中，课题的引入能注意有效地激发学生的兴趣；概念的分析准确、透彻；定理、公式的推证简洁、严密；例题的选取具有典型性，能有效地突出本课时的重点；求解的方法多样化，常有一题多解、多题一解；学生的练习的数量和难易配备合理；小结能起到画龙点睛的作用。而新教师在这些方面稍显欠缺。新教师的优势在于他们掌握了较好的现代教育的基本素质，虽缺少实践经验，但懂得现代教育教学理论，工作热情高，善于和学生打成一片。

新老教师要互相学习，取长补短。要不断学习新的教育思想、教学方法，真正树立创新教育的理念，把课堂真正变成学生的课堂。

附录：

案例 1：源于生活，创设情景，激活思维

某教师在教学“反函数(1)”时，为了充分体现反函数定义的探索、发现的思维过程和加深反函数概念的理解，介绍最早的加密方法即古罗马的 Julius Caesar 发明的简单的加密字母替代法，具体规则见下表：

原始字母	*A B C D*	*E F G H*	*I J K L*	*M N O P*	*Q R S T*	*U V W X Y Z*
	↓ ↓ ↓ ↓	↓ ↓ ↓ ↓	↓ ↓ ↓ ↓	↓ ↓ ↓ ↓	↓ ↓ ↓ ↓	↓ ↓ ↓ ↓ ↓ ↓
加密字母	*D E F G*	*H I J K*	*L M N O*	*P Q R S*	*T U V W*	*X Y Z A B C*

通过具体例子：对“*Action tonight*”进行加密传送、破解、回应、加密传送、破解，源于生活情景的事例，激发学生学习兴趣，激活了学生的学习思维。学生经历数学化和“再创造”的过程，形成自己对反函数概念的理解。课后测试证明该教学手段对反函数概念的理解明显有效。

案例 2：合作交流，师生互动，共同发展

在高三的一堂立体几何的复习课上，从三位老师对同一道例题的三种不同的处理，折射出三种不同的教学方式，以下作一个对比分析。

[案例] 例题：在正方形 $ABCD-A_1B_1C_1D_1$ 中，若 E、F、G 分别为 A_1B_1、BB_1、B_1C_1 的中点，解答下列问题：

(1) 求出 AE 与 CG 所成的角；

(2) 求出：AE 与 CF 所成的角；

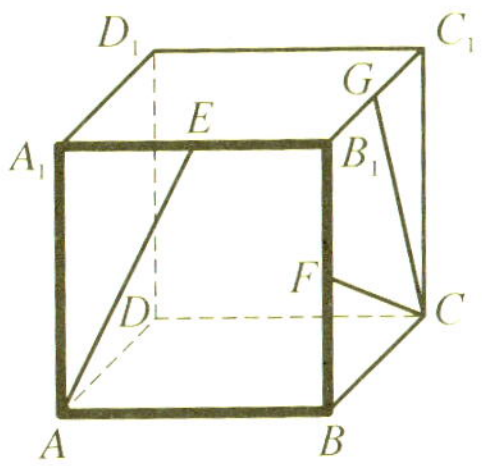

图 1

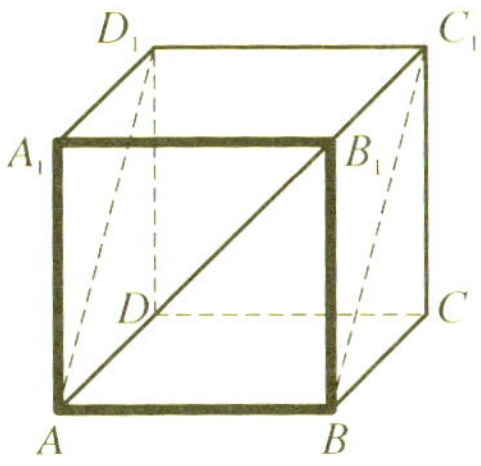

图 2

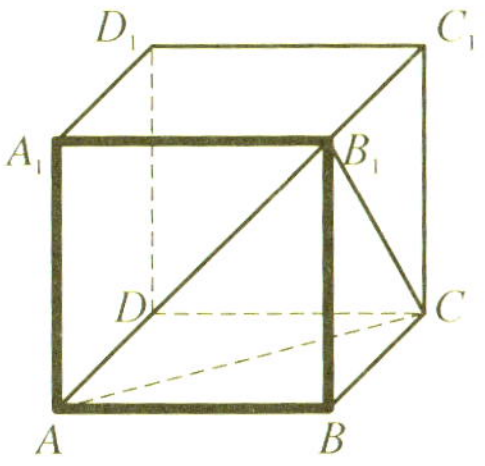

图 3

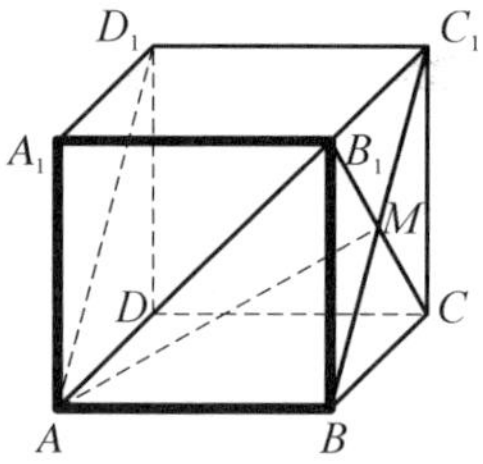

图 4

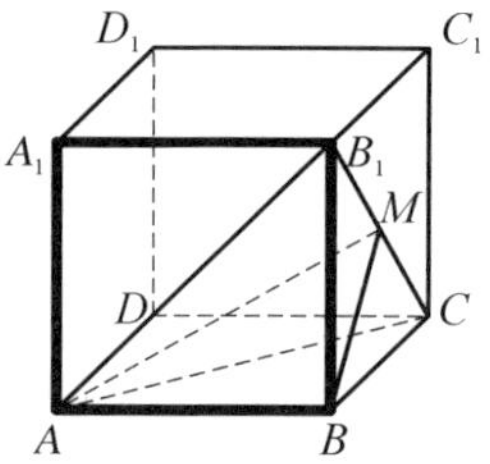

图 5

(3) 求出 AB_1 与面 BB_1C_1C 所成的角；

(4) 求出：AB_1 与面 ABC_1D_1 所成的角；

(5) 求出二面角 $A-B_1C-B$ 所成的大小。

处理 1　教师课前先画出三个正方体、标上字母，上课开始将例 1 的 5 道小题一同呈现，一个一个地讲，边讲边添辅助线。其解答要点：(1)(2) 将异面直线所成的角，通过平移转化为两相交直线所成的角；(3)(4) 关键是作出面的垂线，得到射影，(3)的角即$\angle AB_1B(45°)$，(4) 连接 B_1C 交 BC_1 于点 M，则 $B_1M\perp BC_1$，又由 $AB\perp$平面 BB_1C_1C 知，$AB\perp B_1M$，$B_1M\perp ABC_1D_1$，$\angle AB_1M$ 为所作的角。(5) 由(4)知 M 为 B_1C 中点，$AM\perp B_1C$，$BM\perp B_1C$，则 $\angle AMB$ 为二面角 $A-B_1C-B$ 的平面角。教师挨个地讲解后，归纳三类角的关键点及规律。

处理 2　教师呈现问题(1)，师生一同解答后，让学生围绕已学的"三类角"提出问题。经过前后座位的四人讨论，每组汇报、整理成十多个不同的问题：除以上 5 个问题外，还有：(6) 求 AB 与 CC_1所成的角；(7) 求 AD_1与 B_1C 所成的角；(8) 求出 AB_1与面 CDD_1C_1 所成的角；(9) 求出 AB_1与面 A_1B_1CD 所成的角；(10) 求二面角 B_1-AC-B 所成的角正切值，等等。

面对十多个问题，教师将它分成四组，每组解答 3 个问题，线线角、线面角、二面角各一个，解答后请每组选三人回答。课堂反馈：学生的解答，除了作线面角的(4)(9)有点困难，其他问题的正确率都很高；但用时达 30 分钟。之后，请学生尝试总结：求三类角的关键是什么。每个组请一位代表说，教师再归纳总结。

处理3 教师先呈现例题之(1)(3)两小题(一道线线角、一道线面角)，让学生思考、再请个别学生回答。之后，请学生围绕已学的三类角，要求每组各提出1—2个问题，限时4—5分钟。经过每组(前后座位四人)的讨论、汇报，整理成十多个问题(与处理2的问题类似)。然后师生一同梳理，(6)(7)较简单，请学生口答，因为(4)(9)为作线面角的相同问题，每组只要解答一个即可，剩下六道问题，分成两组解答，每组三道，分别为三类角各一道。学生解答后，提醒思考：解答这一类问题的关键点及规律。请两组代表回答，教师再归纳、总结。

同一题目由于教师采取不同教学方法带来的异常效应。教师根据教学内容的实际需要合理安排学生进行讨论动手操作、有助于学生理解概念、算法、法则、公式、性质等知识，而且这也正符合学生的思维特点和认知规律。可以体现以下三个方面的优势：① 合作讨论使学生学习变被动为主动；② 学生间的合作互助，可以弥补教师一个人不能面向每一个学生的不足；③ 合作讨论能使课堂气氛轻松愉快，同时使学生自学能力、辨析评判能力、语言表达能力等多方面的素质得到训练和提高；合作讨论使学生更加自信，教师自身也得到提高。教案设计不但体现出教师的教，更重要的是体现学生经历学习的过程。由此可见：精心设计问题情景，积极引导、启发学生进行概念剖析，借助现代化手段进行教学，以概念讲解为载体，以展示思维过程为主线、探索为途径，突出能力培养和思想教育，并注意发展学生个性品质，培养学生用数学语言进行交流的能力，以达到提高全体学生素质的根本目的。

案例3：课题《人口预测问题》的教学实例

高中阶段的指数函数，对教材中的世界人口和中国人口走势图进行深化，请学生预测2010年的中国人口总数。

案例强调了：① 让学生学会看图，注意了数形结合的数学思想方法。② 注意了学生中的分层教学，学生可根据自己的实际情况选择不同的函数解析式来解决问题。③ 得出预测结果并未结束，而是注意了其后续性，发展性。④ 注意了数学问题本身与社会的联系，其社会价值的体现，进行德育渗透。

教学过程中采取教师评价、自我评价和他人评价相结合的多元化评价模式，将评价融于学习过程本身，解决问题的过程本身就是对学习效果的评价和奖励，这种源于学习过程本身的评价有利于激发内部动机，又能使教师在教学中及时了解学生的进步，促进学生的自我监督、调节和提高。

案例 4：突出过程，引导探究，感悟过程——《等和数列与等积数列及其通项公式的求法》(此课例获市级教学评比区一等奖)

引出问题：复习等差数列及等比数列的定义、递推公式与通项公式；

引导学生去发现等比数列的定义其实是将等差数列中后项与前项的差的运算替换为商的运算。那是否还可以替换为其他的运算呢？这样得到的又是怎样的数列呢？

研究问题：类比研究等和数列、等积数列的通项公式、性质以及它们之间的内在联系；

问题深化：对于等差数列与等和数列的递推公式都可以写成：$pa_{n+1}+qa_n=c(p\cdot q\neq 0)$ 的形式，而等比数列与等积数列的递推公式都可以写成：$b_{n+1}^{p}\cdot b_n^{q}=d(p\cdot q\neq 0$，且 $d\neq 0)$ 的形式。让学生思考此类数列的通项公式求解策略。

本案例让学生类比、猜想，经过交流讨论，由学生讲出等和数列与等积数列的名称并举例验证其存在，让学生自己给出等和数列、等积数列的定义。体现了这样的教学理念：数学概念的形成，数学知识的学习、数学规律的揭示是在教师的有效组织下、引导下的学生自己的感悟学习、创新学习。学生在自主探索过程中主动获取的，而不是教师教会的，学生思维异常活跃。符合课程标准提出的“问题情境——建立模型——解释、应用与拓展(反思)”的基本模式。

案例5：函数周期性

第一步：设计如下问题组让学生独立完成。

1. 已知函数 $f(x)$ 的定义域为 $\mathbf{R}$，满足 $f(x+2)=f(x)$ 当 $0<x<1$ 时有 $f(x)=x$ 则 $f(7.5)=$________。

2. 已知函数 $f(x)$ 是定义在 $\mathbf{R}$ 上的奇函数，且满足 $f(x+2)=-f(x)$，当 $0<x<1$ 时 $f(x)=x$________，则 $f(7.5)=$________。

3. 函数 $f(x)$ 的定义域为 $\mathbf{R}$，对任何 $x\in\mathbf{R}$ 有 $f(x-1)=f(x+1)$ 恒成立，且满足 $f(-3)=3$，则 $f(1)+f(3)+f(5)+\cdots+f(99)=$________。

4. 已知函数 $f(x)$ 是定义在 $\mathbf{R}$ 上的偶函数且满足 $f(x+2)=f(2-x)$，$0\leqslant x\leqslant 2$ $f(x)=x^2+1$，则 $f(99)=$________。

（设计意图，回顾周期函数定义，利用周期函数解决问题）

学生独立完成后，教师同学生一起反思解题过程，归纳解题思路及方法。

归纳如下：定义，对 $f(x)$ 定义域内任意一个 x 存在 $T\neq 0$，使得 $f(x+T)=f(x)$，则 T 称为 $f(x)$ 的一个周期。

探究：

若存在实数 $a\neq 0$，对定义域内任意一个 x，满足 $f(x+a)=-f(x)$，则 $f(x)$ 的一个周期为 $2a$。

若存在实数 $b\neq 0$，对定义域内任意一个 x，满足 $f(x+b)=f(x-b)$ 则，$f(x)$ 的一个周期为 $2b$。

特别地，若 $f(x)$ 为偶函数，满足 $f(c+x)=f(c-x)$，则 $f(x)$ 的一个周期为 $2c$。

通过具体的问题，使学生在亲身实践经历中对运用周期函数解题有了深刻理解，这样变被动接受为主动学习，使基础知识、基本方法的复习更加扎实有效。

为了巩固周期函数知识点，再练习一题。

5. 偶函数 $f(x)$ 满足 $f(x)=-f(x+2)$ 对任意 $x\in\mathbf{R}$ 都成立，当 $0\leqslant x\leqslant 2$ 时，$f(x)=4-x^2$。求 $2\leqslant x\leqslant 6$ 时 $f(x)$ 的解析式。

第二步，再设计一些问题，由合作小组讨论完成，要求对此问题进行多角度研究，然后交流研究成果。

6. 已知函数 $f(x)$ 的周期为 4，且等式 $f(2+x)=f(2-x)$ 对一切 $x\in\mathbf{R}$ 均成立，求证 $f(x)$ 为偶函数。

（设计意图，这道例题很普通，但内涵丰富，对培养学生的创造性思维很有利）

学生讨论交流成果总结如下：

小组 A：我们主要研究了这个问题的条件与结论的关系，我们发现两个条件与一个结论，这三者中的任何两者都有可能推出第三者。

即：1. 若函数的周期为 4，且 $f(x)$ 为偶函数，则等式 $f(2+x)=f(2-x)$ 对一切 $x\in\mathbf{R}$ 均成立。

2. 若 $f(x)$ 为偶函数，且等式 $f(2+x)=f(2-x)$ 对一切 $x\in\mathbf{R}$ 均成立，则函数的周期为 4。

小组 B：我们也发现了上述特点，我们还从图像角度进行了研究，$f(x)=0$ 为偶函数，说明图像有一条对称轴方程为 $x=0$。$f(2+x)=f(2-x)$ 对一切 $x\in\mathbf{R}$ 均成立，说明图像还有一条对称轴方程为 $x=2$，于是，我们猜想：

（1）若一个函数的图像有两条不同的对称轴，那么，这个函数是周期函数；

（2）若一个函数的图像有两个不同的对称中心，那么，这个函数是周期函数；

（3）若一个函数的图像有一条对称轴和一个对称中心，那么，这个函数是周期函数。

小组 C：……

通过以上成果展示，使学生主动领悟、吸收、内化知识点，训练了学生思维的深刻性，在学生主动探究学习的活动中，能力得到了提高。

案例 6：2007 年学校督导 A 级课（期中考前 2 天复习卷讲评课，一节课只分析一例）

有这么一个试题：设 A 是由符合以下性质的函数 $f(x)$ 组成的集

合：对任意的 $x \geqslant 0$，$f(x)$ 在 $[0, +\infty)$ 上是减函数且 $f(x) \in (1, 4]$，请你构造一个函数 $f(x) \in A$。

案例 7：形异质同的题，集中评讲

例 1：设关于 x 的方程：$x^2+2x+a=0$ 在 $x \in \mathbf{R}^+$ 上有根，求实数 a 的取值范围。

例 2：设关于 x 的方程：$\sin^2 x+2\sin x+a=0$ 在 $x \in \mathbf{R}$ 上的根，求实数 a 的取值范围。

例 3：设关于 x 的不等式：$\sin^2 x+2\sin x+a>0$，$x \in \mathbf{R}$ 上恒成立，求实数 a 的取值范围。

引导学生仔细审题会发现：这里例 1、例 2、例 3 的数学情景截然不同，但数学过程的本质特征是相同的：它们分别以二次方程、三角方程、三角不等式为背景，但又都是以含两个变量的数学关系为基础，去寻求其中一个变量的取值特征，抓住这一相同的本质特征，可以发现：这三道试题都可运用分离法加以解决，同时也起到高三复习举一反三的教学效果。

案例 8：形似质异的题，集中评讲

例 4：设函数 $f(x)=\lg(ax^2+4ax+3)$ 的定义域是实数集 $\mathbf{R}$，求实数 a 的取值范围。

例 5：设函数 $f(x)=\lg(ax^2+4ax+3)$ 的值域是实数集 $\mathbf{R}$，求实数 a 的取值范围。

案例 9：功课不妨做得再细点——用耐克函数 $y=ax+\dfrac{b}{x}$ 合成的原理研究两个函数的和函数的关键

案例 10：这样的菱形有几个

已知：Rt$\triangle ABC$，$\angle C=90^\circ$，$BC=3$，$AC=4$，请在 Rt$\triangle ABC$ 中画出内接菱形（四个点在的三条边上），但不是正方形，这样的菱形有

几个？并求出菱形的边长？

甲教师默认参考书上的答案(对此题是否认真研究过尚不知)，教师看了答案后，看似理解了，认为此题比较难，故采用传统的注入式教学法，将书上错误的答案给学生，学生能接受，听懂，没有人提出疑问，绝对迷信教师，教师迷信书上的答案。

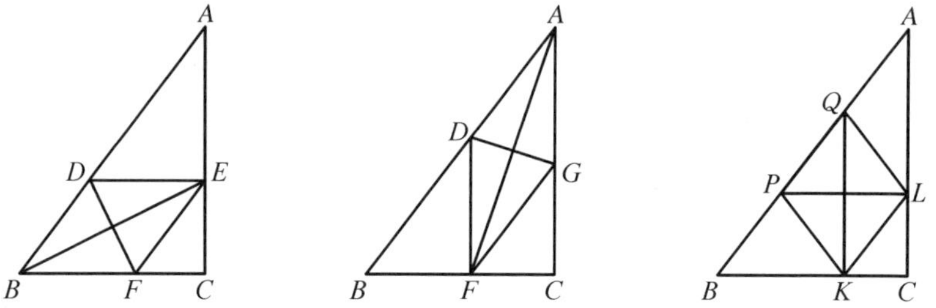

$DE=x$，$\dfrac{x}{5}=\dfrac{3-x}{3}$，　$x=\dfrac{15}{8}$

$DF=x$，$\dfrac{x}{5}=\dfrac{4-x}{4}$，　$x=\dfrac{20}{9}$

$PK=x$，$\dfrac{\frac{6}{5}x}{3}=\dfrac{4-\frac{4}{5}x}{4}$，　$x=\dfrac{5}{3}$

乙教师上课前也默认考书上的答案，认为此题虽然难，但具有一定的可探索性，故采用合作交流、师生互动、共同发展的教学模式，正因为如此，学生的聪明才智得以体现，得到了教师课前没有思考过的结论：这样的菱形是不确定的，有无数个，但边长有范围限制，帮助教师意识到这个题目的标准答案是错误的，从而促使师生需要进一步共同研究得到这个题目正确的答案：

$$DE=x，BD=y，\frac{x}{3}=\frac{5-y}{5}，$$

$$y=5-\frac{5}{3}x，\frac{15}{8}<x<\frac{12}{7}$$

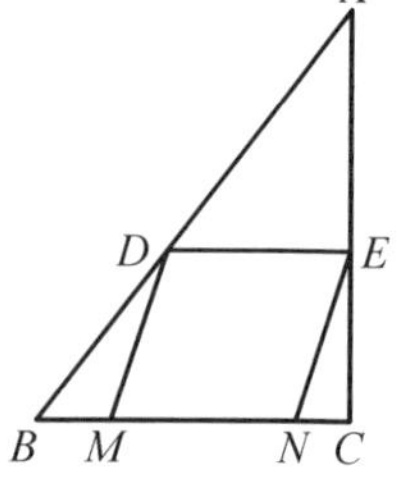

画法：以 D 为圆心，DE 为半径画弧交 AC 与 E 交 BC 与 M，以 M 为端点，截取 $MN=DE$ 交 BC 与 N，连 EN，则四边形 $DENM$ 为菱形

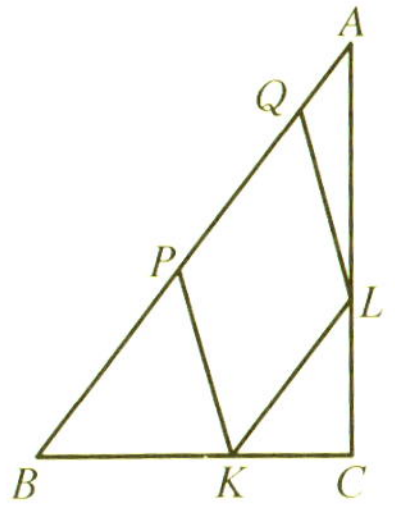

菱形的边长取值范围为

$$\frac{5}{3} \leqslant x \leqslant \frac{20}{9}$$

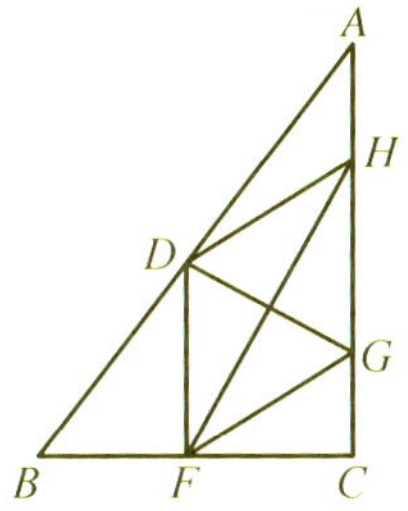

菱形边长取值范围

$$\frac{12}{7} \leqslant x \leqslant \frac{20}{9}$$

参考文献

[1] 张海君.基于学科核心素养的高中合适数学教学的研究.市教研员论文二等奖，2018.11

[2] 张海君.区级课题《开展高中数学学科基地建设的行动研究》.2013－2015

[3] 张海君.高中数学课堂教学中改善教师教学行为与教学有效性的研究.上海市中学数学教研论文评比二等奖，2011

[4] 张海君.例谈高一第一学期数学学法指导　上海市中学数学教研论文评比二等奖，2001.9

[5] 张海君.三角函数 $f(x)=\sin^n(x+\alpha)+\cos^n(x+\beta)$ 奇偶性的研究.TI论文一等奖 2011.6

[6] 陈双双.王海平.谈数说理论教悟道.华东师范大学出版社.2016.11（摘录四篇文章）

[7] 张海君.中学高级B级鉴定论文《改革课堂教学，推进素质教育》2000.8

[8] 张海君.《通过普通高中区域校本教材开发促进教师学科队伍建设》市教研员论文三等奖.2016.11

[9] 张海君.让“学生在参与、体验中学习数学”　市教研员论文三等奖.2005.5

[10] 张海君.利用类比迁移法提高高三复习课效益[J].现代教学，2007(12)：45－46.

[11] 张海君.高三数学复习课的一点探索[J].现代教学，2008(10)：60－61.

[12] 张海君.整合教师资源　凝聚教师动力[J].现代教学，2017(16)：36－37.

[13] 张海君.由求函数 $y=x+\sqrt{4-x^2}$ 的最大值想到的[J].上海中学数学，2018，302(11)：15－17.

[14] 张海君.高中数学流行错题一例[J].上海中学数学，2013(12)：20－21.

[15] 张海君.一道函数应用题最值的探索之旅[J].上海中学数学，2015(10)：41－44.

[16] 张海君.结合数学教材加强德育渗透案例一则[J].上海中学数学，2005(12)：

6－7.
[17] 杨莲花，张海君."抛锚式"教学模式在数学教学中的应用[J].现代教学，2004(z2)：50－51.
[18] 张海君.聚焦课堂教学，推动课程改革[J].现代教学，2004.1
[19] 张海君.区级课题《几何画板支持下的中学数学实验教学模式的研究与实践》2002.4
[20] 张海君.试题研究 2014 年全国高考各地好题鉴赏.上海交通大学出版社.2015.12
[21] 普通高中数学课程标准，人民教育出版社，2017 年
[22] 普通高中数学课程标准解读，高等教育出版社，2017 年
[23]《上海市中小学数学课程标准》上海市教育委员会.上海教育出版社.2004
[24] 高级中学课本《代数》下册，人民教育出版社，1990，10.
[25] 中国教育学会中学数学教学专业委员会：全国中学青年数学教师优秀课评价标准(修订版)[J].中学数学教育，2012，6.
[26] 上海市教育委员会教学研究室编.上海科技教育出版社.课改播未来[J].2018，11
[27] 巴班斯基，吴文侃.论教学过程最优化[M].教育科学出版社，1984.
[28] 马复.设计合理的数学教学[M].高等教育出版社，2003.
[29] 钟启泉.为了中华民族的复兴为了每位学生的发展：基础教育课程改革纲要(试行)解读[M].华东师范大学出版社，2001.
[30] 钟启泉.基于核心素养的课程发展：挑战与课题[J].全球教育展望，2016.1
[31] 王慧霞.适性教育个案研究[J].现代中小学教育.2014(4)
[32] 张亚静.数学素养：学生的一种重要素质—基于数学文化价值的思考[J].中国教育学刊.2006(3)
[33] 杨铁华.《合适教育：推动学校自主发展》.《思想理论教育》2003 年 11 期
[34] 林宪生编著.《多元智能理论在教学中的运用》.开明出版社 2003 年 4 月版
[35] 范正君.关于高中数学课堂教学有效性的思考[J].考试周刊，2009(19)：66.
[36] 葛建华，陈华.新课程背景下的数学课堂教学设计的实践与再认识——寻找适合学生发展的教学设计[J].中国数学教育，2011(22)：15－19.
[37] 陶朝祥.浅谈适合学生发展的高中数学教育[J].中国科教创新导刊，2008(4)：88.
[38] 姚娟妹.如何选择合适的素材发展初中生数学学科发现问题的能力[J].数学教学通讯，2017(11).
[39] 刘翌，朱哲.适性教育下的数学教学——从日本"一次函数应用"教学案例得到的

启示[J].中学教研(数学),2013(4):22-25.
[40] 卢刚.适合高中数学教学的多媒体种类及特点分析[J].科技创新导报,2016,13(12):158.
[41] 乔希民,顾光辉.设计适合学生的高效率数学教学方法[J].数学教育学报,2005(3).
[42] 黄翔,李开慧.关于数学课程的情境化设计[J].课程·教材·教法,2006(9):39-43.
[43] 刘兵.高中数学课堂教学方法的选择与分析[J].数学教学通讯,2015(36):32-33.
[44] 张克玉.定位解题教学价值,设计合适教学方案[J].中学数学杂志:初中版,2016(5).
[45] 李巧.高中数学适性作业设计探究[J].中学数学研究,2016(8):4-7.
[46] 钱小军.数学教学有三"适"——适时、适量、适度[J].理科考试研究,2016,23(20):37-38.
[47] 吴军.探讨适性教育在初中数学教学中的应用[J].数学学习与研究,2015(4):46.
[48] 蔡青.如何在中学数学中进行因材施教[J].高考,2017(6).
[49] 朱娅芬.浅析中考数学课堂中个性化发展教学[J].教育教学论坛,2010(31):245-246.
[50] 管彦民,张世相.初中数学教学设计中应用差异教育的研究[J].现代中小学教育,2016,32(2):54-56.
[51] 黄歆晨.普通高中学生数学笔记对于数学学习影响的研究报告.区研修班.2018.6
[52] 李铁烽.数学课堂教学要着眼于创新能力的培养[J].数学通报,2001(9).
[53] 袁贤琼.数学教学中如何激活学生的思维[J].数学通讯.1998(5)
[54] 蒋世信.数学教学要培养学生的创新思维习惯[J].数学通报.2000(9)
[55] 陈敏.浅谈中学数学教学中学生创造能力和素质的培养[J].数学通报,2001(7)
[56] 胡凤娟,保继光,任子朝,高中数学核心素养测评案例研究[J].中国考试,2017(11).
[57] 吴洪生.基于核心素养的高中数学概念教学案例分析[J].中学数学(高中版)上半月,2017(6):32-35.
[58] 沈舒.初中数学教师课堂处理学生错误的比较研究[D].南京师范大学,2017.
[59] 崔宇.高中数学教师课堂处理学生错误特征的录像分析[D].东北师范大

学，2012.
[60] 徐永忠.一种全新的作业形式——课题作业[J].数学教学研究，2001(9)：9 - 10.
[61] 霍益萍，张人红.我们对“研究性学习”的理解[J].教育发展研究，2000(11)：25 - 26.
[62] 孙娟.寓学法指导于数学课堂教学之中[J].考试周刊，2014(A4)：69.
[63] 丁鹏堂.合适的才是有效的——对初中数学课堂教学现状的反思[J].中学教学参考，2013(1)：84.
[64] 李英.高一学生指数函数理解水平及其教学策略研究[D].西北师范大学，2012.
[65] 高夯.现代数学与中学数学[M].北京师范大学出版社，2010.
[66] 陈嘉驹.上海教育考试院.研究性学习能力的评价.上海中学数学 2006
[67] 李祎.《别被理念绑架的数学》.福建师范大学〈数学通报〉.2019 第 2 期
[68] 张海君.区级课题《开展高中数学学科基地建设的行动研究》.2013 - 2015

后　记

不同的孩子对数学的需求是不同的，数学学科核心素养视角下的教学更应该是开放的、多元的，与学生认知基础相契合的。教无定法、教学有法，适合学生的才是最适合的教学。

我从教28年来的高效教学中探索而得到自己的教学理念：为适合每个学生的发展而教。站在一个区域数学教研员的角度，坚持教育中立德树人的原则，基于对数学课堂教学实践的研究和指导，也结合了两年来张海君工作室和工作坊的调查研究，针对区域各学校存在的一些数学课程的共性问题，例如师资队伍力量薄弱、队伍结构不合理、教研组学科建设缺少适合载体等因素，而这些因素具体表现为：教学训练体系适量把握不准，教学适机把握失控，技术单一滞后，实效性较低，导致课堂教学出现了高耗与有效中的教学失衡，情景创设的适合性与数学概念本质之间教学失衡，预设与生成之间教学失衡等。为解决这些失衡，借用生态"平衡"一词，在教师引领的学生本位学习理论的指导下，通过扎根于自己的实践研究提出了书中的"数学教学中的六个适合平衡"，在理论的叙述中不乏实践的案例，这些案例许多来自多年来研究的主题：追求"合"与"适"平衡的教学实践研究。

一个念想的执着需要多年的磨炼。虽然著书的想法由来已久，可以说在2014年就有，在本人主编区域校本课程已有此想法，可以说此书雏形来源于此。

一个念想的执着，又经历了近五年的磨炼，在不同平台上常想冒出点芽，往往被掐头断枝。但今天仍然感谢曾经的那些挫败，那些对点滴成功的勉励，那些都是对这一念想的锤炼。由于真正整理成稿到出版，时间略显仓促，也由于本人个人能力，其中必定有浅薄、狭隘、粗糙的地方。但不管怎样，能够以这种方式和大家交流想法，对于我这样一个普通的教研员来说，是非常荣幸和有意义的事。

在这里感谢市双名工程，让我的数学教与研有了更广阔的学习天地，感谢双名基地导师陈双双、王海平的悉心指导，在名师基地学习的五年中，我非常充实，不断进步。

在这里非常感谢上海师范大学数理学院、上海中学数学杂志副主编陆新生教授，为我的著书立说的学术指导，历时近一年。特别感谢王华正高级教师、陆新生教授、静安教育学院数学特级教师任升录、徐汇教师进修学院教科室顾非石博士等面对面的指导。

在这里还要感谢市教委副主任倪闽景，无意中得到他的肯定和指点迷津，非常荣幸，书名《数学教学中的适合与平衡》，就是他的画龙点睛手笔。

在这里还要感谢，我的多位带教导师顾鸿达、李秋明、王华等无私的关爱。

最后感谢所有在我专业成长路上给予帮助和支持的领导、同事、研修班学员、朋友和家人。

书于奉贤教育学院

2019 年 9 月 10 日

图书在版编目(CIP)数据

数学教学中的适合与平衡 / 张海君著. —上海：文汇出版社，2019.12
ISBN 978-7-5496-3094-3

Ⅰ. ①数… Ⅱ. ①张… Ⅲ. ①中学数学课—教学研究 Ⅳ. ①G633.603

中国版本图书馆 CIP 数据核字(2019)第 288618 号

数学教学中的适合与平衡

著　　者 / 张海君

责任编辑 / 黄　勇
特约编辑 / 建　华
封面装帧 / 张　晋

出版发行 / 文匯出版社
上海市威海路 755 号
(邮政编码 200041)
经　　销 / 全国新华书店
排　　版 / 南京展望文化发展有限公司
印刷装订 / 上海颛辉印刷厂
版　　次 / 2019 年 12 月第 1 版
印　　次 / 2019 年 12 月第 1 次印刷
开　　本 / 787×1092　1/16
字　　数 / 245 千字
印　　张 / 16.75

ISBN 978-7-5496-3094-3
定　　价 / 68.00 元